"Gutes DESIGN setzt gute Planung voraus. Ich trage immer alles Mögliche zusammen und lasse dann nur das Wichtigste stehen. So wird jeder Raum perfekt."

Nate Berkus

Lust auf Wohnen

Lust auf Wohnen

Das große Ideenbuch

Holly Becker & Joanna Copestick

Fotos von Debi Treloar

Callwey

SCHLICHT ROSAROT
Diese Seite Der Arbeitsraum von Yvonne Eijkenduijns ist minimalistisch und doch gemütlich. Das Farbschema basiert auf einem zarten Rosa und warmtonigen Weiß.

SÄULENREIHE
Vorangehende Seite Mit identischen Gegenständen verschiedener Größe lassen sich interessante Effekte erzielen. Die Höhenunterschiede sind optisch ausgewogen.

BLAU UND GRÜN
Seite 1 Vor einer natürlichen Lichtquelle kommt die Glassammlung bestens zur Geltung.

Die Originalausgabe erscheint 2011 unter dem Titel *Decorate: 1,000 inspirational design ideas for every room in your house* bei
Jacqui Small Llp
Aurum Press Ltd, 7 Greenland Street
London NW1 0ND

© Chronicle Books LLC 2011
© 2011 Holly Becker und Joanna Copestick
© 2011 für die Fotografien Debi Treloar.

© 2011 der deutschen Ausgabe
Verlag Georg D. W. Callwey GmbH & Co. KG
Streitfeldstr. 35
D-81673 München

www.callwey.de
E-Mail: buch@callwey.de

Die Deutsche Nationalbibliothek verzeichnet diese Publikation in der Deutschen Nationalbibliografie; detaillierte bibliografische Daten sind im Internet abrufbar unter <http://dnb.ddb.de>.

ISBN 978-3-7667-1906-5

Das Werk einschließlich aller seiner Teile ist urheberrechtlich geschützt. Jede Verwertung außerhalb der engen Grenzen des Urheberrechtsgesetzes ist ohne Zustimmung des Verlages unzulässig und strafbar. Das gilt insbesondere für Vervielfältigungen, Übersetzungen, Mikroverfilmungen und die Einspeicherung und Verarbeitung in elektronischen Systemen.

Design: Robin Rout

Covergestaltung: independent Medien-Design, München

Übersetzung aus dem Englischen: Birgit Lamerz-Beckschäfer, Datteln, für Textilien, Berlin

Lektorat und Satz: Textilien. Lektorat und Producing Barbara Delius, Berlin

Printed in Singapore

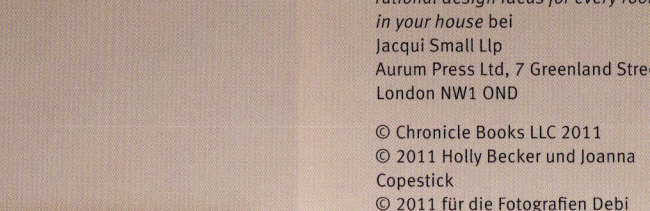

Inhalt

Einleitung 6

KAPITEL 1: Raumgefühl 12

Der leere Raum 16
Gute Raumnutzung 26
Räume verbinden 32
Flexible Räume 38
Kleine Räume 48
Wohnen in einem Raum 54

KAPITEL 2: Ihr persönlicher Stil 62

Den Stil finden 66
Schlichtheit 74
Natur 84
Die Moderne 92
Flohmarkt 100
Farbenspiel 108
Blütenmeer 124
Individueller Mix 132
Modern Glamour 138

„ *Mein Zuhause ist für mich eine schützende Hülle, in jeder Beziehung. Dort ruhe ich mich aus, dorthin ziehe ich mich zurück; dort kann ich spielen, relaxen, abschalten oder kreativ sein – das Zuhause ist der Ort, an dem meine Seele zur Ruhe kommt.* "

Pia Jane Bijkerk, Stylistin

„ *Legen Sie für die Suche nach Inspirationen einen bestimmten Tag fest. Besuchen Sie eine Kunstgalerie. Machen Sie einen Schaufensterbummel. Durchstöbern Sie genüsslich eine Buchhandlung.* "

Carrie McCarthy, Autorin

KAPITEL 3: Raum für Raum 144

Die Küche 148
Die urbane Küche 156
Die Expertenküche 160
Die gesellige Küche 168
Das Wohnzimmer 172
Modernistisch Wohnen 176
Entspannter Luxus 184
Das Schlafzimmer 190
Stauraum 196
Schlafzimmer mit Ensuite-Bad 202
Das Badezimmer 206
Das Luxusbad 216
Das Kinderzimmer 218
Mädchenzimmer 220
Jungenzimmer 226
Kreativräume 228
Das Homeoffice 234

KAPITEL 4: Liebe zum Detail 236

Der krönende Abschluss 240
Spiegel 250
Leuchten 252
Kissen 256
Blumen 258
Der gedeckte Tisch 266

Anhang 272
Mitwirkende 272
Adressen 278
Dank & Nachwort 288

"Das Erste ist der prüfende Blick. Dann hört man auf sein Herz. Vertrauen Sie aber Ihrem INSTINKT."

Shannon Fricke

Einleitung

„Meine Wohnung soll mir gefallen, aber ich möchte nicht zu viel Arbeit damit haben. Bei gestalterischen Entscheidungen zählen daher für mich nicht nur ästhetische, sondern auch praktische Aspekte. Schließlich ist ein Zuhause nicht zum Anhimmeln da, sondern zum Leben." *Atlanta Bartlett, Designerin*

WALDESRUH Schlichte weiße Regalbretter und lackierte Astgabeln bilden hier einen originellen Rahmen für Erinnerungsstücke rund um das Thema Natur.

STILLLEBEN *Vorhergehende Seite* Alltagsgegenstände wie Porzellanschüsseln und Keramikteller bilden ein schönes Ensemble. Auf Regalen, Fensterbänken oder in Kästen gruppiert, machen sie jeden Tag aufs Neue Spaß.

Lust auf Wohnen

ist ein Gestaltungsbuch der ganz anderen Art. Statt auf einen bestimmten Look oder Designerstil konzentrieren wir uns auf Ideen: Mehr als 1000 Anregungen liefern frische Impulse für Ihren eigenen Wohn- und Lebensraum.

Fragt man Raumgestalter, was sie inspiriert, erhält man ganz unterschiedliche Antworten. Mal gibt ein Gemälde den Anstoß zu einem Farbschema, mal ergibt sich aus einem ausgefallenen Vintagestück eine individuelle Kombination von Neu und Alt. Viele Konzepte beginnen mit weißen Wänden, Böden und Fenstern. Auch die Architektur beeinflusst die Raumgestaltung, oder prägnantes Stoffdesign lässt ein Zimmer rustikal oder modern wirken. Ob Sie nun auf dem Flohmarkt ein verstaubtes, aber vielversprechendes Schränkchen entdecken, einen bildschön gerahmten Spiegel ersteigern, in ein echt antikes Stück investieren oder selbst Hand anlegen und einen Tisch aufarbeiten – mit jeder Wahl verleihen Sie Ihren vier Wänden eine persönliche Note.

Wir haben einige der kreativsten Köpfe nach gestalterischen Grundideen befragt, mit denen sich persönlicher Stil, schöpferisches Gespür und Wohnkomfort unter einen Hut bringen lassen. Einige haben uns Skizzen geschickt, andere ließen uns ihre eigenen Wohnungen fotografieren und führen vor, wie und warum ihre Tipps in der Praxis funktionieren. Ein paar zeigten uns ihre jüngsten Projekte, die ihr Talent und ihren Innovationsgeist beweisen. In diesen sorgfältig komponierten Designs fanden wir Anregendes und Nützliches: Wie man Räume unterschiedlichster Größe stimmig gestaltet, Farben

„Beim Dekorieren bringen Sie Ihren persönlichen Geschmack in ein Wohnumfeld ein. Den eigenen Dekorationsstil finden Sie, indem Sie sich auf Ihr Bauchgefühl verlassen." *Carrie McCarthy, Autorin*

geschmackvoll zusammenstellt, Stoffe und Tapeten geschickt einsetzt, aus einer schlichten, aber gepflegten Sammlung ein Schmuckstück macht und vieles mehr.

Im Kapitel Raumgefühl finden Sie Tipps, wie man den umbauten Raum bewertet und etwas daraus macht, wann man räumliche Gegebenheiten ändern sollte, mit welchen Tricks eine kleine Fläche größer oder ein dunkler Raum heller wirkt und wann architektonische Details die Hauptrolle spielen. Ihr persönlicher Stil erläutert, wie Sie aus Stoffmustern, Farbfächern und kleinen Schätzen wie Knöpfen und Bändchen Mood Boards erstellen, die Ihnen auf dem Weg zum eigenen Stil behilflich sind. Gestaltungsthemen von schnörkellos modern über naturverbunden, nostalgisch und Retro bis schockfarben erleichtern Ihnen den Einstieg in die Materie.

Raum für Raum zeigt gelungene Beispiele von der Küche über Wohn-, Schlaf- und Arbeitszimmer bis zum Kinderzimmer und Homeoffice. Jedes Kapitel präsentiert Fallstudien mit Details der vorgestellten Projekte und mit Grundrissen, die erklären, wie das jeweilige Konzept funktioniert. Schließlich verrät Liebe zum Detail, wie man mit Accessoires wie Geschirr, Blumen oder Textilien für den letzten Schliff sorgt.

Dieses Buch zeigt Ihnen, wie Sie Ihre Wohnung ohne großen Aufwand und hohe Kosten attraktiv gestalten können. Entdecken Sie Potenziale, indem Sie die Dinge unter den verschiedensten Aspekten und Stilerwägungen betrachten. Ob Ihr Herz für Tradition oder Avantgarde, Landhaus oder Glamour schlägt – in diesem Buch finden Sie jede Menge Tipps und Ideen, die Ihnen Lust auf Wohnen machen.

INNEN UND AUSSEN Der leichte, geradlinige Couchtisch gibt den Blick frei auf den lackierten Betonestrich, der im Tageslicht glänzt, und bringt so Leben in das Wohnzimmer von Amy Neunsingers Haus in Los Angeles.

„Haben Sie Geduld, alles fügt sich **mit der Zeit** Genießen Sie den Weg dorthin! **Raumgestaltung ist** kein Ziel an sich, sondern ein Werden, ein ständiger **PROZESS** und ein Kunstprojekt."

Amy Butler

STADTLUFT In einem umgebauten Backsteinhaus in Brooklyn konnten Lyndsay Caleo und Fitzhugh Karol ihren Stil kompromisslos umsetzen.

ALT UND NEU *Vorangehende Seite* Frédéric Méchiches exquisite Tische und Stühle machen den Raum wohnlich, ohne von den architektonischen Details abzulenken.

„Wenn Sie beim Gestalten Wirkung und Aura eines Raums bewusst einbeziehen, kommen Sie sich selbst näher, Sie fühlen sich wohler in Ihrer Haut und in Ihrem Umfeld."

Carrie McCarthy, Autorin

DER LEERE RAUM

Einer der schönsten Aspekte des Interior Designs ist das Gestalten von Bereichen, in denen man sich gerne aufhält. Überlegen Sie, woran es liegt, dass Sie sich in bestimmten Räumen rundum wohlfühlen. Manche Gründe sind offensichtlich, z. B. eine lichtdurchflutete Ecke oder kuschelige Sofas. Andere sind eher unterbewusst, etwa wenn Form und Funktion in einer Küche so perfekt harmonieren, dass sie wohnlich wirkt und nicht nur zum Kochen genutzt wird.

Erstellen Sie eine Liste Ihrer persönlichen Vorlieben. Wenn Sie es gern hell haben, stellen Sie die Möbel ans Fenster. Verbringen Sie viel Zeit in der Küche? Machen Sie daraus einen gemütlichen Treffpunkt für Familie und Freunde. Wenn Sie viel Platz um sich herum brauchen, könnten Sie eine feste Wand durch Falt- oder Glastüren ersetzen lassen.

WHITE SPACE DESIGN bedeutet, einen Raum tatsächlich oder in Gedanken komplett leer zu räumen und die gesamte Aufteilung zu verändern. Ob Sie sich von abgenutzten Möbeln und öden Vorhängen verabschieden möchten oder einen Neubau einrichten – der leere Raum eröffnet ungeahnte Möglichkeiten: Vielleicht können Sie nun einen Kamin einbauen oder sogar die Fenster anders anordnen?

Die Planung Anhand eines Grundrisses können Sie den verfügbaren Raum analysieren und seine Nutzung überdenken. Soll er in erster Linie gemütlich sein oder eher funktional? Könnten Sie die Aufteilung verändern und möglicherweise einzelne Bereiche durch Raumteiler oder Möbel abgrenzen? Bei Einzimmerapartments ist ein Wohn-Essbereich beliebt, aber man kann auch mit Raumteilern eine intimere Wohnecke schaffen.

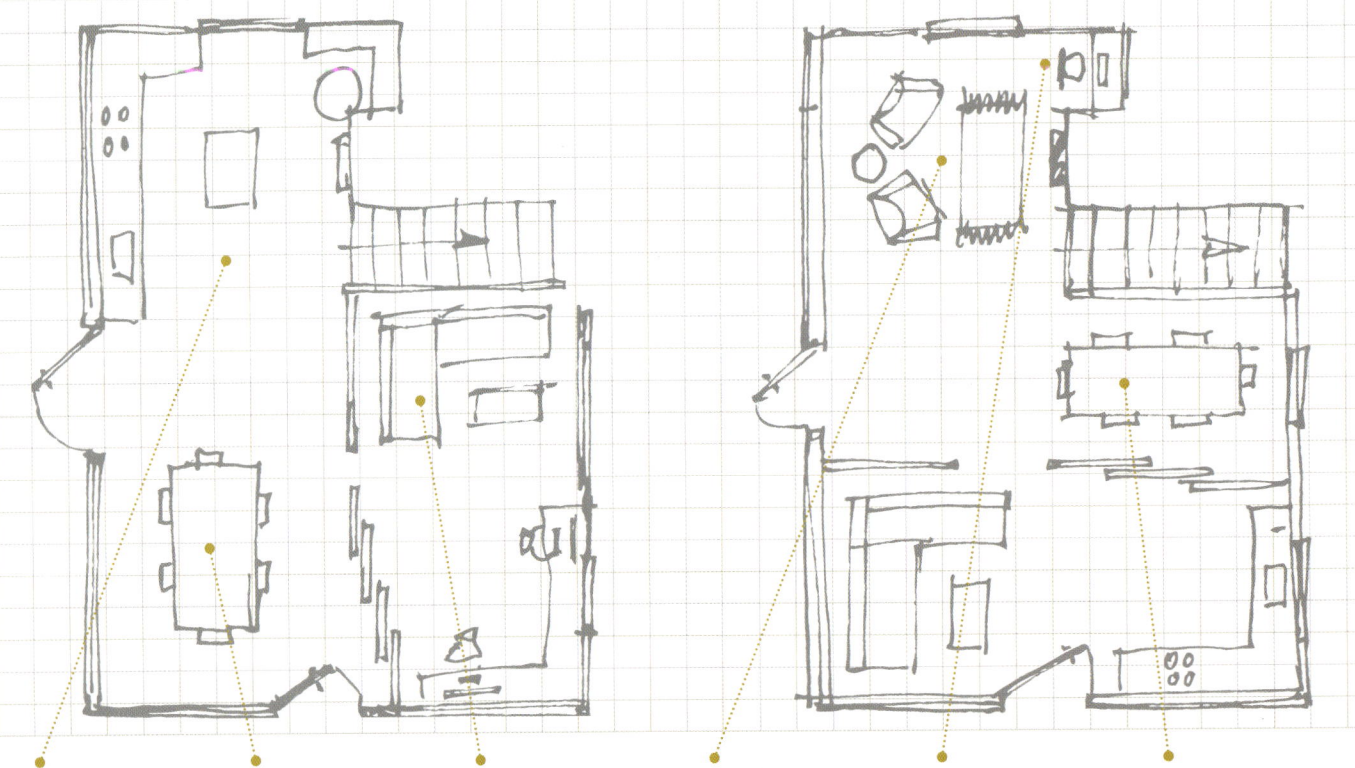

Ein Essplatz in der Küche ist ideal für Familien mit Kindern.

Die Form des Esstischs sollte zu jener des Raums passen.

In einem rechteckigen Zimmer schafft eine Eckcouch ein intimes Plätzchen.

Sitzecken lassen sich gut um einen zentralen Punkt herum anordnen.

Auch eine Einzimmerwohnung braucht separate Bereiche, z. B. ein Homeoffice.

Wohn- und Essbereich liegen nah beieinander, das fördert die Kommunikation.

ALLES IM RAHMEN
Wenn Sie sich für eine Lösung entschieden und das Potenzial Ihres Wohnumfelds ausgelotet haben, können Sie damit beginnen, grundlegende Dinge neu zu arrangieren. Dazu gehören Möblierung und Fensterdekorationen, Wand- und Bodengestaltung.

Planung ist das A und O

BESTANDSAUFNAHME

Sinnvoll ist zunächst eine Liste der Dinge, über die Sie bereits verfügen: Lichtquellen, Grundrisse, Möbel, Textilien und Accessoires.

Sind die Räume durch ihre Funktion definitiv festgelegt? Ist die Küche nur ein Arbeitsraum, oder könnte man darin auch ein gemütliches Eckchen zum Wohlfühlen einrichten?

Gibt es in einem oder mehreren Zimmern interessante bauliche Elemente wie Stuck, Kamine, Wandvertäfelungen oder besondere Türen? Nehmen Sie solche Dinge in Ihr Dekorationskonzept auf, damit sie gut zur Geltung kommen.

Überlegen Sie, was sich wo abspielen soll. Möchten Sie in der Küche nur kochen oder auch essen und Gäste bewirten? Soll sich der Wohnbereich zur Küche und zum Essplatz öffnen? Brauchen die Kinder Platz zum Spielen?

Ist im Schlafzimmer Platz für ein eigenes Bad und eine Ankleide? Womöglich könnten Sie dafür Platz schaffen, indem Sie eine Wand öffnen oder ein Stück vom Treppenabsatz oder Flur abzweigen.

Planen Sie rechtzeitig ein, wo Ihr Lieblings-Erbstück stehen soll oder das Designersofa, auf das Sie so lange gespart haben. Schließlich sind das die Trumpfkarten Ihrer Einrichtung!

Gibt es in der Wohnung eine lichtlose Ecke, aber kein Budget für einen Fenster- oder Wanddurchbruch? Oft genügt da schon ein heller Wandanstrich.

Gehen Sie im Geiste all Ihre Besitztümer durch und überlegen Sie, was davon vielleicht noch zum neuen Stil passen würde.

BAULICHE ELEMENTE
Lassen Sie das Gebäude zu Wort koammen und nutzen Sie Blickfänger wie Kamine oder dekorative Fenster. Hier lädt eine legere Sitzgruppe am Kamin zum gemütlichen Plaudern ein.

TODSCHICKE KÜCHE
Die kompakten weißen Unterschränke schmiegen sich in dem hohen Raum elegant in einen Winkel. Hauptelemente der Wohnküche sind die riesige Tafel und jede Menge Stauraum.

ZIMMER MIT EINBLICK
Flügeltüren wirken großzügig und bieten interessante Durchblicke. Hier unterstreichen üppige Grünpflanzen und Deckenlampen die großzügige Raumwirkung.

BLITZBLANK
Weiße Marmorwände, Glasflächen und der dunkle Holzboden verleihen dieser Dusche etwas Skulpturales. Mit reduziertem Design punkten Sie überall, wo das Raumgefühl zählt.

Umsetzung

Zeichnen Sie auf Ihren Grundrissen alle Möbel, Leuchten, Teppiche und Textilien ein, um ein Gespür dafür zu entwickeln, was Sie zur Verfügung haben und was vielleicht noch fehlt.

Sortieren Sie aus, was weg soll – Dinge, die Ihnen nicht mehr gefallen oder die ihren Dienst getan haben. Jetzt bekommt endlich der Esstisch eine Chance, mit dem Sie seit Langem liebäugeln, oder aber neue Vorhänge aus einem tollen Vintagestoff.

Wie sieht Ihr persönlicher Stil aus? Was passt dazu? Spiegelt Ihr Zuhause diesen Stil oder geben die Räumlichkeiten selbst eine bestimmte Richtung vor?

Langweilige Grundrisse lassen sich durch spannende Hingucker aufwerten: ein Kaminsims als Ausstellungsfläche, ein großes, freistehendes Möbelstück oder ein atemberaubendes Kunstwerk an einer Wand.

Schaffen Sie eine Raumgliederung, indem Sie eine Wand farbig streichen oder eine Ecke mit einer Mustertapete gestalten.

Für effektvolle Beleuchtung sorgt etwa ein bombastischer Kerzenständer.

Ein wichtiger Aspekt ist auch der Boden. Holzdielen oder Parkett? Teppichboden oder Fliesen? Beton, Linoleum oder PVC?

Nutzen Sie den Moment, um alles zu verändern. Präsentieren Sie Ihre Schuhe als Galerie, stellen Sie Ihre Porzellansammlung aus oder rücken Sie verschiedene, aber gleich lackierte Stühle an Ihren antiken Refektoriumstisch.

Räume formen

Originell und trotzdem funktional: Folgen Sie den Grundregeln der Flächengestaltung, setzen Sie individuelle Akzente, und der Raum wirkt lebendig.

„Viele denken, es wäre spießig, die Aufstellung der Möbel auf dem Grundriss zu planen. Aber genau das tun alle Profis für ihre Kunden."

Tom Delavan, Designer

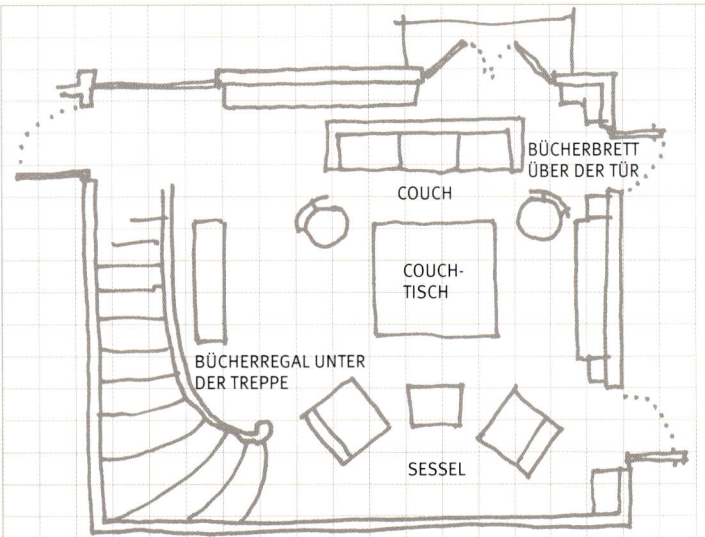

GRUNDRISS WOHNZIMMER

- In großen Räumen ist meist Platz für eine ruhige Leseecke.
- Wichtig ist reichlich Stauraum.
- Schaffen Sie einen klaren Mittelpunkt, etwa durch einen markanten Couchtisch für die Sitzgruppe.
- Teppiche geben dem Sitzbereich einen festen Rahmen.
- Mit Kleinmöbeln wie Konsoltischen markieren Sie unterschiedliche Wohnbereiche.
- Zur Sitzgruppe gehören in der Regel eine Couch und mindestens zwei Sessel, die sich leicht bewegen lassen.
- Wenn Sie architektonische Besonderheiten, ein außergewöhnliches Möbelstück, eine umfangreiche Bibliothek, Kunst- oder sonstige Sammlung berücksichtigen möchten, lassen Sie sich davon bei der Gestaltung Ihrer vier Wände leiten.

LESEECKE SCHWARZ AUF WEISS *Linke Seite, unten links* Im Wohnzimmer der Pariser Wohnung von Frédéric Méchiche gibt die umfangreiche Bibliothek den Ton an. Die traditionellen Bauelemente bilden einen schönen Gegenpol zum locker arrangierten, modernen Mobiliar.

BÜCHER GESTALTEN DEN RAUM *Linke Seite, unten rechts* Maßgefertigte Einbauregale verschmelzen mit der Architektur und liefern den perfekten Rahmen für klassische und moderne Ledersessel.

DEZENTE ELEGANZ *Unten links* Tine Kjeldsen von der dänischen Firma Tine K Home hat edle, sehr wohnlich wirkende Küchenschränke bauen lassen – ideal für eine offene Küche mit Essplatz.

FLEXIBLE NUTZUNG *Unten rechts* In Tines Wohnküche dient ein rustikaler kleiner Tisch als Arbeitsplatz, der ebenso zum Kartoffelschälen wie für den alltäglichen Papierkram genutzt wird. In großzügigen Regalen stehen Geschirr und Gläser immer griffbereit.

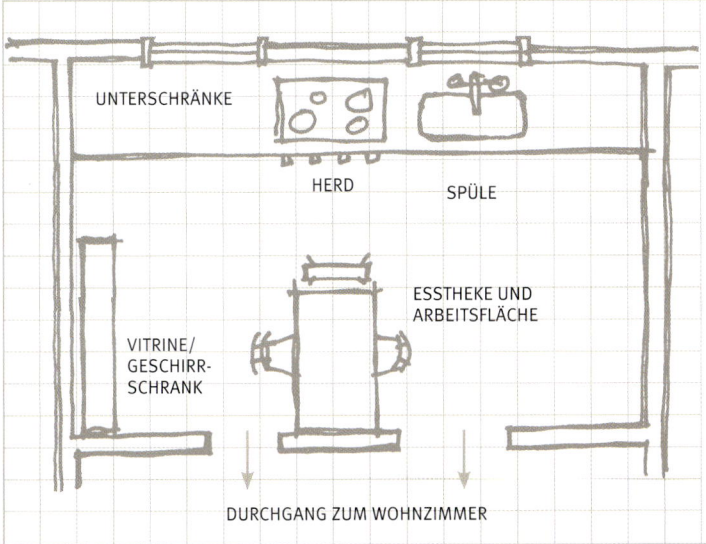

GRUNDRISS KÜCHE

- Um den Platz optimal zu nutzen, sollten Spüle, Kühlschrank und Herd ungefähr ein Dreieck bilden.
- Sehr praktisch als Grundriss für Küchenschränke sind Anordnungen in U-Form, L-Form und Insellösungen.
- In kleinen Küchen sind Einbauschränke unverzichtbar, denn sie bieten jede Menge Stauraum.
- Eine große Küche kann einen größeren Essplatz oder eine praktische Koch- und Arbeitsinsel aufnehmen.
- Wie wäre es anstelle unauffälliger Hängeschränke mit Wandborden oder einer Vitrine für Ihr Lieblingsservice?
- Bodenbeläge sollten praktisch sein. Fliesen, Linoleum oder PVC sind wasserfest, strapazierfähig und leicht sauber zu halten.

GUT UNTERGEBRACHT *Unten links* Hinter dem Bett aus wiederverwertetem Holz im Haus von Marc und Melissa Palazzo in Kalifornien kaschiert der leichte Vorhang einen begehbaren Kleiderschrank.

WAND-ATTRAPPE *Unten rechts* Damit der Vorhang wie eine Wand wirkt, hängt davor ein Gemälde an Drähten von der Decke. Verstärkt wird die Illusion dadurch, dass das Bett kein Kopfteil hat.

„ Bei der Arbeit an einem Raum wähle ich Texturen, Farben und Muster, die sich warm und belebend anfühlen.

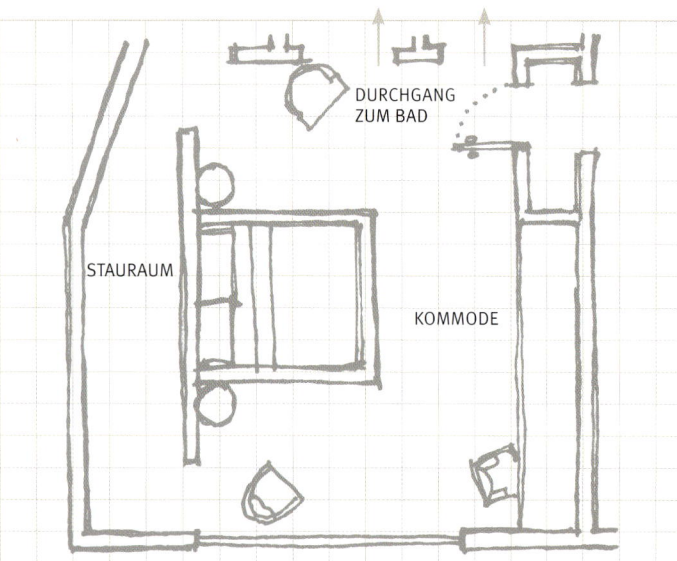

GRUNDRISS SCHLAFZIMMER

- Stellen Sie das Bett so auf, wie Sie es gern haben, denn es ist Dreh- und Angelpunkt Ihres Schlafzimmers.
- Nachttische und gute Leselampen sind ein Muss.
- Verteilen Sie Ihre Kleidung und Schuhe auf den vorhandenen Schrankraum. Genügt der Platz nicht, überlegen Sie, wie und wo Sie mehr Stauraum schaffen können.
- Trennen Sie einen Teil des Zimmers mit Vorhängen, Wandschirmen oder einer halben Wand als begehbaren Schrank ab.
- Einbauschränke dekoriert mit Tapetenstreifen, Spiegeln oder dekorativen Griffen sehen modern aus.
- Geben Sie kleinen Gemälden und Zeichnungen, die Ihnen sehr am Herzen liegen, einen bevorzugten Platz an der Wand.
- Auch unter dem Bett verbirgt sich oft jede Menge Stauraum.

SPIEGLEIN, SPIEGLEIN *Unten links* Im Familienbad ist der waagerecht angebrachte Wandspiegel über dem großzügigen trogförmigen Becken praktisch, weil ihn mehrere Personen gleichzeitig nutzen können.

PRIVATSPHÄRE *Unten rechts* Durch einfache Trockenbauwände sind Dusche und WC getrennt und doch direkt in das Badezimmer mit der freistehenden Wanne und dem Doppelwaschbecken eingebunden.

Mein Schlafzimmer zum Beispiel ist ganz schlicht, weil ich darin zur Ruhe kommen will." *Amy Butler, Designerin*

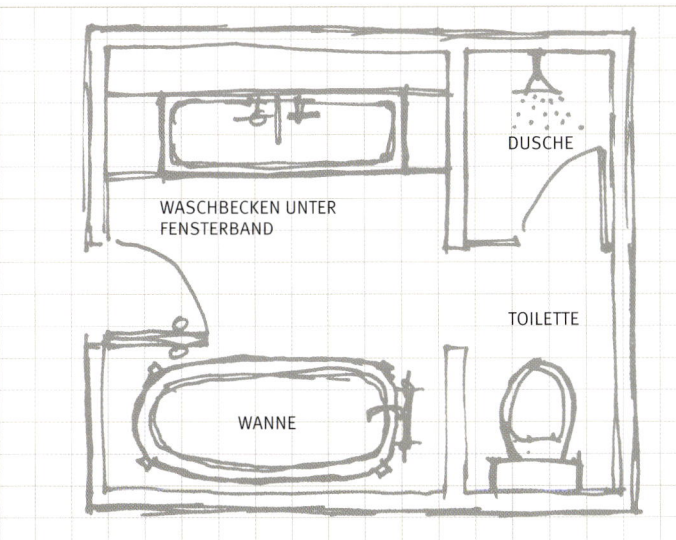

GRUNDRISS BAD

- Brauchen Sie eine Wanne, oder nutzen Sie nur die Dusche? Lässt sich ein Bad ins Schlafzimmer integrieren?
- Auch im Bad ist Stauraum gefragt. Wand- oder Einbauschränke bieten eine Menge Platz.
- Ein Doppelwaschtisch ist nicht nur praktisch, mit sehenswerten Armaturen wird daraus sogar ein kleines Kunstwerk.
- Nutzen Sie Fliesen als dekoratives Element. Im Halbverband verlegte rechteckige Kacheln ergeben einen rustikalen Retro-Look, bunte Mosaikfliesen haben einen karibischen Touch, Blümchenkacheln stehen für originellen Landhausstil.
- Tapeten mit großen Motiven wirken auch im Bad belebend.
- Fußböden sollten praktisch und pflegeleicht sein. Gut geeignet sind Fliesen, polierter Beton oder PVC-Beläge.

Architekturdetails

Machen Sie das Beste aus den baulichen Besonderheiten

KUNTERBUNT UND BEHAGLICH *Unten* Amy Butler kombinierte in ihrem Haus Stücke aus den 1950er- und 1960er-Jahren mit Accessoires im Ethnostil. Die Dachfenster lassen den Wohnraum in Licht baden.

INDUSTRIELOFT *Rechte Seite* Sanierte Industriegebäude wirken ganz in Weiß am besten, denn so spielt die Architektur die Hauptrolle. Die an den Dachbalken befestigte Schaukel betont die Raumhöhe.

Das Gebäude einbeziehen

Setzen Sie Deckenstuck durch einen kräftigen Kontrast von der Fläche ab, wenn die Wände schlicht weiß sind.

In Altbauten mit schönen Details schaffen hypermoderne Möbel eine interessante Spannung.

Lenken Sie die Blicke auf Highlights wie Kamin oder Wandvertäfelung, indem Sie die Flächen ringsherum frei lassen.

Große Fensterflächen kommen ohne Dekoration am besten zur Geltung und werden zum Bestandteil der Raumgestaltung.

Hohe Decken sind ein spannungsvolles Charakteristikum. Unterstreichen Sie es durch überdimensionale Deckenleuchten, riesige Topfpflanzen oder Wohnlandschaften, die ein Gefühl von Weite vermitteln.

Nehmen Sie sich Zeit für die Wahl des Bodenbelags. Ob geschliffene Holzdielen, hochglänzender Beton oder Keramikfliesen – ein schlichter Boden lässt einen großen Raum noch interessanter wirken.

Wandverkleidungen in Hüfthöhe sind ein originelles, bewusst altmodisches Gestaltungselement. Besonders gut machen sie sich Ton in Ton mit Stuckleisten, Bilderrahmen oder Fensterbänken.

„Klare Linien in einem durchgestylten Umfeld sind zentral für einen überzeugenden Gesamteindruck. Ich finde, moderne Architektur ist ein perfekter Rahmen für Antiquitäten aus jeder Epoche. Hauptsache, die Architektur bringt die Möbel vorteilhaft zur Geltung."

Vicente Wolf, Designer

FALLSTUDIE

GUTE RAUMNUTZUNG

Eine sinnvolle Gestaltung bedeutet optimale Nutzung der vorhandenen Fläche, die aber in Harmonie steht mit der bestehenden Architektur. Hohe Decken beispielsweise eröffnen automatisch mehr Möglichkeiten, etwa den Einbau einer Empore oder maßgefertigter Wandschränke. Bei Reihung kleinerer Zimmer kann ein Wanddurchbruch für Weiträumigkeit sorgen. Ein Raumteiler in halber Höhe sorgt für klare Gliederung, ohne einen Teil des Zimmers im Dunkeln verschwinden zu lassen.

Amy Neunsingers Haus im Industriestil der 1950er-Jahre steht im Laurel Canyon bei Los Angeles. Bei der umfassenden Erweiterung wurde die nüchtern-kantige Architektur mit Betonböden, freiliegenden Deckenbalken, einfachen Metallfenstern und unübersehbaren Lüftungsrohren beibehalten.

DURCHGEHENDE FLÄCHE Durch die Öffnung von Wohn- und Essbereich profitieren beide Bereiche von der riesigen Fensterfront. Der prächtige Kronleuchter, der lackierte antike Esstisch mit den Stahlstühlen und der abblätternde Putz an der Wand ergeben eine ungewöhnliche Kombination. Harmonisiert wird das Ganze durch den dunklen Holzboden.

„Nachts wirkt das Zimmer wie eine kuschelige Höhle, vor allem, wenn das Kerzenlicht die Unebenheiten der Wand hervortreten lässt. Tagsüber sieht alles völlig anders aus – das Spektrum reicht von nüchtern bis dekadent." *Amy Neunsinger, Fotografin*

„Für mich ist das Haus eine Kreuzung aus Provence und Fabrik. Ich liebe Funktionalität, wichtig sind mir aber auch weichere, feminine Aspekte." *Amy Neunsinger, Fotografin*

Amy beauftragte den Architekten Juan-Felipe Goldstein damit, aus dem schlichten Werksgebäude ein geräumiges, gemütliches Wohnhaus zu machen. Schon auf den ersten Blick überzeugt der Eindruck von Geradlinigkeit und Komfort. Die teils unverputzten Backstein- oder Betonwände wirken warm und griffig. Während der Renovierung entdeckte Goldstein, dass das freigelegte Mauerwerk so schön aussah, dass er es so belassen wollte. Amy ließ sich von ihm überzeugen, und schließlich gaben die nackten Wände den Ton an für die Gestaltung des ganzen Interieurs. Alles dreht sich um Oberflächen und Texturen: Zinktische, lackierte Rattanmöbel, angenehme Baumwollbezüge und Tierfelle, die als Teppiche dienen. Gerade das Gemisch all dieser Materialien schafft ein in sich stimmiges, unerwartet behagliches Gesamtbild.

INDUSTRIE-SCHICK In einem Raum mit vielen Ecken und Kanten dürfen einige weichere Akzente nicht fehlen. Eine luftige Meereslandschaft (Fotodruck auf Leinwand) vor der weißen Wand und ein bequemes Sofa, dazu afrikanische Schnitztische vom Flohmarkt machen diesen Raum trotz des kühlen Betonbodens wohnlich.

GUTE RAUMNUTZUNG

STRAHLEND HELL Weiße Polstermöbel wirken in einem rein weißen Umfeld sehr edel, vorausgesetzt, ein paar dunkle Farben und Hölzer liefern ein wenig Kontrast: Hier sorgt ein Konsoltischchen im Ethno-Look für Ausgleich.

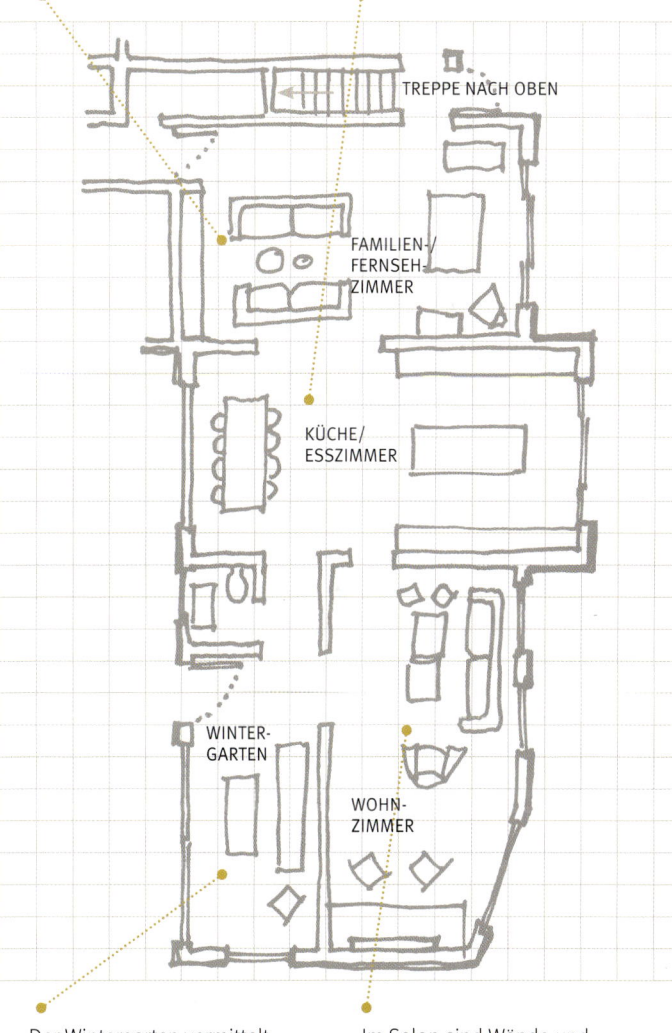

Im Wohnzimmer schaffen dick gepolsterte Sofas und zwei runde exotische Beistelltische eine entspannte Atmosphäre.

Die Inselkonstellation erlaubt größte Flexibilität und freien Blick durch die großen Fenster.

TREPPE NACH OBEN

FAMILIEN-/ FERNSEH- ZIMMER

KÜCHE/ ESSZIMMER

WINTER- GARTEN

WOHN- ZIMMER

Der Wintergarten vermittelt zwischen drinnen und draußen. Auch an Regentagen kann man hier die Natur genießen.

Im Salon sind Wände und Polstermöbel passend zu den Deckenbalken weiß gehalten. Sie lassen den kühlen, luftigen Raum einladender wirken.

KÜCHENKRAFT Die maßgefertigten Einbauten passen sich bruchlos in den industriellen Rahmen ein. Ebenso praktisch wie schick sind glatte Edelstahlgeräte und Regale, in denen ein paar dekorative Accessoires den strengen Look mildern.

Lichteinfall

Natürliches Licht gibt es gratis – setzen Sie es mit Gewinn ein

Nichts hebt die Stimmung mehr als ein lichtdurchfluteter, wohnlicher Raum, in dem sich die Beleuchtung im Tagesverlauf verändert. Anhand der Himmelsrichtungen und der Lage des Raums können Sie schon im Voraus feststellen, ob er morgens, nachmittags oder bei Sonnenuntergang erhellt ist. Die Lichtausrichtung hilft auch bei der Auswahl der Farben. Bestimmte Töne lassen einen Raum heller oder dunkler wirken.

WANDLICHT Im Loft von Designer Vicente Wolf in New York macht eine durchschimmernde Schiebetür aus Mattglas neugierig auf die hell durch das Tageslicht erleuchteten Objekte und Bücher im Regal dahinter.

LICHTBLICKE

Nach Norden ausgerichtete Räume haben auf der Nordhalbkugel von Natur aus einen grauen Grundton, der einen hochweißen Anstrich allzu schattig wirken lassen kann. Ein kühles Grau hingegen lässt solche Räume warm wirken.

Sonnendurchflutete Zimmer erlauben ein knalliges Fuchsia oder Topas. Hier dürfen Sie Ihrer Freude an Farbe freien Lauf lassen.

In eher lichtarmen Räumen verzichtet man besser auf Gardinen und Vorhänge, damit es nicht düster wirkt. Allerdings sollten Sie sich auch nicht wie auf dem Präsentierteller fühlen.

Erhellend für eine schattige Ecke ist oft ein nachträglich angebrachtes Oberlicht.

Mit hauchfeinem Musselin oder Leinen können Sie auch in einer Erdgeschosswohnung tagsüber jede Menge Licht genießen, ohne Ihre Privatsphäre preiszugeben.

Innenfenster, Glasbausteine oder Trennwände aus satiniertem Glas verteilen ein wenig Helligkeit aus dem angrenzenden Bereich mit besseren Lichtverhältnissen.

Sonnenabgewandte Räume bringen Sie mit hellen, neutralen Farbtönen zum Leuchten.

HELL UND RUHIG
Linke Seite oben
Anita Kaushals Londoner Wohnzimmer ist zartgrau gestrichen. Gerade diese Farbe wirkt im kalten Nordlicht des europäischen Klimas wärmend.

HIMMELSLICHT *Diese Seite* Ein Oberlicht, kombiniert mit großflächigen Fenstern, versorgt die offene Küche und den Essplatz mit einem Maximum an Tageslicht. Unterstrichen wird die luftige Atmosphäre von dem hellen Holzboden, den lichten Wänden und der Tischplatte aus spiegelndem Marmor.

„Es besteht eine intuitive Verbindung zwischen unserem Wohnumfeld und unserer Stimmung, denn diese hängt vor allem von der Lichtfülle und -qualität ab."

Marcia Zia-Priven, Lichtdesignerin

,,Die Wandvertiefung im Wohnzimmer ist ein idealer Rahmen für unser geerbtes Sofa und die Bilder darüber. Es ist einfach ein schöner Anblick, wenn man in Richtung Wohnzimmer schaut."

Claus Robenhagen, Galerist

BODENHAFTUNG Dunkle Dielen eignen sich besonders gut, um Räumen mit hohen Decken Halt zu geben. Hier setzt sich der Boden durch eine Zimmerflucht fort und dient im Wohnzimmer neben Retro-Lampe, Schwarzweißdrucken und Kissenhüllen auch als Farbakzent.

FALLSTUDIE

RÄUME VERBINDEN

Zimmerfluchten aus schnurgerade aufgereihten Räumen mit Türen, durch die man von einem Ende der Wohnung bis zum anderen blickt, kamen in Prunkschlössern wie in Versailles auf, finden sich aber oft auch in Altbauwohnungen und Bauernhöfen. Die Gestaltung miteinander verbundener Zimmer ist eine spannende Herausforderung: Da jeder Raum vom Nachbarzimmer aus zu sehen ist, muss sich die Einrichtung gut ergänzen.

Das Kopenhagener Apartment der Modeschöpferin Heidi Hofmann Møller und des Galeristen Claus Robenhagen ist ein zauberhaftes Ensemble, das gerade durch die Reihung sehr geräumig wirkt.

FLUCHTPUNKT Wie Perlen auf einer Schnur reihen sich Schlafzimmer, Ess-, Arbeits- und Wohnzimmer aneinander. Die Perspektive erlaubt keine Stilbrüche, nichts bleibt verborgen. Jeder Raum muss zum angrenzenden passen.

Diese Raumanordnung kennt man vor allem aus öffentlich zugänglichen Bereichen wie Museen – was durchaus passt, da Claus Robenhagen Galerist ist. „Uns gefällt es, dass die vier Zimmer ineinander übergehen. Man fühlt sich wie in einem großen Saal, obwohl jeder Abschnitt seinen eigenen Charakter hat und so auch ein gewisses Maß an Flexibilität zulässt."

In der Mitte der Raumfolge liegt das Esszimmer, in dem das Paar oft Gäste bewirtet. „Der Eingang ist sehr eng. Deshalb ist der mittlere Raum eine Art Zwischenstopp auf dem Weg in die übrigen Zimmer. Wenn wir Besuch haben", sagt Heidi, „reichen wir hier zuerst den Aperitif, und hinterher wird hier weiter getrunken und manchmal auch getanzt." Die Flügeltür wurde eigens entworfen, um den linearen Effekt zu unterstreichen. Auf der Seite zur Privatsphäre des Schlafzimmers sind Wörter wie „Erbstück" und „Begabung" gedruckt. Die zum Esszimmer gewandte Seite ist dem italienischen Memphis-Stil der 1980er-Jahre nachempfunden, den Carl und Heidi sehr mögen.

Die beiden verliebten sich auf Anhieb in die helle, luftige Atmosphäre der Wohnung. Dem Einzug vor vier Jahren ging eine umfassende Sanierung voraus. Alte Tapetenschichten wurden abgekratzt, der Fußboden gestrichen, die elektrischen Leitungen erneuert und der Stuck nachgezogen, weil man ihn unter den vielen, vielen Farbschichten kaum noch erkennen konnte. Küche und Bad wurden komplett erneuert.

Beim Fußboden entschieden sich die Eigentümer für einen schwarzen Anstrich mit Dispersionsfarbe, der mit einer Schicht wasserlöslichem Lack versiegelt wurde. Die Farbschichten waren leicht aufzubringen und erwiesen sich als sehr strapazierfähig. „Wir beide mögen Schwarz, weil es den Raum zusammenhält und die übrigen Farben umso mehr leuchten lässt."

„Der Entwurf für die Flügeltür zwischen Ess- und Schlafzimmer stammt von dem Künstlerinnenduo Bank & Rau. Der Grundgedanke war, dass diese Türen zwei zentrale Räume der Wohnung miteinander verbinden."

*Heidi Hofmann Møller,
Modeschöpferin*

„Unseren persönlichen Stil kann man am ehesten als Mischung verschiedener Dekaden bezeichnen. Das Resultat ist bunt, persönlich und innovativ."

*Claus Robenhagen,
Galerist*

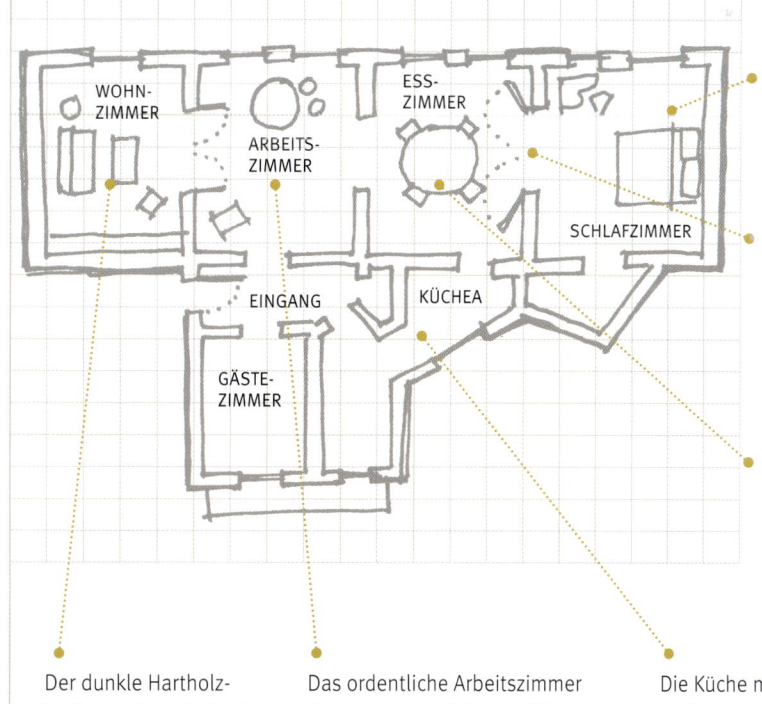

SCHATZINSEL *Oben links*
Eine halb entrollte Seekarte aus Schmiedeeisen schmückt die Wand über dem modernen Bugholzsessel im Arbeitsbereich zwischen Wohn- und Esszimmer.

STANDESGEMÄSS DINIEREN
Oben rechts Im Mittelpunkt der Wohnung prangt der Tisch *Tulip* von Eero Saarinen. Die Tischplatte mit ihrer angenehmen organischen Rundung bildet einen schönen Kontrast zu den vielen Quadraten und Rechtecken im Raum.

GUT GEPOLSTERT *Linke Seite*
Anstelle eines konventionellen Kopfteils bilden lauter verschiedene Kissen den oberen Abschluss des Betts und setzen Farbtupfer im Schlafzimmer.

- Die Haupträume bilden eine Zimmerflucht aus ineinander übergehenden Zimmern.
- Die maßgefertigte Flügeltür zwischen Ess- und Schlafzimmer ist ein herausstechendes gestalterisches Element.
- Der runde Esstisch mit Marmorplatte im Zentrum des Esszimmers bildet zugleich den optischen Mittelpunkt der beiden angrenzenden Zimmer.
- Der dunkle Hartholzboden ist das Bindeglied zwischen den Räumen und lässt die Wohnung größer wirken.
- Das ordentliche Arbeitszimmer liegt zwischen Wohn- und Esszimmer. Da es direkt an den Eingang grenzt, dient es bei Bedarf auch als Garderobe.
- Die Küche mit Essplatz ist geschickt in die kleine Fläche eingefügt. Davor liegt ein hübscher Balkon zum Hof des Gebäudes.

Räume trennen

Geschickte Unterteilungen schaffen neue Formen und Funktionen

Gliederungen können durch bauliche Lösungen entstehen – zum Beispiel mit Trennwänden zwischen verschiedenen Räumen oder Funktionsbereichen –, oder aber ausgefallene dekorative Stücke markieren einen bestimmten Bereich, sei es ein nostalgischer Wandschirm oder eine repräsentative Antiquität. Raumteiler bieten viele Möglichkeiten, Zimmer nach Bedarf zu gliedern.

GLASTÜREN *Unten* In Nathalie Letés Pariser Wohnung bilden breite Glastüren mit Metallsprossen ein regelrechtes Portal zum femininen Schlafzimmer. Tagsüber steht die Tür offen und vergrößert so den Wohnraum, aber wenn nachts die bodenlangen Vorhänge zugezogen sind, wird das Schlafgemach zum romantischen Beduinenzelt.

SPIELECKE *Rechte Seite* In diesem modern-funktionalen dänischen Haus umrahmen halbe Wände das Kinderzimmer, das dadurch vom Ess- und Arbeitsplatz der Erwachsenen getrennt, aber dennoch immer offen ist.

BESTANDSAUFNAHME

Besonders praktisch sind Raumteiler in Form von Regalen oder Schrankelementen, weil sie zusätzlichen Stauraum bieten.

Für Schiebetüren oder Wandschirme eignen sich Mattglas und Holz. Bemalte Paneele wirken besonders dekorativ.

Halbhohe Raumteiler schirmen bestimmte Bereiche diskret ab, etwa eine freistehende Badewanne im Schlafzimmer, eine Arbeitsecke im Wohnzimmer oder einen Sitzplatz in der Küche.

Auch einzelne Möbelstücke können als Raumteiler fungieren, beispielsweise Elemente auf Rollen mit offenen Fächern, die mehrere Funktionen erfüllen.

Paravents gibt es in vielen Formen, von japanischen Faltschirmen aus Holz und Reispapier über Spanische Wände aus plissiertem Stoff bis zu alten Krankenhaus-Wandschirmen mit Musselin oder anderem leichten Stoff.

In einer Nische lässt sich eine Dusche, ein kleiner Ankleideraum oder ein kompakter Arbeitsplatz abgrenzen.

Auch Trennelemente können multifunktional sein: die Vitrine, die rückseitig als blickdichter Stauraum genutzt wird, die Duschwand mit Regalfächern für Badetücher oder ein freistehender Spiegel mit integriertem Schuhschrank.

Selbst mit Grünpflanzen wie Feigenbäumen oder anderen großen Sorten in dekorativen Kübeln lässt sich ein Wohnraum in verschiedene Bereiche unterteilen.

„ **Meine Kunden legen großen Wert darauf, dass die Räume mehrere Funktionen erfüllen, etwa als Wohn- und Esszimmer, Leseecke und Fernsehraum, Wintergarten und Frühstückszimmer.** "

Betsy Burnham, Designerin

AUS NEU MACH ALT Durch die Kombination antiker Stücke (hier bemalte Schränke mit modernen Klassikern wie den Eames-Schalenstühlen) überspielt Anna-Malin die Sachlichkeit des Neubaus.

„Dort, wo ich aufgewachsen bin, gibt es Berge und viel Schnee. Darum ist Weiß die Grundfarbe bei mir. Es ist wandlungsfähig und vielseitig." *Anna-Malin Lindgren*

KÜCHEN-SCHICK Der gemütliche, legere Raum besticht durch die gut kombinierten Möbel und Materialien. Die klaren Linien der Architektur werden durch die geschwungenen Lehnen der Rattanstühle und die runden Lampen harmonisiert.

FALLSTUDIE

FLEXIBLE RÄUME

Flexible Raumaufteilung ist sinnvoll, wenn die Familie noch wächst. Einen großen Raum kann man leicht in zwei Bereiche für verschiedene Funktionen unterteilen: Im Wohnzimmer etwa reicht oft schon eine leichte Trennwand, die man später einfach wieder entfernt.

In Anna-Malin Lindgrens Haus im schwedischen Helsingborg hat Flexibilität höchste Priorität. Vor dem Einzug plante sie sorgfältig, wie jeder Raum genutzt und aufgeteilt werden sollte. Gemeinsam mit ihrem Mann Anders wählte sie Bodenbeläge, Küchenfronten und Wandfarben aus. Da beide großen Wert auf natürliches Licht legen, ließen sie über den Türen Oberlichter einbauen, um Tageslicht zu gewinnen.

Als gebürtiger Nordschwedin ist es Anna-Malin wichtig, eine tiefe Verbindung zu den Dingen zu spüren, Standardlösungen für Möbel oder Armaturen kommen nicht infrage. Die Rentierfelle im Wohnzimmer sind aus Sicht des Tierschutzes unbedenklich, denn sie stammen von Schlachttieren und wären sonst entsorgt worden.

Noch lieber hätte Anna-Malin ein altes Haus, aber auch in diesem Neubau ist es ihr gelungen, eine Atmosphäre zeitloser Behaglichkeit zu schaffen. „Ich habe gelernt, im Einklang mit meinem Zuhause zu leben, denn es spiegelt meinen Geschmack und Stil. Ich passe den vorhandenen Raum so an, dass er mit unserer Lebensweise harmoniert – und dazu gehören zwei Kleinkinder und viel Hin und Her im Alltag."

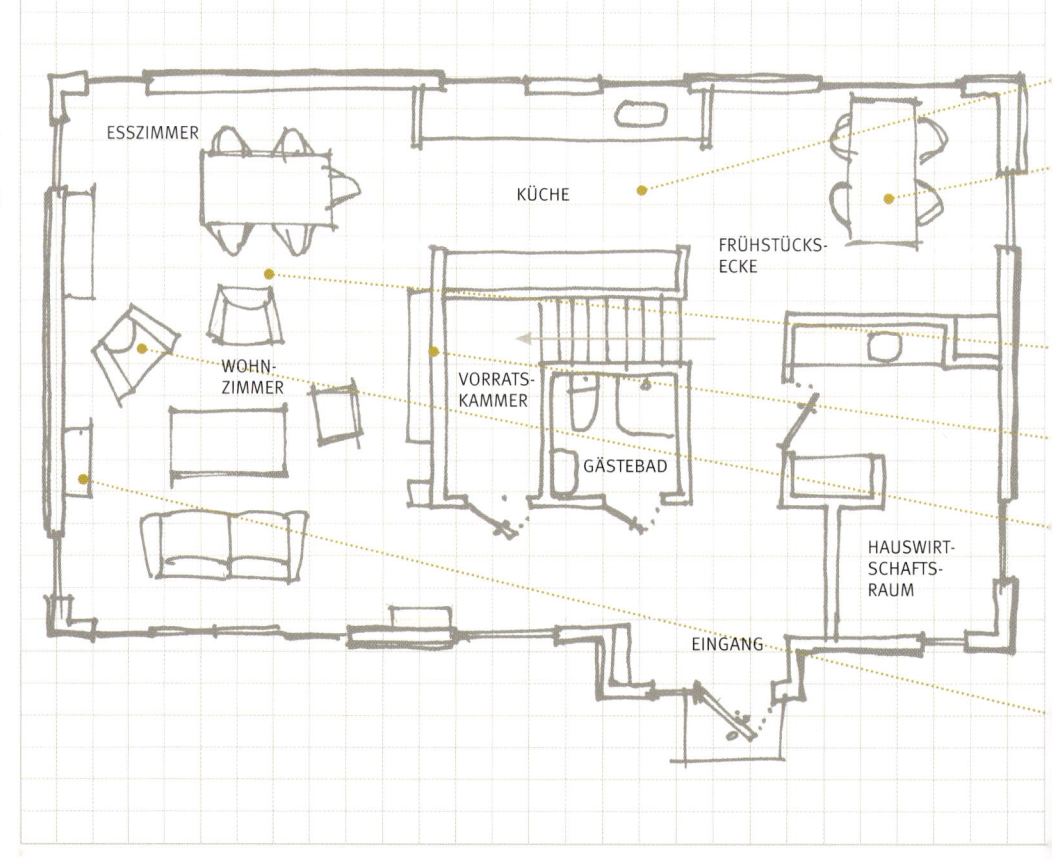

GUT ABGESCHIRMT *Oben* Eine schwarz gestrichene Wand trennt den Wohn-/Essbereich von der Küche. In der Mitte ist ein Flachbildschirm befestigt. Weitere Geräte und Zubehör sind in dem modernen niedrigen Sideboard untergebracht.

GELASSENE BEHAGLICHKEIT *Rechte Seite, oben* Einladend sind die weichen Retro-Sofas mit üppigen Kissen in allen möglichen Formen und Größen mit Hüllen aus den unterschiedlichsten Stoffen und Texturen. Rings um den lackierten Couchtisch lässt es sich gemütlich plaudern und entspannen.

MODERNE TRADITION *Rechte Seite, unten* In der ganzen Wohnung lockern Antiquitäten und Retro-Möbel die strengen architektonischen Linien auf. Die Grundfarben für das Dekorationsschema sind Schwarz und Weiß.

„Ich mag Kalt-warm-Kontraste, sowohl bei Materialien als auch in den Farben. Die Rentierfelle in unserem Wohnzimmer machen den weißen Raum wärmer."

Anna-Malin Lindgren, Illustratorin

- Ein Wechsel im Bodenbelag setzt den Küchenbereich auch ohne Wände vom Rest der Wohnung ab.

- Am Esstisch im Küchenbereich wird tagsüber gegessen, gearbeitet und gebastelt. Die ausziehbare Tischplatte lässt sich entsprechend dem jeweiligen Zweck und Benutzerkreis variieren.

- Das Wohn-/Esszimmer ist flexibel gestaltet. Wenn die Kinder einmal größer sind, kann der Raum ebenso gut als Wohn- und Arbeitszimmer wie als Jugendzimmer genutzt werden.

- Die Trennwand zwischen Wohnzimmer und Küche, Essplatz und Treppe ist schwarz gestrichen, damit der Fernseher nicht auffällt.

- Eine superbequeme Couchgarnitur bringt einen Hauch Nostalgie in den ansonsten nüchtern-modernen Raum. Das pudrige Pflaumenblau und das Maulbeerrosa der Möblierung erwärmen das kühle Weiß.

- Freistehende Schränke und Regale sind beweglich und können je nach Bedarf verschoben werden.

Böden und Wände

Durch gute Planung dieser dominanten Oberflächen schaffen Sie Ihre Wunsch-Atmosphäre

Wände und Böden sind alles andere als ein notwendiges Übel, denn sie beeinflussen die Atmosphäre der Wohnung. Ob Teppichboden oder Parkett, Anstrich oder Tapete – Ihre Wahl entscheidet mit, welches Gestaltungsschema für einen Raum am ehesten infrage kommt.

„Ich liebe Tafelfarbe. Sie ist schwarz, aber nicht pechschwarz, und die Oberfläche ist schön matt. Ich verwende sie für Wände, Möbel, Lampensockel und Vasen."
Belinda Graham, Bloggerin

Wandgestaltung Wände bieten jede Menge Gestaltungsoptionen: Von seidenmatt bis hochglänzend, von Blumentapeten über geometrische oder flächige Muster bis hin zu Stoffbespannungen – Sie haben die Wahl und können eine einzelne Wand oder gleich den ganzen Raum in Ihre Lieblingsfarbe tauchen. Auch die Farbe für halb- oder deckenhohe Holzvertäfelungen ist eine wichtige Entscheidung, je nachdem, ob Sie es lieber poppig oder dezent mögen.

KLASSISCHES GRAU *Oben links* Wie schwarze und weiße Kleidung sind auch grau gestrichene Wände extrem vielseitig und mit jeder Art von Einrichtung elegant. Mit ein paar Farbtupfern lässt sich der Gesamteffekt ohne großen Aufwand bestimmen.

SCHULTAFEL *Oben rechts* In der Küche oder im Kinderzimmer schafft man mit Schultafelfarbe an Wänden und Türen endlos viel Platz für Einkaufslisten, Zeichnungen und flotte Sprüche.

Schiffsboden und Parkett Für einen lebendigen Haushalt mit Kindern ebenso wie für ein elegantes Loft oder ein schmuckes Häuschen auf dem Land – Holzböden sind immer eine gute Lösung. Naturbelassene Hölzer wirken vor allem in älteren Gebäuden sehr schön. In modernen, Retro- und Industriestilen sehen gebleichte oder hochglänzend lackierte Planken smart aus. Und Holz ist besonders pflegeleicht.

Holzböden auflockern Teppiche und Läufer passen hervorragend zu Parkett und bringen Farben und Muster ins Spiel, wenn der Raum ansonsten eher neutral eingerichtet ist. Rechteckige, quadratische oder runde Formen rahmen und erden bestimmte Teile eines Wohnraums. Läufer sind ideal im Flur und im Bad. Wenn Sie einen harten Boden im Schlaf- oder Kinderzimmer vermeiden wollen, ziehen Sie Teppichboden als Alternative in Erwägung.

Von Kopf bis Fuss

Offenes oder gestrichenes Mauerwerk sieht in Alt- und Neubauten fantastisch aus. Rings um einen offenen Kamin tragen alte Backsteine einen warmen Ton bei. Weiß überstrichene Ziegel wirken moderner.

Holz ist vielseitig und strapazierfähig und deshalb überall dort gut zu gebrauchen, wo viel Betrieb ist, etwa im Flur und im Wohnzimmer.

Teppiche machen einen Raum behaglich. Ideal sind zwei zum Wechseln für Sommer und Winter.

Holzvertäfelung wirkt immer freundlich. Wenn Sie durchgehende Wandflächen bevorzugen, streichen Sie Verkleidung und Wände einheitlich. Um das Holz zu betonen, bietet sich eine Kontrastfarbe an.

Tapeten bekommt man in unendlich vielen Ausführungen. Man kann damit die Atmosphäre eines Raums im Handumdrehen verändern.

Lackierte Böden machen auf kleinen Flächen ebenso viel her wie auf großen.

DEN BOGEN RAUS Gebleichte Holzdielen und großflächige Fenster sorgen in diesem Wohnzimmer für eine luftige Atmosphäre. Das hohe Bücherregal an der abgewinkelten Wand ist ebenso funktional wie dekorativ.

„Nur Mut: Streichen Sie Wand, Tisch oder Boden mal ganz anders. Es ist wie ein Haarschnitt. Man kann es jederzeit wieder ändern." *Carrie McCarthy, Autorin*

RAUMGEFÜHL

>*„Oft sehen Räume ohne Teppich kalt und unfertig aus. Der Teppich verbreitet einen Hauch von Luxus. Farbe, Muster und Textur wirken gemütlich und persönlich."*
>
>Suzanne Sharp, The Rug Company

DEZENTER GLAMOUR *Unten* Hier spielen die Möbel die Hauptrolle auf einem glatten, kühlen Betonboden. Die Tierfelle bilden ein perfektes Gegengewicht zu den Möbeln und dem eigenwilligen Kronleuchter. Sie grenzen den Bereich ab und vermitteln eine Aura der Wärme und Kultiviertheit.

AUF DUNKLEM GRUND *Rechte Seite* In kühlen Räumen erdet ein dunkel glänzender Fußboden das großflächige Weiß, schafft klare Raumlinien und lässt Möbeln, Oberflächenstrukturen und Kunstwerken den Vortritt.

> „Ein weißes Umfeld sehe ich als Chance, den Blick auf Elemente zu lenken, die zwischen Farben untergehen würden. Weiß ist neutral, dadurch rückt es Texturen, Licht und Schatten in den Vordergrund."

*Anna Dorfman,
Grafikerin und Bloggerin*

Teppiche und Brücken

In Räumen mit glatten Holz- oder Betonböden sind Teppiche wichtig, damit die Atmosphäre einladend und interessant wird.

TEPPICHWAHL

Die Teppichform sollte dem Raum entsprechen: Runde Teppiche passen gut in quadratische Wohnzimmer, Läufer eher auf Treppenabsätze, in Flure und andere schmale Flächen.

Vor allem in stark beanspruchten Bereichen wie Wohn- und Kinderzimmer sind Teppiche eine gute Alternative zu Teppichboden.

Teppiche gibt es in vielen Arten und Stilen. Viele Teppichhändler geben Ihnen ein oder zwei Stücke zur Ansicht mit, sodass Sie ausprobieren können, was zu Ihrer Wohnung passt.

AZALEENPINK *Unten* In ihrem Apartment in Brooklyn schuf Alayne Patrick mit asiatischen Textilien eine lebendige Atmosphäre. Schöner Akzent: der Baumwoll-Dhurrie in Rosa und Himmelblau.

NATIONALSTOLZ *Rechte Seite* Jonathan Adlers und Simon Doonans originelles Büro lässt keinen Zweifel über Simons Herkunft, auch wenn das Blau der britischen Flagge hier mit Limettengelb kombiniert ist.

Ob traditionelle indische Dhurries und Orientbrücken, Webteppiche oder Tierfelle: Sie alle verleihen einem Raum das gewisse Etwas. Vor allem in Wohnzimmern und Eingangsbereichen bestimmen sie oft den einladenden ersten Eindruck. Teppiche und Brücken schützen den Fußboden und sorgen für Behaglichkeit. Muster und Textur sind dabei ebenso wichtig wie das Material. Bei der Auswahl des passenden Stücks ist also einiges zu bedenken.

Skandinavische Wollteppiche wirken toll auf hellen und dunklen Schiffsböden. Auch gesäumte Sisalteppiche oder Schaffelle passen gut zu Holz. Flickenteppiche, dick gewebte Wollbrücken und Tierfelle lassen vor allem Räume mit Betonboden wohnlich wirken.

FLEXIBLE RÄUME 47

„Ein schön gemusterter Teppich belebt jeden Raum."

Lulu deKwiatkowski, Designerin

„Sparen Sie bei Teppichen nicht. Toll sind große Stücke, die ein Zimmer ausfüllen und ein Statement machen."

Maxwell Gillingham-Ryan, Interior Designer und Blogger

FALLSTUDIE

KLEINE RÄUME

Was in einer kleinen Wohnung zählt, sind Ordnung und eine geschickte, gemütliche Einrichtung. Für Chaos ist einfach kein Platz. Sortieren Sie alles aus, was Sie nicht unbedingt brauchen, und beschränken Sie sich aufs Wesentliche. Nutzen Sie jeden Zentimeter, sei es mit Schrankfachunterteilungen, Klapptischen oder extra Stauraum.

Durch sein Dekor wirkt dieses kleine Apartment in Manhattan schon auf den ersten Blick sympathisch. Alles passt zusammen, und dabei gibt es so viel zu entdecken, dass die geringe Größe nicht ins Gewicht fällt. Lifestyle-Autorin und Innenarchitektin Rita Konig hat ihre kleine Wohnung mit britischem Sinn für Gemütlichkeit gestaltet.

ZIMMER MIT AUSSICHT
Da in kleinen Wohnungen nichts verborgen bleibt, sollten sie immer aufgeräumt sein. Hier schaut man vom Wohnzimmer in das hübsche Schlafzimmer. Blickfänger sind die Blümchentapete und die geschwungenen Kanten an Kopfteil und Bettwäsche.

„Beschreiben Sie Ihren Lebensstil für sich und planen Sie Raumaufteilung und Einrichtung entsprechend. Danach erst kümmern Sie sich um die Details des gewählten Stils." *Rita Konig, Autorin und Interior Designerin*

LÄSSIGE ELEGANZ
Ruhige graue Wände, eine sehr persönliche Bildersammlung und die einladende Couch schaffen in dem kleinen Wohnraum ein kultiviertes und behagliches Flair, sodass kein Gefühl der Enge aufkommt.

"Die schönsten Zimmer in einem Haus strahlen Ruhe aus und erzählen von den Menschen, die sie bewohnen. Räume sollten als Summe der Dinge darin erscheinen, aber das gelingt nicht von jetzt auf gleich", meint Rita. „Als ich diese Wohnung bezog, ließ ich die Polstermöbel neu beziehen, um den Charakter der Zimmer zu bestimmen." Auch eine modernere Anmutung lässt sich mit diesem Trick schnell und günstig umsetzen.

„Sehr wichtig sind mir meine Bilder", so Rita weiter. „Sie können sich Ihre Wohnung vom besten Innenarchitekten der Welt ausstatten lassen – ohne Bilder an den Wänden fehlt einfach eine Dimension, die ich für unverzichtbar halte."

„Eine meiner Lieblingsfarben ist ein Lichtgrau von Paint and Paper Library in London. Es wirkt immer hell und rein; man kann viele andere Farben damit verbinden. Ich habe es mit Pink und Grün kombiniert und mit wohltuenden, warmen Farben. Stauraum und Ordnungssysteme sind für mich Teil der Raumausstattung. Deshalb war ich froh, dass Bücherregale, Wäsche- und Vorratsschrank in meiner Wohnung eingebaut waren. Ich habe sogar ein Minibüro im Wandschrank!"

DURCHGANGSKÜCHE *Links* Geschickt in den Flur integriert, enthält Rita Konigs Küche neben den üblichen Geräten ein Regal für Kochbücher und eine Arbeitsecke – alles kompakt wie in einer Schiffskombüse.

BILDSCHÖN *Rechte Seite* Die farbenfrohe, gemütliche Sitzecke mit Hausbar und Bildern an der Wand wirkt freundlich. Vor der perlgrauen Wand kommt der prunkvolle Samtbezug bestens zur Geltung.

Vom Wohnraum aus gelangt man in das Schlafzimmer, das sich durch die geöffnete Tür von seiner Schokoladenseite präsentiert.

Als Sitzecke dienen eine Couch und drei Sessel, die bei Bedarf hinzugezogen werden. Das Wohnzimmer bildet das Herzstück der Wohnung.

Der in den Wohnraum integrierte Wandschrank wurde mit ein paar neuen Regalbrettern im Handumdrehen zum Minibüro.

Der geräumige Eingangsbereich wurde zu einer praktischen Durchgangsküche umfunktioniert.

KLEINE RÄUME 51

„Am nachhaltigsten
verändert man einen
Raum durch Bilder."

Rita Konig, Autorin und Interior Designerin

Raumgewinn

Die geschichte Raumnutzung zahlt sich auf kleinen Flächen aus

Kleine Räume erfordern originelle Ideen und Ordnungsliebe. Es gibt eine Reihe von Möglichkeiten, den Wohnraum zu vergrößern, ohne allzu viel von der kostbaren Grundfläche zu opfern. Oft lässt sich extra Wohn-, Arbeits- oder Schlafraum durch Wandschränke oder Galerien gewinnen oder aber durch den Einbau eines Zwischengeschosses.

Versetzte Ebenen bieten die Möglichkeit, einen Wohnraum vertikal in mehrere Bereiche zu unterteilen. Eine Galerie ist ein wunderschöner Ort für eine Bibliothek. Zwischendecken lassen sich auch über der Küche, dem Treppenabsatz im Parterre oder dem Schlafzimmer integrieren. In Häusern mit Geschossen in unregelmäßiger Höhe braucht man unter Umständen eine Leiter, ein paar flache Stufen, um die Niveauunterschiede auszugleichen. Leitern sind für Emporen zwar vielseitig und praktisch, doch darf die Sicherheit dabei nicht zu kurz kommen. Kleinere Kinder, sogar Teenager werden von Leitern magisch angezogen. Um ein Risiko zu vermeiden, ist eine leicht wirkende Stahl- oder Holztreppe mit Geländer in dem Fall wahrscheinlich sinnvoller.

SCHLAFKAPSEL In ihrem Einzimmerapartment in Brooklyn ließen Lyndsay Caleo und Fitzhugh Karol über der Küchenzeile eine Zwischendecke einziehen, über der sie ein Schlafzimmer eingerichtet haben. Statt Tür gibt es einen Vorhang, und hinauf gelangt man über eine Holzleiter.

,,Zeichnen Sie Grundriss und Möbelgrundflächen maßstabsgerecht und schieben Sie die Einrichtung hin und her. Nutzen Sie Nischen für Regale. Bedenken Sie den Vorteil, dass Wandregale die Bodenfläche frei lassen."

Deborah Bibby, Chefredakteurin

PLATZ SCHAFFEN

Stellen Sie sich Ihre Wohnung als Kasten vor. Sie erkennen so leichter, wo und wie Sie Raum im Raum schaffen können, etwa mit einer abgehängten Decke im Eingangsbereich oder einer Handarbeitsecke auf einer Galerie im Schlafzimmer.

Treppenabsätze sind ideal für ein Homeoffice oder eine Schlafgelegenheit für Besuchskinder. In einem Schlafzimmer mit hoher Decke können Sie ein Hochbett bauen (lassen). Darunter entsteht genügend Fläche für einen Computerarbeitsplatz.

Durch Trennwände und Raumteiler kann man Flächen für bestimmte Aktivitäten absondern.

Ist Platz Mangelware, bieten sich zur Raumaufteilung auch Glaswände oder Fenster an, denn sie tragen zu einer möglichst weiträumigen Atmosphäre bei.

,,Mein Mann und ich hassen Chaos. Durch die Einbauschränke wirkt das Haus aber sehr ruhig. Wir haben viel in versteckten Stauraum investiert, damit wir nicht dauernd unser Zeug vor Augen haben." *Jessie Randall, Designerin*

RUHEZONE In ihrem riesigen, lichtdurchfluteten Wohnbereich schufen Marc und Melissa Palazzo (Designagentur Pal + Smith) durch ein Mezzaningeschoss einen zusätzlichen, offenen Raum zum Entspannen und Träumen mit viel Tageslicht und Blick über das Wohnzimmer.

KLEIN UND FEIN
Liz Bauer hat ihr New Yorker Apartment mit viel Geschick untergliedert, ohne ihren Stil oder ihr Raumgefühl zu kompromittieren. Das Ganze wirkt wie eine reguläre Wohnung mit verschiedenen Räumen, weil es ihr gelang, Diele, Ess-, Wohn-, Schlaf- und Ankleidebereich, Küche und Bad deutlich voneinander abzugrenzen.

> „Machen Sie das Beste aus dem, was Sie haben. Farben sind dabei wichtig, und ich kann ohne Muster nicht leben."
>
> *Liz Bauer, Interior Designerin*

FALLSTUDIE

WOHNEN IN EINEM RAUM

In Einzimmerapartments muss die Grundfläche voll ausgeschöpft werden. Jedes einzelne Möbelstück sollte zweckmäßig und möglichst vielseitig sein. Ein Beistelltisch muss Stauraum enthalten, ein Bettgestell Platz für Unterbettkommoden bieten. Aufgeräumt und erfüllt von Tageslicht, kann auch ein Mini-Apartment weitläufig wirken.

Dieses Studio gehört der New Yorker Innenarchitektin Liz Bauer. Sie verwandelte es mit modernen Ideen, klassischen Elementen und einem femininen Touch in ein ebenso praktisches wie wohnliches Domizil. Das Design überspielt die begrenzte Grundfläche. Als Erstes ließ sie den Kamin als Blickfang des Wohnbereichs anbringen. Für Abgrenzung zwischen Schlaf- und Wohnbereich sorgt ein antiker Paravent aus Glas. Die Zebra-Tapete an Decke und Wänden markiert den Bereich rings um das Bett, sodass man nicht den Eindruck erhält, das Bett stehe mitten im Wohnzimmer. „Der kleine Flur ist zur Ankleide geworden. Das war toter Raum, und hier in New York City ist toter Raum das Letzte, was man gebrauchen kann! Da sich dort ein Wandschrank direkt neben dem Bad befindet, ist es doch nur logisch, dass ich mich da umkleide und schminke", sagt Bauer.

TRADITIONELLE AUFTEILUNG
Die geschmackvolle Zusammenstellung von Kunstwerken mit farbenfrohen Deko- und Polsterstoffen von Designers Guild und Manuel Canovas, symmetrisch angeordneten, originellen Tischlampen sowie transparentem Teewagen und Couchtisch macht Liz Bauers Wohnzimmer gemütlich und lässt keinen Quadratmeter vermissen.

„Architektonische Details sind für mich elementar. Eigentlich ist diese Wohnung ein Studio, aber ich sah sofort, dass ich die verschiedenen Bereiche so voneinander abgrenzen kann, dass sich eine Art konventionelle Aufteilung ergibt."

Liz Bauer, Interior Designerin

SCHRANK ODER SCHAUKASTEN *Rechts* Liz Bauer vertritt ein pragmatisches Raumkonzept: „Ich habe meine Wohnung zwar bewusst funktional gehalten, aber es ist kein Platz, um alles offen zu präsentieren. In der nächsten Wohnung stehen dann wieder Geschirr und Gläser in der weißen Vitrine. Im Moment dient sie nur als Stauraum."

Der Eingangsbereich bietet viel Stauraum und dient zugleich als Galerie.

Der schmale Flur zwischen Bad und Wohnraum dient als Ankleidezimmer.

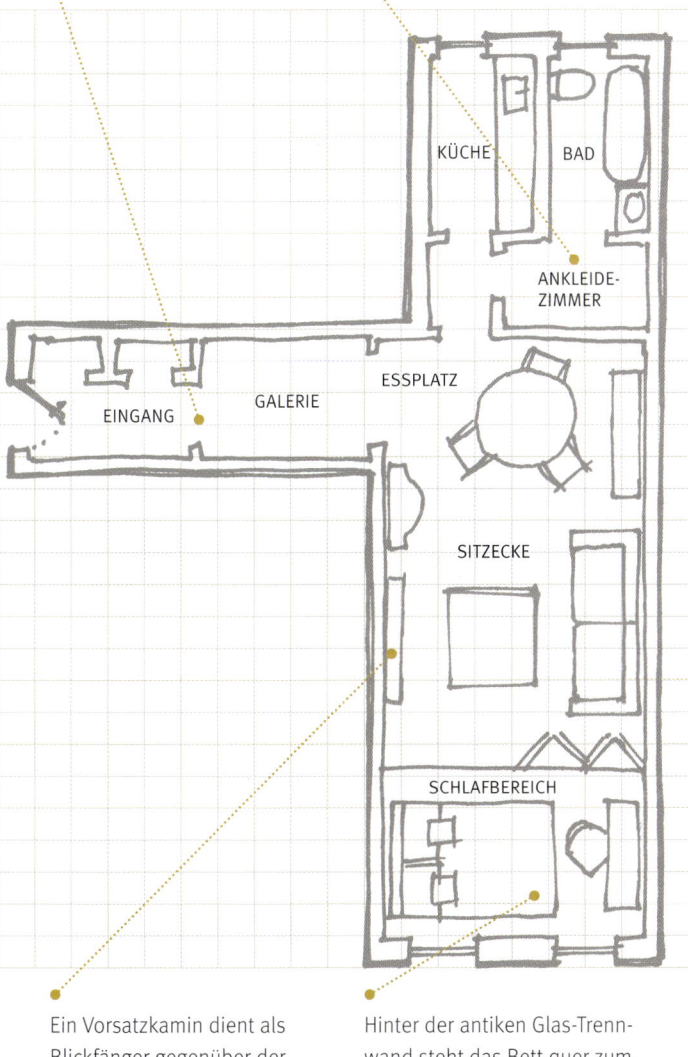

Ein Vorsatzkamin dient als Blickfänger gegenüber der Couch.

Hinter der antiken Glas-Trennwand steht das Bett quer zum Wohnbereich, damit genug Licht in den Raum fällt.

MIT TAPETEN GESTALTEN Durch die Tapete an Wänden und Decke nur einer Raumseite entsteht ein Miniatur-Boudoir. Bauer entschied sich für ein freundliches blau-weißes Dessin von Rose Cummings, dazu pinkfarbene Lampenschirme und ein passendes Bild.

Farbspiele

Farben sind das wichtigste Werkzeug der Interior Designer. Nicht immer trifft man jedoch gleich den richtigen Ton. Ein paar Experimente vorab schützen vor Enttäuschungen.

„Tapezieren oder lackieren Sie die Innenflächen von Bücherregalen – möglichst auch die Decke oder eine einzelne Wand." *Celerie Kemble, Designerin*

FARBMAGIE

Sehr wirkungsvoll ist eine kräftig gestrichene Wand im Wohn- oder Schlafzimmer. Wählen Sie dafür die Seite, die als Erstes ins Auge fällt.

Um ein großes Zimmer intimer und behaglicher erscheinen zu lassen, kann man zwei gegenüberliegende Wände in derselben Farbe streichen.

Eine auffällig gemusterte Tapete an einer einzigen Wand setzt in einem Raum ohne besondere architektonische Merkmale einen interessanten Akzent.

In einem Ambiente mit überwiegend neutralen Farben sollte ein lebhafter Farbkontrast nicht fehlen. Den bringen Sie durch Polster, Kissen oder Kunstwerke hinein. Starke Farbtöne wie Orange, Limette und Rot eignen sich perfekt als Energiestoß.

Einen ganzen Raum in eine kräftige Farbe zu tauchen, ist eines der wirksamsten Mittel, um eine bestimmte Stimmung oder Stilrichtung zu gestalten: Warmes Blau, heißes Pink oder sonniges Gelb wirken in kleinen Räumen gemütlich und lenken von der geringen Größe ab.

Rot wärmt und umschließt, Weiß schafft Weite und Helligkeit. Wählen Sie den Farbton am besten ein oder zwei Schattierungen heller als auf dem Papiermuster des Farbfächers, damit er nicht zu dominant wird.

Vermeiden Sie rein weiße Farbe, denn sie hat einen Blaustich, der in Nordzimmern meist kalt und trüb wirkt. Wählen Sie für sonnenabgewandte Räume Altweiß oder Standardweiß mit einem Hauch rosa Pigment, das Weiß weniger hart erscheinen lässt.

MODERNES ENSEMBLE *Oben* Eine charaktervolle Farbe an der Rückwand verleiht den offenen Borden optischen Halt und ist ein idealer Hintergrund für schöne Schaustücke, sei es kostbares Porzellan oder ausgesuchte Retro-Keramik.

BITTERSCHOKOLADE *Rechte Seite* Die Kombination mehrerer Schattierungen einer Farbe ist sehr elegant. Dunkle, mittlere und helle Brauntöne auf unterschiedlichen Textilien und Texturen in einem Schlafzimmer sehen einfach toll aus.

FRUCHTIG-FRISCH Ein Schuss Farbe ist belebend, sei es durch einen gemalten Untergrund für eine Bilderreihe oder mit Kissen und kleinen Teppichen. Blumen sind der Klassiker, um das Farbspektrum eines Wohn- oder Schlafzimmers zu beeinflussen.

SCHILLERNDE PRACHT *Linke Seite, oben links* Himmelblaue Mosaikfliesen über dem ausgefallenen Kamin fangen mit ihrem Perlmuttschimmer das Licht ein. Mit Kacheln bringt man ganz einfach Farbe in Küchen, Bäder und Kaminumrandungen.

FARBSTREIFEN *Linke Seite, oben rechts* Eine kräftige Farbe bedeckt die Wand bis auf halbe Höhe. So wirkt sie nicht dominant, sondern stimmt fröhlich. Die Farbfläche kann als Anstrich oder Tapete ausgeführt sein und sollte durch ein paar Tupfer in der Komplementärfarbe akzentuiert werden.

GRUNDTON IN PASTELL *Linke Seite, unten links* Helle Blau-, Rot- und Grünschattierungen setzen in einer weißen Küche frische Akzente. Experimentieren Sie mit helleren und dunkleren Farbvariationen und unterschiedlichen Zusammenstellungen.

HIMBEERROSA *Linke Seite, unten rechts* Die zartrosa Stoffbespannungen in Christine d'Ornanos Londoner Wohnung wirken bei aller Eleganz ausgesprochen freundlich. Manche Farben verändern ihren Charakter mit dem Ort, an dem sie eingesetzt werden. Während ein glänzendes Grau kälter wirkt als ein pudriges, darf Blau glänzend oder matt sein.

„Farbe bringt Leben und Energie ins Haus. Sie macht gute Laune und zaubert ein Lächeln auf unser Gesicht. Genau das sollte Ihr Zuhause leisten, denn Sie möchten sich dort ja wohlfühlen. Lassen Sie daher Ihren persönlichen Bereich in einer wunderschönen Farbe erstrahlen."

Shannon Fricke, Stylistin

"*Jeder bringt seinen* **STIL** *und seine Persönlichkeit in die Gestaltung ein, selbst wenn alle dieselbe Bauanleitung nutzen.*"

Lotta Jansdotter

Ihr persönlicher Stil

„Ich liebe kunterbunte Wohnungen voller Andenken, in denen Möbel und Objekte von den Leuten erzählen, die dort leben, von ihren Reisen und Vorlieben. Nichts ist schlimmer als ein Zuhause, das einfach nur frisch gestylt aussieht!"

Eddie Ross, Designer

ELEGANTES ZUSAMMENSPIEL Der persönliche Stil ist die Summe vieler Einzelentscheidungen für Dinge, die man mag, sei es eine Gemäldesammlung, ein bestimmter Möbelstil, beschwingte Farben oder Dinge von persönlichem Wert. Vertrauen Sie Ihrem Instinkt – er liegt meistens richtig!

DESIGNKLASSIKER *Vorhergehende Seite* Um Ihren persönlichen Stil zu finden, lassen Sie ruhig einmal ein Möbelstück den Ton für den ganzen Raum vorgeben. In diesem Fall bildet die klassische Studio-Couch von Ercol den Mittelpunkt eines modernistischen Ensembles.

DEN STIL FINDEN

Wer seine erste eigene Wohnung bezieht, macht schnell eine simple Feststellung: Dies ist der Ort, an dem man sich selbst verwirklichen und seiner Fantasie freien Lauf lassen darf. Herauszufinden, für welchen Stil Ihr Herz schlägt und warum Sie bestimmte Dinge auf Anhieb mögen, ist eine fantastische Erfahrung. Lassen Sie Ihre Räume dieses Gefühl widerspiegeln. Ihr Zuhause ist ein Experimentierfeld für neue Ideen und bietet zugleich Gelegenheit zu erforschen, wie Sie Ihre Emotionen in Gestaltung umsetzen können. Wenn Sie diesen Prozess für sich nutzen, dann wird Ihr Zuhause genau so, wie es für Sie passt. Und je enger Ihre Wohnung mit Ihrer Persönlichkeit verbunden ist, desto leichter geht sogar die Hausarbeit von der Hand: Bettenmachen ist einfach lustiger, wenn man Muster miteinander zu arrangieren versteht. Schon beim Öffnen der Wohnungstür nach einem langen Tag begrüßt uns das wohlige Gefühl, nach Hause zu kommen.

HABEN SIE SICH SCHON EINMAL gefragt, warum Sie sich für bemalte Möbel oder Keramik der 1950er-Jahre begeistern? Warum Sie an keinem Trödelmarkt vorbeigehen können? Warum Sie Design-Blogs und Magazine lesen, die aktuelle Trends oder antike Möbel vorstellen? Nehmen Sie einfach Papier und Stift zur Hand und notieren Sie, was Ihnen gefällt – und warum.

Fixe Küchenrenovierung Sammeln Sie Ihre Ideen in einer großen Kladde. Sie brauchen nicht immer einen kompletten Raum zu planen. Bei diesem Beispiel geht es um die Umgestaltung eines Teils der Küche. Bunte Textilien, ein Sammelsurium von Geschirr, grelle Keramikkrüge, frische Blumen und eine heitere Blumentapete geben den Ton an für eine fixe Renovierung.

„Nehmen Sie alles auf, was Sie reizt: Bilder aus Zeitschriften, Büchern, Websites, Galerien, Museen, Shops. Welche Stile Sie mögen, wissen Sie erst, wenn Sie gesehen haben, was es überhaupt gibt." *Atlanta Bartlett, Designerin*

GLÜCK IST ...
für die kalifornische Stylistin und Fotografin Leslie Shewring ihr Handarbeitszimmer, ihr Atelier. Ihre leuchtend bunten Schätze vor weißem Hintergrund stimmen sie fröhlich und lassen den kreativen Funken überspringen.

Bevor Sie mit dem Sammeln und der Definition Ihres persönlichen Stils beginnen, lösen Sie sich von einem weitverbreiteten Vorurteil: Manche Gestalter sind der Meinung, man müsse sich dem Überfluss unserer westlichen Welt entziehen, um überhaupt auf gute Ideen zu kommen. Ich vertrete eher die Auffassung, dass man nur dann wirklich erkennt, was einem gefällt und was nicht, wenn man gerade genau hinschaut. Dass die Auswahl an Accessoires und Einrichtungsideen so üppig ausfällt, ist ein Glück. Es gibt so viele tolle Sachen, dass ein Bummel durch Interior-Läden heute genauso viel Spaß macht wie Kleider-Shopping. Modeketten oder Designerläden, Online-Shops, Outlets, Sonderposten, Versandhäuser und sogar das Fernsehen liefern jede Menge Inspirationen. Das Angebot an Interior Design ist in den letzten Jahrzehnten erheblich gewachsen. Wenn es Ihnen einmal schwerfällt, sich für eine Stilrichtung zu entscheiden, dann folgen Sie Ihrem Bauchgefühl. Schneiden Sie aus Zeitschriften alles aus, was Sie anspricht, und gruppieren Sie die Bilder nach Räumen – „Schlafzimmer", „Wohnzimmer" oder „Küche". In kürzester Zeit häufen sich die Bilderstapel zu einer Sammlung all der Dinge, die Ihren Sinn für Ausstattung beflügeln. Sie helfen Ihnen, Ihren persönlichen Stil zu entfalten und Ihr Leben individuell zu gestalten. Genießen Sie eine freie, unkomplizierte Lebensweise, die nicht nur physisch, sondern auch emotional und spirituell eine Wohltat ist.

Sinnvoll ist es, wenn Sie sich zu den Ausschnitten notieren, was genau Ihnen an diesem Arrangement gefällt. Manchmal ist dies nur ein Teil – ein bestimmter Stuhl, ein Kaminsims oder die Dekoration. Suchen Sie das Verbindende. Überlegen

Feminin hübsch Dieses lockere Arrangement ist die Keimzelle für die Gestaltung eines Gästezimmers, das auch als Handarbeits- und Bastelraum dienen soll. Vor allem geht es darum, mit Accessoires eine charmante Wirkung zu erzielen: Geplant sind seidene Kissenbezüge, ein gemusterter Bettüberwurf, gedeckte Farben und natürlich viele handgemachte Kleinigkeiten.

Sie, was genau Ihre Aufmerksamkeit geweckt hat, und filtern Sie nach und nach bestimmte Aspekte heraus. Ob Mietwohnung oder Strandvilla: Jeder kann sein Zuhause zu einem souveränen Spiegel seiner selbst machen, wenn er nur seinen Geschmack genau kennt und persönliche Vorlieben entsprechend umzusetzen versteht.

Beobachten Sie, was passiert, wenn Sie einen Raum betreten, der Ihnen gefällt: Stimmt er Sie beschwingt oder gelassen, was mögen Sie daran? Es müssen nicht nur Wohnräume sein, inspirierende Interieurs finden Sie auch in Geschäften, Hotelhallen, Cafés oder Museen. Denken Sie an Ihre Lieblingsfilme: Was fanden Sie daran besonders anziehend? Wenn Sie Ihre Ideen konsequent aufschreiben, ergibt sich wie von selbst der rote Faden, der Sie zu Ihrem persönlichen Dekorationsstil leitet.

„Gute Recherche ist das A und O, wenn Sie einen Raum schaffen wollen, der Ihr Wesen widerspiegelt. Kaufen Sie sich Zeitschriften und schneiden Sie aus, was Ihnen gefällt. Gehen Sie die Sache emotional an, nicht mit dem Kopf. Stellen Sie alles in Ihrem Stilordner zusammen." *Carrie McCarthy, Autorin*

„Inspirationen findet man heute leichter denn je, denn es gibt jede Menge Design-Blogs. Wenn Sie einen Blogger mit genau Ihrem Stil finden, dann folgen Sie einfach den Tipps für Bezugsquellen und Ideen!" *Nicole Balch, Bloggerin*

Dänische Romantik Bringen Sie Ideen von Ihren Reisen mit. Diese Kollektion für eine neue Wohnzimmerausstattung entstand nach einem Wochenende in Kopenhagen. Leinenkissen mit Metallicglanz, alte Familienfotos, grober Läufer, Vorratskörbe, ein weißes Sofa und dazu eine Grundrisszeichnung – alle Zutaten für ein dänisch angehauchtes, gemütliches Ambiente.

Mood Board – so geht's

Mood Boards – auch Story Boards, Concept Boards oder Konzepttafeln genannt – sind Collagen, mit denen viele Designer ausprobieren, wie ihre Ideen für ein Projekt in der Wirklichkeit aussehen könnten. Durch die sorgfältige Zusammenstellung der Komponenten entsteht ein Gesamteindruck. Damit können Einrichter schon im Vorfeld ein Feedback einholen und gezielt auf ein bestimmtes Ergebnis hinarbeiten. Mood Boards sind aber nicht nur etwas für Profis. Sie können selbst so eine assoziative Sammlung anlegen, um Ihren eigenen Stil bei einem konkreten Vorhaben zu verwirklichen. Das Mood Board unterstützt Sie bei Entscheidungen und verhindert, dass man nur nach der Mode einkauft und dabei womöglich nicht nur dem Projekt schadet, sondern auch dem Geldbeutel. Ein Mood Board weckt die Kreativität, beflügelt Ihre Fantasie und bringt Ordnung in Ihre Ideen und die Farbpalette.

> „Gehen Sie einfach ins Kino: *Jenseits von Afrika* und *Marie Antoinette* waren für mich schier unerschöpfliche Quellen der Inspiration."
> — *Rachel Ashwell, Designerin*

Sammeln Sie Seiten aus Zeitschriften, Stoff- und Farbmuster, Ansichtskarten, Souvenirs – alles, was Sie anspricht. Plündern Sie alle möglichen Quellen, das ist der beste Weg, um wirklich eine eigene Vision zu entwickeln. An der Wand funktioniert ein Mood Board am besten. Dort können Sie es jederzeit anschauen und es ergänzen. Ist nicht genügend Wandfläche vorhanden, genügt auch ein großes Skizzenbuch. Heften oder kleben Sie kontinuierlich Teile Ihrer Sammlung dazu. Übertragen Sie den Einrichtungsstil Ihrer Wahl – Landhaus, Retro, Moderne, zeitgenössisch, traditionell – mit dem Gesamteindruck, den Sie erzielen möchten. Eine gute Ergänzung ist es, wenn Sie außerdem assoziative Begriffe wie „beschwingt", „einladend" oder „natürlich" hinzufügen. Runden Sie das Ganze ab mit einem Grundriss und Fotos von ein paar Lieblingsmöbeln und -accessoires, Fußboden- und Tapetenmustern. Auch Fundstücke wie ein schönes Blatt, eine glitzernde Quaste aus Marrakesch oder ein Familienbild dürfen auf Ihr Mood Board – erlaubt ist, was gefällt!

Für die Umsetzung Ihrer Ideen gibt es zwei Möglichkeiten: inspirativ oder konkret. Wenn Sie genau die Bettdecke kaufen, die Sie in einem Katalog entdeckt haben, dann ist das eine konkrete Umsetzung. Wenn Sie einen Stufenrock aus einer Modezeitschrift in eine gerüschte Bettdecke verwandeln, ist es inspirativ.

Lassen Sie sich Zeit für Ihr Mood Board, damit es wachsen kann. Setzen Sie sich trotzdem einen Termin, zu dem Sie fertig sein möchten. Sonst ändern Sie mit der Zeit so viel, dass von der ursprünglichen Vision kaum etwas übrig bleibt. Oft ist die erste instinktive Vorstellung die beste. Die Erstellung eines Mood Boards und die Umsetzung in die Realität sind zwei sehr verschiedene Dinge. Um zu sehen, wie Ihre Ideen vor Ort wirken, schauen Sie sich Elemente aus dem Mood Board direkt im Raum an: Drapieren Sie ein Stück Stoff über ein Möbelstück, heften Sie Tapeten- oder Farbmuster an die Wand und lassen Sie sie ein paar Tage auf sich wirken. Beobachten Sie, wie sich die Farben und Strukturen mit dem Licht im Tagesverlauf verändern. So sehen Sie, ob Sie auf dem richtigen Weg sind oder hier und da noch einmal nachjustieren müssen.

SIE SIND DER STILBERATER

Beim ersten Vorgespräch mit einem Kunden stellen Interior Designer ganz allgemeine Fragen. Tun Sie das auch. Erst wenn die geklärt sind, können Sie Ihr Mood Board beginnen:

Wie hoch ist mein Budget? Benötige ich fremde Hilfe? Welche Frist setze ich mir? Wen muss ich in die Entscheidungen einbeziehen?

Wie will ich den Raum nutzen – zum Essen, Schlafen, Arbeiten? Halten sich dort auch Kinder oder Haustiere auf?

Was für ein Gefühl soll der Raum vermitteln? Soll er eine Geschichte erzählen? Welcher Stil passt zu diesem Konzept am besten?

Sollen Wandfarbe und Fußbodenbelag verändert werden? Welche Farben sprechen mich an? Wie wirken sie bei Tageslicht und bei künstlichem Licht?

Welche baulichen Vorgaben sollte ich berücksichtigen? Will ich einen unschönen Ausblick kaschieren? Was muss geändert werden, bevor ich anfangen kann? Will ich vom Vorhandenen etwas hervorheben? Was soll der visuelle Mittelpunkt sein?

Welche Objekte möchte ich zeigen, und auf welche Weise? Brauche ich Stauraum? Wenn ja, wofür? Habe ich Dinge in anderen Zimmern oder im Keller untergebracht, die in mein neues Konzept passen?

Was muss ich sofort besorgen? Was kann ich je nach Finanzlage auch später anschaffen? Was kann im Raum bleiben? Was kann ich abwandeln und anders nutzen?

Wichtig ist Offenheit sich selbst gegenüber. Lassen Sie Ihr Mood Board allmählich wachsen und setzen Sie sich eine Frist. Und dann legen Sie los.

GEDANKEN SAMMELN Stellen Sie für die Farbpalette inspirierende Farb-, Tapeten- und Stoffmuster zusammen und ergänzen Sie persönliche Details, die Ihnen wichtig sind.

GESAMTEINDRUCK
Heften Sie Ihre gesammelten Inspirationen an das Mood Board und schauen Sie sich an, wie sie miteinander interagieren.

GENERALPROBE Nun setzen Sie Ihre Ideen um. Dieses noch längst nicht fertige Mood Board wurde für ein Homeoffice im Gartenhäuschen angefertigt. Als es eine Weile gereift war, wurde es in den betreffenden Raum gestellt, um zu sehen, wie Farben und Texturen vor Ort wirken.

„Mit einem Mood Board gestalten Sie buchstäblich Ihr Leben. In Ihrer Fantasie können Sie hier kreativ und zielbewusst Ihren ganz persönlichen Raum erschaffen. Diese Sachen bringen Ihr Innerstes zum Ausdruck. Suchen Sie nach dem Verbindenden unter den Dingen, die Ihnen gefallen, dann finden Sie sich in Ihren Räumen selbst wieder." *Carrie McCarthy, Autorin*

FALLSTUDIE

SCHLICHTHEIT

Beim schlichten Stil geht es um Zurückhaltung statt Exzentrik, Ruhe statt Chaos und um leise Farben statt Buntheit. In reduziert gestalteten Räumen herrscht oft Weiß vor, kombiniert mit Holz und neutralen Farbtönen. Blickfänger sind wenige besondere Möbelstücke. Auch verschiedene Oberflächenstrukturen nebeneinander und eine bewusst eingeschränkte Materialauswahl – etwa Metall, Holz und Leinen – können für dezente Highlights sorgen. Einige ausgewählte Grünpflanzen setzen lebendige Akzente.

In der Nähe von Odense auf der dänischen Insel Fünen lebt Tine Kjeldsen, Inhaberin und Designerin von Tine K Home. Das schnucklige Häuschen, in dem sie mit ihrer Familie wohnt, hat sie in subtilen Weißschattierungen gestaltet und dazu Möbel und Accessoires mit Holzmaserung kombiniert. Das zurückhaltende Spektrum erstreckt sich bei den Bilderrahmen auf Grautöne, bei Sitzgruppe und Kissen auf Varianten von Weiß und Perlgrau.

Die Holzböden, Regale und Fensterrahmen sind heute weiß gestrichen. Bei der Renovierung ließ Tine im ganzen Haus neue Kiefernholzböden verlegen und zunächst schokobraun streichen. „Das sah zwar todschick aus, aber wir merkten bald, dass die Farbe uns viel zu viel von unserem bleichen nordischen Licht kostete, und sie war auch sehr pflegeintensiv. Also entschieden wir uns für ein helles, irgendwie wässriges Grau, passend zur Natur um uns herum. Wir grundierten die Böden zunächst weiß. Das erinnerte mich an unser Sommerhaus – und es gefiel uns so gut, dass wir es so beließen. Das ist jetzt anderthalb Jahre her. Der Boden ist erstaunlich strapazierfähig, aber vorsorglich tragen wir im Haus keine Schuhe, damit nicht allzu viele Kratzer und Laufspuren entstehen."

„ Meine Design-Philosophie erlaubt den Mix von Stilen und Epochen, aber nur solange sie zusammenpassen. Ich liebe Mischungen aus fernöstlichen und skandinavischen Materialien, Farben und Formen. " *Tine Kjeldsen, Designerin*

SINFONIE IN WEISS Ein rein weißes Farbschema lässt einen niedrigen Raum wie diesen offener wirken. Tageslicht spiegelt sich im glänzenden Boden und auf den hellen Flächen. Einen wohnlichen Effekt haben weiche Stoffe sowie Laternen und Kerzenleuchter.

„Das Mobiliar kam erst im Laufe der Zeit zusammen", erzählt Tine. „Ich stelle gern Sachen aus meiner eigenen Tine K Home Kollektion mit Einzelstücken aus Antiquitäten- und Trödelläden in Odense und andernorts zusammen." Der Couchtisch im Wohnzimmer ist ein Souvenir aus Vietnam, der chinesische Schrank im Esszimmer stammt aus dem Laden von Suzanne Varming.

Das Nebeneinander der Weißtöne auf Wänden, Boden und Holzteilen in Verbindung mit der reduzierten Farbpalette schafft eine harmonische, lässig-elegante Atmosphäre. Die gediegenen Holztische dienen als Bindeglieder und ergänzen das pure Weiß um eine warme Note.

NEUTRALITÄT WAHREN *Links* Eine Vitrine aus Vietnam ist ein wunderschöner Rahmen für alte Bücher und Korbwaren. Der glänzend weiße Boden lässt die Wände und das immergrüne Bäumchen fast ein wenig schweben.

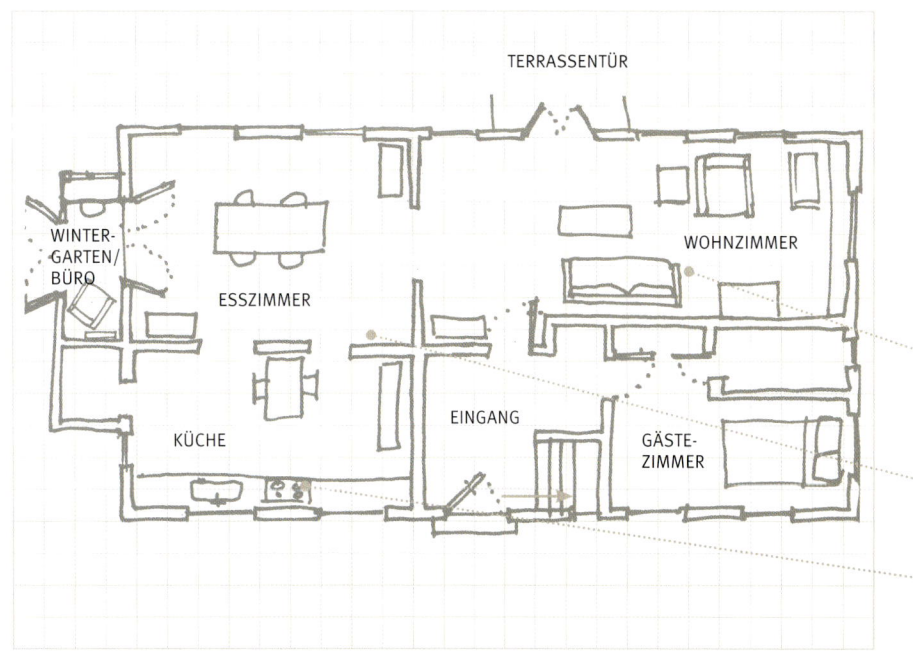

- Die Kombination fernöstlicher Möbel mit weißen und hellgrauen Polstern wirkt frisch und unkompliziert.

- Der durchgehend weiße Boden lässt den Raum weitläufig wirken.

- Dank der einzeiligen Küche bleibt genug Platz für Vitrinen und einen kleinen Arbeitstisch.

> „Ich arbeite sehr gern mit Hellgrau, Blau und viel Weiß in allen Schattierungen."
>
> *Tine Kjeldsen, Designerin*

ORGANISCHER ESSPLATZ „East meets West", so lautet das Motto im Essbereich mit Tines großem maßgefertigten Esstisch. Er bildet einen interessanten Kontrast zu den vietnamesischen Tischen in anderen Räumen. Ein grau lackierter Stuhl bringt ein Überraschungselement ins Spiel.

„Im Frühling und Sommer stehen die Terrassentüren den ganzen Tag über offen. Ich finde das himmlisch. Und für die Kinder ist der große Garten ideal."

Tine Kjeldsen, Designerin

„Ich sammle schon seit längerer Zeit Vitrinen und Beistelltische. Viele stammen aus einem kleinen Antiquitätenladen in Odense, den ich oft besuche."

Tine Kjeldsen, Designerin

KREATIVES ECKCHEN
Eine Tischplatte auf Böcken passt haargenau in das kleine Gartenzimmer. Hier kann man malen, arbeiten und den Blick ins Grüne genießen.

LESEECKE *Linke Seite*
Ebenfalls im Wintergarten steht ein bequemer Sessel zum Relaxen bereit. Den Gartenblick gibt es gratis dazu.

Wegweiser Schlichtheit *Dezent und harmonisch*

„Setzen Sie auf Einfachheit: In kleinen Räumen ist ein einheitliches Farbschema ohne kräftige Muster am besten, sonst ist der Gesamteindruck zu unruhig." *Tom Delavan, Designer*

1 SCHLICHTHEIT SIEGT Klare Linien schaffen in einer kleinen Wohnung ein luftiges Raumgefühl. Wenige Accessoires und Bilder, keine bunten Farben und Muster – so wirkt das Ganze aufgeräumt und konzentriert.

2 EINFACHE FARBEN Beschränken Sie das Spektrum zunächst auf zwei oder drei Kernfarben und kombinieren Sie sie auf Wänden, Böden, Möbeln und Textilien.

3 NATURTÖNE Schlicht gestaltete Räume gelingen besonders gut mit Naturmaterialien. Bambus, Holz, Leder, Baumwolle und Leinen harmonieren mit einem überwiegend weißen oder cremefarbenen Umfeld.

4 BLICKFANG Mit Materialien, Texturen und Details setzen Sie hier und da Farbakzente und schaffen sanfte Übergänge. Das Gesamtbild bleibt einheitlich, bietet aber Interessantes fürs Auge.

5 IDEEN FINDEN Tolle Inspirationen liefern Strandvillen oder skandinavische Sommerhäuser. Wände und Böden aus lackiertem Holz, geradlinige Möbel und interessante Materialien bestimmen den Look.

MATERIALWIRKUNG Lampenschirme mit Bezug auf andere Materialien: Der geraffte Stoff greift die Lattenstruktur der Bambusstühle im Haus von Tine Kjeldsens in Dänemark auf.

WEISSER TRAUM Eine rein weiße Gestaltung ist angenehm für das Auge und verbreitet eine Aura der Ruhe. Arrangieren Sie Porzellan, Bücher, gerahmte Fotos oder Blumen dazu.

"„Edles Material für einfache Dinge, das hat etwas Luxuriöses. Baumwolle und Leinen wirken kühl und klar, Wolle angenehm warm und komfortabel. Dezent gestreifte Polstermöbel und Dekostoffe können modern oder klassisch wirken." *Roger Oates, Designer*

6
ECHO Greifen Sie Farben und Formen an verschiedenen Stellen wieder auf. Ein einfaches gestreiftes Kissen etwa kann mit zwei großen braunen Holzknöpfen auf den dunklen Holzboden oder einen Tisch verweisen.

7
STIL UND FUNKTION Achten Sie in schlichten Räumen auf Funktionalität. Für üppige Fensterdekorationen oder die Ottomane mit gedrechselten Beinen ist hier nicht der Ort. Auch stark gemusterte Tapeten und Dekostoffe sind tabu.

8
BELEUCHTUNG Einfache Lampen verbreiten oft ein ansprechend warmes Licht. Neben dem Sofa sind Stehlampen praktisch, über dem Esstisch eher höhenverstellbare Hängelampen mit Glasschirmen.

9
POLSTERMÖBEL Zu geradlinigen Möbeln passen natürliche Stoffe: kühles Leinen, einfarbige Strukturstoffe oder feine Streifen. Eine leicht verspielte Note bringen hübsche Cocktailkissen mit.

10
SCHRANKRAUM Stauraum ist für den schlichten Stil unverzichtbar. Alles sollte seinen Platz haben. Unordnung gehört unbedingt hinter die verschlossenen Türen diskreter Einbauschränke.

SCHICKES BAD Weiße Schrankfronten mit dunkelbrauner Ablage und Griffen passen gut zur perlgrauen Wand und zum hellen Steinboden. Testen Sie neutrale, helle Farbproben, bis die Nuance stimmt.

DESIGN-DETAIL Ein besonderes Detail sind diese einfachen maßgefertigten Ledergriffe, weil sie den glatten Badmöbeln eine lebendige Note verleihen. Schön sind aber auch Möbelknöpfe aus Zink oder Porzellan.

Weiß, weißer, am weißesten

Weiß ist einfach der Klassiker für jeden Interior Designer. Es wirkt rein, hell und ruhig und eröffnet unendlich viele Gestaltungsmöglichkeiten in der Kombination mit Farben. Es bietet sich außerdem für Flächen in nahezu jeder Größe an und für die meisten Oberflächen.

> „Ich habe mit vielen Farben experimentiert und kehre immer wieder zu Weiß zurück. Kunst sieht an einer strahlend weißen Wand einfach am besten aus."
>
> *Leslie Shewring, Fotografin und Stylistin*

1 In diesem New Yorker Loft schaffen weiße Wände und Böden freundliche Helligkeit. Die Metallständer der Blumenkübel neben dem Plexiglasstuhl greifen das Schwarz der Holzfenster auf. Transparente Möbel machen sich in weißen Räumen gut und lassen das Licht ungehindert einströmen.

2 In Küche und Bad sind weiße Fliesen immer eine gute Wahl. Glasuren holen Licht in dunklere Ecken und sehen zeitlos modern aus, ganz besonders zu Edelstahlarmaturen.

3 Pures Weiß im Schlafzimmer macht nach einem langen Tag buchstäblich den Kopf frei. An einem solchen Ort finden Sie zur Ruhe und tanken Energie für neue Taten.

4 Das klassisch monochrome Farbschema ist attraktiv. Die klaren dunklen Linien der Bilderrahmen an der weißen Wand, dazu dunkle Möbel – mit wenig Aufwand wird die Wohnung so zum Rückzugsort.

5 Aus einer abgebeizten und weiß lackierten Antiquität ist eine wunderschöne Vitrine geworden. Schmuckleisten oder eine tapezierte Rückwand liefern bei Bedarf einen dekorativen Touch.

2
3
4
5

FALLSTUDIE

NATUR

Naturverbunden, das bedeutet oft neutral, aber niemals langweilig. Beim Mix aus modern und traditionell geben natürliche und wiederverwertete Materialien den Ton an – und ganz viel Weiß.

Die Schmiedin und Designerin Lyndsay Caleo und der Bildhauer und Designer Fitzhugh Karol bewohnen ein altehrwürdiges Reihenhaus in Brooklyn. „Alles in unserem Haus hat eine Geschichte. Als wir einzogen, besaßen wir keine Möbel außer einem Bücherregal aus Holz, das Lyndsay ein paar Jahre zuvor gebaut hatte. Dann konnten wir von einem Landschaftsgärtner einen Haufen dicker Baumscheiben bekommen, die ihm ein Eissturm im Winter beschert hatte. Den ganzen Sommer nach dem Examen verbrachten wir damit, unsere Möbel zu entwerfen und anzufertigen. Alles Übrige haben wir im Internet ersteigert ... zum Beispiel unsere Küchenspüle", erzählt Fitzhugh.

„Unsere Farbpalette variiert vorwiegend Weißtöne, denn es gibt nichts Schöneres oder Erfrischenderes", sagt Lyndsay. Als sie und Fitzhugh das Haus aus dem Ende des 19. Jahrhunderts zum ersten Mal sahen, hatte es verrottete Fußböden, einen Brandschaden und die scheußlichen Spuren einer Renovierung Ende der 1970er-Jahre vorzuweisen. Trotzdem verliebten sie sich in das Haus – und machten sich an die Arbeit.

„Weiß gestrichene Fußböden kann ich absolut empfehlen, aber nur, wenn Sie mit ein paar Kratzern leben können", sagt Lyndsay. „Der Boden gibt dem Licht eine besondere Qualität. Ideal ist strapazierfähiger Bootslack auf Wasserbasis aus dem Schiffsbedarf."

RECYCLING-REGALE Sturmholz wurde mit Metallkonsolen von Lyndsays Hand zu rustikalen Regalen verarbeitet. Beim Naturstil sind kräftige Texturen wie diese hochwillkommen.

UMWELTBEWUSST Ein fabelhafter Natur-Look besteht aus Kombinationen von edel und schlicht, modern und handgefertigt.

„Unser Zuhause ist ein begehbares Skizzenbuch voller Designexperimente und Ideen, eine wechselnde Galerie von Büchern, Kunstwerken, Möbeln und Dingen, die uns inspirieren und motivieren." *Fitzhugh Karol, Bildhauer*

86　Ihr persönlicher Stil

HOLZ MIT WEISS Die Deckenbalken schlummerten 100 Jahre unter Putz. Nun bereichern sie mit ihrer Optik den Raum und dienen als natürlicher Kontrast in den hellen Räumen.

HIMMELBETT Die vier Bettpfosten für das gemeinsame Bett hat Fitzhugh handgeschnitzt.

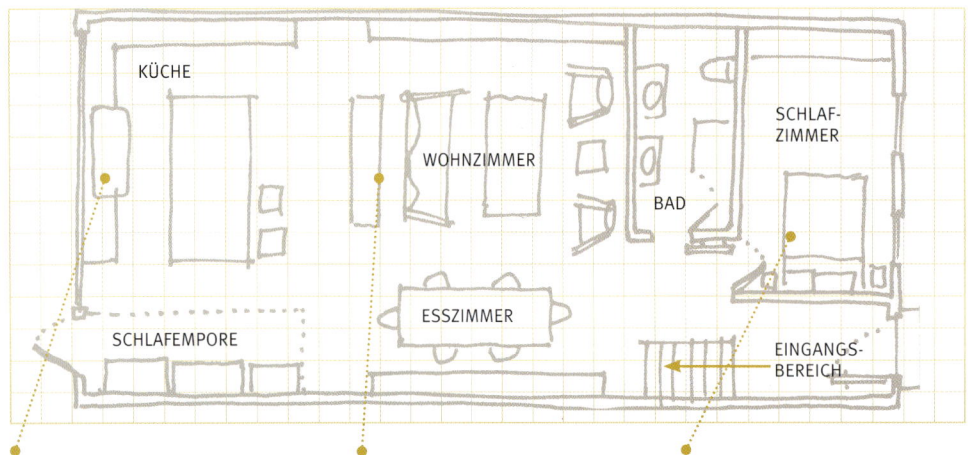

Die ersteigerte Küchenspüle war der Aufhänger für das gesamte Gestaltungskonzept.

Ein Tisch aus Recyclingholz und eine Mischung von Möbeln – das ist nachhaltiges Wohnen.

Das handgeschnitzte Himmelbett aus aufgearbeitetem Holz ist das Prunkstück im Schlafzimmer.

Als Dreh- und Angelpunkt für die Gestaltung diente dem Paar die Küchenspüle. Von hier aus entwickelten sich nach und nach Ideen für die übrigen Elemente. Auch das Scheunentor als Badezimmertür wurde schon früh mit eingeplant. „Räume und Sammlungen entwickeln sich weiter, und gerade das lässt sie so natürlich wirken", meint Lyndsay. „Wir nutzen gern jedes bisschen vorhandenen Platz."

WARMER HOLZTON
Das alte Scheunentor vor dem Bad entspricht dem Stil des ganzen Hauses mit seiner Atmosphäre warmer, gelassener Einfachheit im Einklang mit Umweltschutz und Natur.

„Am schönsten sind Räume, die sich konstant weiterentwickeln. Stellen Sie einen interessanten Mix zusammen und nehmen Sie nur Sachen, die Sie mögen." *Lyndsay Caleo, Schmiedin*

Wegweiser Natur-Look *Wiedergewinnen, Wiederherstellen, Wiederbeleben*

„Stichwort wiederverwenden, reparieren und recyceln! Nicht immer alles wegwerfen. Machen Sie es wie Ihre Großeltern: Geben Sie alten Sachen eine neue Verwendung." *Atlanta Bartlett, Designerin*

1 GRÜN IST GUT Fangen Sie einfach irgendwo an, wenn Sie einen Natur-Touch ins Haus bringen wollen, ganz egal wo: bei restaurierten Möbeln oder umweltfreundlichen Haushaltsgeräten oder ökologisch unbedenklichen Stoffen.

2 VERLIEBT IN HOLZ Der natürliche Werkstoff par excellence ist Holz, einsetzbar für Böden, Möbel und Einzelstücke wie Baumstamm-Tische oder Treibholz-Plastiken. Weißen Wänden oder Böden verleiht Holz die nötige Wärme.

3 INSPIRATION Hocker und Bänke aus Ästen und Zweigen, dazu Bambusstühle und Bettgestelle aus kerzengeraden Bambusstäben sind perfekte Zutaten für einen coolen, natürlichen Raum.

4 NATURFARBEN Die Palette der Natur beschränkt sich nicht auf Braun und Beige. Ein leuchtendes Blattgrün und das ganze Spektrum weißer bis cremefarbener Pudertöne bis zu Ozeanblau, Kiesgrau und Kalk gehören ebenso dazu.

5 TEXTUREN UND SCHICHTEN Eine bewegte Oberfläche ist für die Naturoptik wichtig, sei es die schöne Patina von altem Holz, die wohlige Wärme von Wolle oder die kühle Glätte von Baumwolle, Kattun oder Leinen.

RECYCLINGREGAL Aufgearbeitetes Holz ist perfekt für kleine Wandborde in Küche, Wohn- oder Schlafzimmer. Als Stützen eignen sich Metall- oder Holzkonsolen, die man auch im Baumarkt erhält.

GO GREEN Kissen aus naturfarbener Baumwolle mit blassgrünen Pflanzenmotiven sind eine stilvolle Ergänzung der weißen Couch und harmonieren auch mit der flauschigen Decke aus Wollfilz.

„Natürliche Gegenstände sind in meinem Haus immer herzlich willkommen. Manche Leute sehen in meinen Fundstücken nur Abfall, aber für mich sind es Kostbarkeiten. Es kommt einfach darauf an, durch welche Brille man sie betrachtet." *Fernanda Bourlot, Designerin*

6 MÖBEL Bequeme Sofas, massive Baumstammhocker und -bänke, dazu ein paar sorgfältig ausgewählte moderne Stücke aus Esche oder Birke passen ausgezeichnet in ein natürliches Ambiente.

7 RECYCELN UND VEREDELN Gebrauchte Obstkisten sind toll als Stauraum für Handarbeits- und Bastelmaterial, Kinderspielzeug, Zeitschriften und Kleidung. Alte Küchenbuffets mit Glastüren ergeben attraktive Vitrinen.

8 LEGERE ELEGANZ Schon im 19. Jahrhundert galten Nutzen und Schönheit als wesentlich für eine naturnahe Lebensweise. Der Kontrast von glattem Design und einer lebendigen Handarbeit entspricht auch heutiger Ästhetik.

9 ERDUNG Halten Sie Wände und Böden möglichst schlicht und lassen Sie Texturen wirken. Ein lackierter, lasierter oder gebleichter Holzboden ist der Klassiker, aber auch Sisal und Linoleum sind bestens für diesen Look geeignet.

10 BELEUCHTUNG Die natürlichste Lichtquelle sind Kerzen. Sie sollten also in Ihrem Natur-Konzept nicht fehlen, seien es dicke Altarkerzen oder zarte Teelichter in Laternen aus Metall und Glas.

PERSÖNLICHE SAMMLUNG Nicht nur das Regalsystem, sondern auch den Esstisch entwarfen und fertigten Lyndsay Caleo und Fitzhugh Karol selbst. Alltägliches verschwindet hinter den Schranktüren im Sockel.

NATÜRLICHER GLANZ Eine aufgearbeitete Tür macht das Bad auf Anhieb einladend. Drinnen glänzen schöne antike Waschtische über dem ebenso umweltfreundlichen wie strapazierfähigen Korkboden.

Nachhaltig Wohnen

Werk- und Wertstoffe aufzubereiten und wiederzuverwenden ist wirtschaftlich und ökologisch sinnvoll. Der schonende Umgang mit Rohstoffen hat heute weltweit einen hohen Stellenwert.

1 Fitzhugh Karol verwendete Bruchholz für ein Bettgestell, einen Lampenfuß und den Baumscheibentisch im Fernsehzimmer. Gelegentlich verkaufen Holzhandlungen solche roh belassenen Stücke für kreative Tischlerarbeiten.

2 Alte Badewannen können aufgearbeitet und wieder in Betrieb genommen werden. Bei manchen Stücken ist gerade das abgenutzte Aussehen mit abblätternder Farbe attraktiv. In einem Industrieloft erinnern traditionelle Elemente an die Epoche des ursprünglichen Gebäudes.

3 Dieser wunderschöne Hocker von Ingrid Jansen besteht aus Recyclingholz. Der gehäkelte Wollbezug ist ein Beispiel für die Vielfalt und absolut zeitgemäße Ästhetik von umweltbewusster Handarbeit.

4 In einem schicken, minimalistischen Umfeld lassen sich ausgediente Obst- oder Weinkisten zu schönen Aufbewahrungsmöbeln umfunktionieren.

5 Antiquitäten und Retro-Möbel sorgen immer für eine individuelle Note und sind allein schon durch ihren Materialmix eine Augenweide.

> „Ich glaube, heute ist es viel einfacher als früher, umweltfreundliche Möbel und Accessoires zu finden. Es gibt Sachen aus Bambus und FSC-zertifiziertem Holz. Oder man holt sich etwas vom Flohmarkt oder aus dem Secondhandshop und poliert es ein wenig auf."
>
> *Danny Seo, Ökologie-Fachmann*

1

2

3

4

5

„Im Erdgeschoss haben wir ein paar Wände entfernt – so ist aus drei kleinen Zimmern eine riesige Wohnküche geworden."

Virginia Armstrong, Designerin

FALLSTUDIE

DIE MODERNE

Bei der Nachkriegs-Moderne dreht sich alles um klare Formen und eine geordnete Anmutung. Bei aller Zurückhaltung – stilprägend sind raffinierte Farbenspiele und elegante Klassiker wie Sofas von Ercol oder der *Tulip*-Tisch von Saarinen. Midcentury-Möbel, also Stücke aus den 1950er- und 1960er-Jahren, sind extrem en vogue und gar nicht schwer zu finden, zumal viele Klassiker heute wieder neu aufgelegt werden.

Im Südosten von London hat die Designerin Virginia Armstrong, Chefin des Textildruck-Unternehmens Roddy & Ginger, ihr Haus mit modernen Klassikern ebenso praktisch wie charmant eingerichtet. Die Basis für ihr Dekorationskonzept ist der Midcentury-Stil. „Wir wohnen in einem großzügig geschnittenen Haus mit fünf Etagen. Im Souterrain ist sogar Platz für mein Atelier und meine Werkstatt."

KLARE LINIEN Eine Mischung von Stuhl-Klassikern rings um den *Tulip*-Tisch von Eero Saarinen macht den Esstisch der Familie zum topaktuellen Highlight. Viel Licht, viel Platz und eine funktionale Küche kennzeichnen den modernen Wohnstil.

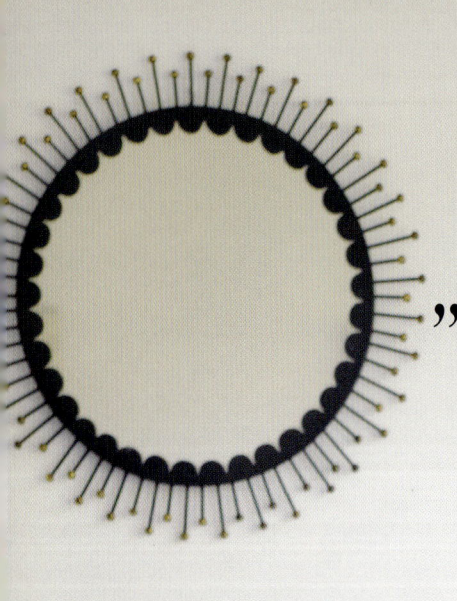

„Ich habe ein Faible für Stühle. Die aus den Fünfzigern gehören zu meinen absoluten Favoriten. Mein Ercol-Sofa ist etwas ganz Besonderes, schon wegen der eleganten Form."

Virginia Armstrong, Designerin

SCHLICHT UND EINFACH
In einem rein weißen Raum schuf Virginia Armstrong mit einer Mischung aus Holztönen, sanftem Türkisblau und Farngrün eine harmonische Ruhezone.

MEHR ALS BEIWERK Mehrere dänische Möbelhersteller, darunter France & Son und die Vinde Møbelfabrik, fertigten in den 1950er- und 1960er-Jahren solche zeitlosen Kommoden. Die robusten Stücke aus Teak oder Rosenholz sind nach wie vor praktisch und formschön.

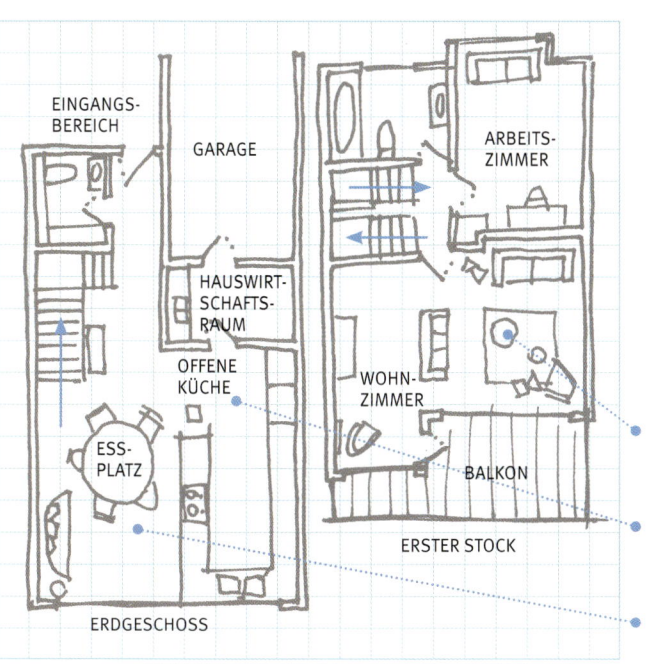

„Wir haben uns für dieses Haus entschieden, weil es jede Menge Platz bietet und die riesigen Fenster viel Licht hereinlassen. Außerdem war es preiswert", erzählt Virginia. „Nach und nach kommen die Leute dahinter, was für ein enormes Potenzial Vorstadthäuser aus den 1960er-Jahren haben und wie schön sie mit den richtig guten Möbeln aus der Zeit heute wieder aussehen. Wir haben im Laufe der Jahre typische Midcentury-Stücke gesammelt. Damit haben wir einen klassisch-modernen Wohnraum gestaltet. Das Tolle an den Klassikern ist ihre Strapazierfähigkeit. Diese Sammlerstücke sind ausnahmsweise absolut alltagstauglich!"

Midcentury-Möbel brauchen viel Freiraum, damit man die klaren Linien von allen Seiten bewundern kann.

Die Küche ist sehr geradlinig gehalten. Die Arbeitsfläche dient zugleich als Raumteiler, sodass der Essbereich trotz Offenheit in sich ruht.

Der Essplatz mit Eero Saarinens Tisch *Tulip* und die Ercol-Couch bildet den visuellen Mittelpunkt im Erdgeschoss.

Wegweiser Moderne *Revival eines kompromisslosen Stilwillens*

„ Ich liebe modernistisches Design. Es ist einfach schön und hat etwas Zeitloses. Durch die hochwertige Verarbeitung sind die Sachen zudem sehr haltbar." *Claudia Nowotny, Ladenbesitzerin*

STÜHLE Viele Klassiker sind mittlerweile sehr teuer. Zum Glück haben aber auch die Neuauflagen eine hohe Qualität und erfüllen denselben Zweck. Viele der namhaften skandinavischen Designfirmen sind bis heute tätig.

MÖBEL Stabile Sideboards, kleine Nierentische und geradlinige dänische Couchtische aus Rosenholz und Teak sind elementare Zutaten für das Interior der Moderne.

KERAMIK Unverkennbar ist das Design vieler Geschirrserien aus den 1950er- bis 1970er-Jahren. Stücke wie dieses Teeservice, der Krug oder die Schälchen findet man auf Flohmärkten, in Trödelläden und Secondhandshops.

GRAFISCHE MUSTER Typische Dekostoffe für Vorhänge, Kissen und Polster sind meist mit aufgedruckten grafischen Motiven in den typischen Farben Braun, Mattorange und Farngrün versehen.

SKANDINAVISCHES FLAIR Dänisches Design der 1950er- und 1960er-Jahre macht Lampen und Sitzmöbel mit Holzrahmen bis heute aktuell. Holz war auch für kleinere Gegenstände wie Schalen und Kerzenständer sehr beliebt.

WINTERLICHES WEISS Bei einer Collage aus weiß glasierten Töpferwaren einer bestimmten Phase der Mitte des 20. Jahrhunderts sehen die unterschiedlichen Formen, Stile und Texturen sehr attraktiv aus.

SCHNÖRKELLOSE LINIEN Beim Midcentury-Stil sprechen die Materialien für sich. Möbel, Boden und Geländer aus Holz liefern den Rahmen für diesen Raum, den ein paar Farbtupfer an der Wand beleben.

„Midcentury-Möbel strahlen Frische und Optimismus aus. Sie stammen aus einer Zeit, als Designer nur in die Zukunft blickten und die Dinge ganz neu und anders machen wollten." *Amy Butler, Designerin*

6 BELEUCHTUNG Die Auswahl an historischen Stücken und modernen Reproduktionen ist so groß, dass Sie diesen Look mühelos umsetzen und an Ihre persönlichen Bedürfnisse anpassen können.

7 BODENBELÄGE UND TEPPICHE Schlichte Dielen sind für den Midcentury-Stil ein Muss. Lockern Sie die Flächen mit bunt gemusterten Brücken auf. In Räumen mit viel Weiß und Holztönen verströmen sie Wärme und Behaglichkeit.

8 GLAS In Rauchbraun, Blau, Lila und Türkis gehört Glas unbedingt zum Stil der vorigen Jahrhundertmitte. Stellen Sie Ihre eigene Kollektion aus Apothekenflakons, Pressglas-Aschenbechern und bauchigen Vasen zusammen.

9 FACHWISSEN Besuchen Sie Designmuseen mit Schwerpunkt 20. Jahrhundert und holen Sie sich Ideen bei den berühmten Designkünstlern. Von Amsterdam über London und Kopenhagen bis Florida gibt es viel zu entdecken.

10 CHROM UND STAHL Stahlrohr wurde vielfach zu Möbelbeinen und Lampen verarbeitet. Die berühmte *Arco*-Bogenlampe und funkelnde Vasen aus Edelstahl passen gut zum Holz-Chrom-Schema.

TEE ODER KAFFEE? Gebrauchtporzellan mit den Mustern und schlichten Formen der Sechziger erlebt derzeit ein Comeback, denn beim Midcentury- und Retro-Stil geht es auch um Bewahren statt Wegwerfen.

LESESTOFF Antiquarische Bücher mit fantastisch gestalteten Einbänden sind nicht nur wertvolle Hintergrundlektüre, sondern auch wunderschöne Deko-Objekte.

Midcentury-Klassiker

Möbel der 1950er- und 1960er-Jahre mit ihrer charakteristischen Linienführung sind nicht nur Sammlerobjekte und die Antiquitäten der Zukunft, sondern heute sind sie Inspiration für die besten Designer, die kongeniale Neuinterpretationen und Eigenentwicklungen hervorbringen.

1 Der runde Tisch in Amy Butlers harmonischem Esszimmer erinnert an den sensationellen Chromtisch von Warren Platner aus den 1960er-Jahren. Auf dem Sideboard funkeln Glasgefäße aus derselben Epoche.

2 Harry Bertoias Drahtgitter-Stuhl aus den 1960er-Jahren wird nach wie vor von Knoll hergestellt, heute auch in poppigen Farben.

3 Die klassische Ercol-Couch mit Holzrahmen ist zeitlos und sehr strapazierfähig. Neue Möbel der Firma in der Tradition dieses Designs sind sehr gefragt.

4 Ein originales *Tulip*-Ensemble aus Tisch und Stühlen (wenn auch mit neuem Bezug) von Eero Saarinen. Dieser Klassiker passt auch perfekt in einen stilechten Altbau.

5 Poul Kjærholms lederbezogene Esszimmerstühle wirken auch am Tisch mit Marmorplatte zeitlos elegant.

2

3

4

5

> „Ein Zuhause braucht eine Weile, um zu wachsen. Oft muss man über Jahre interessante Fundstücke von Reisen und von Flohmärkten zusammentragen, bis allmählich ein wirklich persönlicher Stil durchschimmert."
>
> *Sania Pell, Stylistin und Autorin*

GELIEBTER TRÖDEL Die Einrichtung eines ehemaligen Kurzwarengeschäfts und die neu bezogene Couch harmonieren mit dem Stillleben aus Keramikvasen und der großen Bahnhofsuhr.

UNTERM DACH Ein gemütlicher Sessel mit neuem Bezug aus Leinen, Samtresten und blumigen Applikationen lädt zum Entspannen ein.

> „Ich mag es, wenn Dinge eine Geschichte haben. Ich bin gern Teil davon."
>
> *Sania Pell, Stylistin und Autorin*

FALLSTUDIE

FLOHMARKT

Ob man sie nun Trödel, alten Plunder oder einfach „altes Zeug" nennt – Sachen vom Flohmarkt sind gefragt wie nie. Seit es sich herumgesprochen hat, dass Recycling nicht nur eine Tugend, sondern eine globale Notwendigkeit ist, ist das Wohnen mit Möbeln und Alltagsgegenständen aus zweiter Hand genauso aktuell wie die neuesten Modetrends aus Paris.

Trendbewusste schlendern heute nicht durch kultivierte Interior-Tempel, sondern stöbern in Secondhandläden und auf Flohmärkten nach einer Uhr aus den Dreißigern, einem Teeservice aus den Siebzigern, einer Couch aus den Sechzigern oder einem bildschönen, vielleicht ein wenig ramponierten Ölgemälde, die ihrem Zuhause einen persönlichen Charakter verleihen sollen.

Handgefertigtes ist das Spezialgebiet der Stylistin und Autorin Sania Pell. Schon lange versammelt sie in ihrem Londoner Haus interessante Gebrauchsgegenstände. „Ich liebe alles

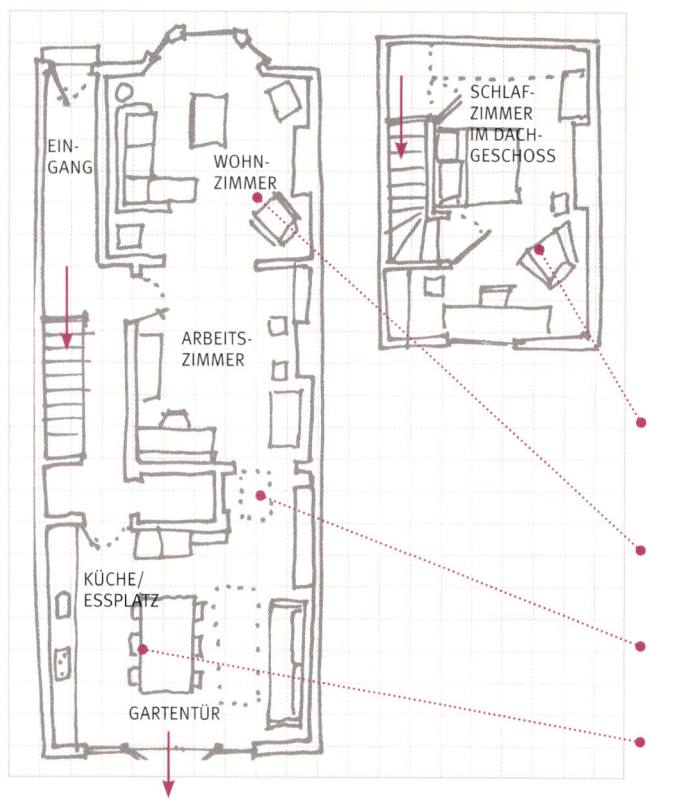

Handgemachte, Eklektische, Grafische und Skurrile", sagt sie. „Als wir unser 100 Jahre altes Haus kauften, war es sehr heruntergekommen. Aber wir haben es wieder wachgeküsst. Wir restaurieren und aktualisieren Möbel, die man uns schenkt, oder geben alten Sachen ein neues Gesicht. Der Sessel im Wohnzimmer stammt aus den 1930er-Jahren – die Großmutter meines Mannes bekam ihn damals zur Hochzeit. Als sie ihn uns schenkte, war er mit lila Nylon bezogen, wie man es in den Siebzigern hatte. Mit dem neuen Bezug aus grauem Bouclé sieht er jetzt völlig anders aus. Ein echtes Schmuckstück."

Das Haus ist voller einzigartiger Möbelstücke, Objekte und Kunstwerke. Aber alles ist kindgerecht, nichts ist so wertvoll, dass der Nachwuchs allzu behutsam damit umgehen müsste.

Jeder Quadratzentimeter wird genutzt; kein Bereich ist reserviert für besondere Gelegenheiten.

Das Wohnzimmer ist ein Schatzkästchen für Fundstücke vom Flohmarkt, die alle ins Farbschema passen: Hellbraun, Schwarz oder Weiß.

Durch die Erweiterung in den Flur und eine Glastür wurde die Größe der Küche verdoppelt.

STILLLEBEN Schöne alte Gebrauchsgegenstände sind zu einem Stillleben arrangiert, das zum vitalen Charakter des Hauses passt.

,, Einige meiner Lieblingsstücke sind gebastelt oder gezeichnet, vor allem von meinem sechsjährigen Sohn. Andere stammen von Basaren und Ausstellungen der Kunsthochschule."

Sania Pell, Stylistin und Autorin

ALLES IN HANDARBEIT Mit handgemachten Dingen, die man über Jahre liebevoll sammelt, schafft man eine lebendige Verbindung zwischen Vergangenheit und Gegenwart.

„Wir sammeln begeistert alte Sachen, zum Beispiel die antiquierten Messlatten und Vermessungsgeräte oder die Nummernanzeigen und Schilder von einem Cricketplatz."

*Sania Pell,
Stylistin und Autorin*

Wegweiser Flohmarkt *Fundstücke richtig verwerten*

„Ich habe immer eine Liste mit all den Dingen im Kopf, die ich suche, denn oft finde ich etwas Schönes, wenn ich am wenigsten damit rechne." Atlanta Bartlett, Designerin

1 SCHAUKASTEN Flohmarktfunde sollten immer vorteilhaft präsentiert werden, am besten auf einem weißen Fensterbrett oder Wandbord. Schön ist ein Fach in einem offenen Sortierschrank oder einer alten Ladentheke mit Vitrine.

2 WITZIGE PRÄSENTATION Ausgediente alltägliche Dinge wie z.B. Obstkisten ergeben gute Schaukästen. Sie können auch eine Holzpalette mit Rollen versehen, eine Glasplatte darauflegen und sie als Couchtisch benutzen.

3 SAMMLERGLÜCK Wenn Sie gerne Flohmärkte und Trödelläden durchforsten, haben Sie schnell eine ganze Sammlung skurriler Dinge zusammen. Wer kann schon alten Werbeschildern oder Email-Küchenutensilien widerstehen?

4 AUFARBEITUNG Mit ein wenig Farbe oder Dekoration wird manches Retro-Möbelstück zum Schmuckstück. An Schubladen kann man andere Griffe, Knöpfe oder Quasten montieren, Tischplatten durch Spiegelglas oder Marmor ersetzen.

5 GESPRÄCHSSTOFF Achten Sie auf besondere Dinge, die einfach auffallen: eine Schneiderpuppe aus Drahtgeflecht, eine große Tierfigur aus Keramik, ein alter Ladenaufsteller oder eine Gartenskulptur.

SCHLÜSSELELEMENT Verzieren Sie neue Einrichtungsgegenstände mit kleinen Fundstücken – dieser Lampenschirm erhielt eine lustige Fransenkante aus alten Schlüsseln.

MUSEUMSREIF Arrangieren Sie Ihre Flohmarktfunde ganz gezielt in Kombination mit Kunst. Auf diese Weise bekommen die wiederbelebten Möbel und Lampen eine Aura des Besonderen.

> *„Auf Flohmärkten arbeite ich mich von hinten nach vorne durch. Ich stelle mir vor, dass ich auf diese Weise den einen wahren Schatz finde, während alle anderen noch die vorderen Stände durchstöbern."* — Victoria Smith, Bloggerin

6 BELEUCHTUNG
Viele Kronleuchter, Steh- und Tischlampen selbst aus den 1930er-Jahren sehen auch in einem modernen Ambiente prächtig aus. Für das Hauptlicht eignet sich eine grandiose Deckenleuchte.

7 BILDER
Arrangements aus gerahmten Bildern sind schön, um in einem Raum persönliche Bezüge einzubringen. Streichen Sie alle Rahmen in derselben Farbe und wählen Sie verblasste Landschaften oder Blumenstillleben.

8 QUELLENARBEIT
Trödelmärkte gehören seit Jahrzehnten zum typischen Wochenend-Vergnügen. Besuchen Sie die Märkte in anderen Stadtteilen und Städten, um herauszufinden, wo sich das Beste für Ihren Stil auftreiben lässt.

9 SORTIMENT
Schon immer galt: Die Kombination von Alt und Neu ergibt einen individuellen Mix. Auch schöne Dinge mit Patina vom Flohmarkt brauchen ein paar zeitgemäße Kontraste, damit sie gut zur Geltung kommen.

10 INSTINKTSICHER
Manchmal reicht ein flüchtiger Blick quer durch einen überfüllten Ausstellungsraum, um das Traumstück zu entdecken. Vertrauen Sie Ihrem Instinkt und kaufen Sie nur das, was Sie vom ersten Moment an fasziniert.

HANDZEICHEN Ein paar ausgediente Ausstellungshände aus einem Juwelierladen sehen auf dem kompakten Regalbrett originell aus. In diesem Fall behalten sie ihre Funktion als Schmuckständer.

GANZ NACH BEDARF Fertig gekaufte Regalwürfel wurden für diesen Arbeitsplatz mit Schildern und Objekten vom Flohmarkt dekoriert und durch eine Pinnwand ergänzt – preiswert, aber schick.

Flohmarkt-Fundstücke

Mit Objekten vom Trödel zu dekorieren bedeutet meist, ein Einzelstück herauszupicken, das neue Ideen freisetzt. Es kann ein Stoff, ein Möbelstück, ein Spiegel oder aber ein Kleidungsstück sein, das Sie beflügelt.

1 In Emily Chalmers Industrieloft bilden Midcentury-Möbel und schöne Textilien gemeinsam einen extravaganten Wohnraum.

2 Retro-Spiegel in der Miniküche schaffen ein nostalgisches, aber nicht altmodisches Flair.

3 Mehrere Vasen und Krüge aus derselben Epoche, aber in verschiedenen Farben, sind ein lebendiger Blickfang, im Winter mit Zweigen und Trockenblumen, im Sommer mit frischen Blumen vom Markt.

4 Das Metallregal ist randvoll mit praktischen und dekorativen Dingen und sieht an der Wand einfach toll aus. Asiatische Lebensmittel, bunte Gewürzdosen und Geschirr bringen Farbe ins Bild.

5 Emaillierte Hinweisschilder verbreiten einen Hauch von Jahrhundertwende-Charme. Achten Sie darauf, dass sie farblich zur sonstigen Einrichtung passen.

2

3

4

5

Fallstudie

Farbenspiel

Mit Farben können Sie Ihre Wohnung besonders persönlich gestalten. Manche mögen Grelltürkis oder Bonbonrosa, andere halten beides für eine Zumutung. Umgekehrt sehen die Fans kräftiger Farben in dem bei Interior Designern so beliebten Spektrum von blass bis neutral nichts als einen faden Kompromiss. Bevor Sie Ihr Projekt in Angriff nehmen, schauen Sie sich gründlich um: In Zeitschriften, in Wohnungen von Freunden und in schönen Geschäften können Sie Ideen dafür sammeln, welche Farben Sie in Ihrem Zuhause am besten einsetzen.

Farbe ist das A und O für Alayne Patrick, Inhaberin des Geschäfts für Mode und Interior Design Layla in New York. Ihre Wohnung in Brooklyn ist klein, aber fein. Eine Besonderheit, um die alle ihre Freunde sie beneiden, ist die Terrasse mit einer sonnenverwöhnten, einladenden Sitzecke, die mitten in der Großstadt einen Hauch Asien verströmt.

„Mit der richtigen Kombination aus Farben und Mustern erzielen Sie tolle Effekte."

Alayne Patrick, Designerin

ASIATISCHER TOUCH Kissenbezüge und Läufer in leuchtendem Fuchsienrosa bilden einen markanten Kontrast zu Smaragdgrün und Sonnengelb in Alaynes farbenfrohem Wohnzimmer.

GLOBAL CHIC Die Kissen auf dem antiken Eisenbett sind mit asiatischen Stickereien und Handdrucken verziert und kombiniert mit anderen Ethno-Stoffen. Die originellen Bilder an der Wand haben eine feminine Ausstrahlung.

„Mich spricht alles Asiatische, Indische und Farbenfrohe an – Hauptsache, es ist handgemacht und von guter Qualität. Ob alt oder neu, das spielt keine Rolle", erzählt Alayne. Durch einen individuellen Mix aus verschiedenen Arten von Textilien setzt sie in ihrem kleinen Reich kräftige Farbtupfer.

„Als ich nach New York zog, habe ich als Erstes das Sofa angeschafft. Ich habe es in einem Antiquitätengeschäft entdeckt, musste es aber neu aufpolstern und beziehen lassen. Einige meiner Möbel sind auch Maßanfertigungen, einfach weil die Wohnung so winzig ist, dass an manchen Stellen nichts Vorgefertigtes passt.

Im Schlafzimmer habe ich die Wände ungefähr auf Hüfthöhe mit breitem schwarzem Klebeband unterteilt. So hat das Bett einen Rahmen. Ich habe das in Indien oft gesehen, dort natürlich von Hand gemalt, aber ich wollte so etwas immer schon haben."

Der grafische Streifen unterteilt die weiße Fläche ähnlich wie eine Zierleiste. „Ich hätte liebend gern ein größeres Schlafzimmer, aber so bin ich wenigstens gezwungen, ordentlich zu sein. Natürlich träume ich von mehr Schrankplatz – ideal wäre ein begehbarer Schrank für Kleider, Stoffe und Bettwäsche."

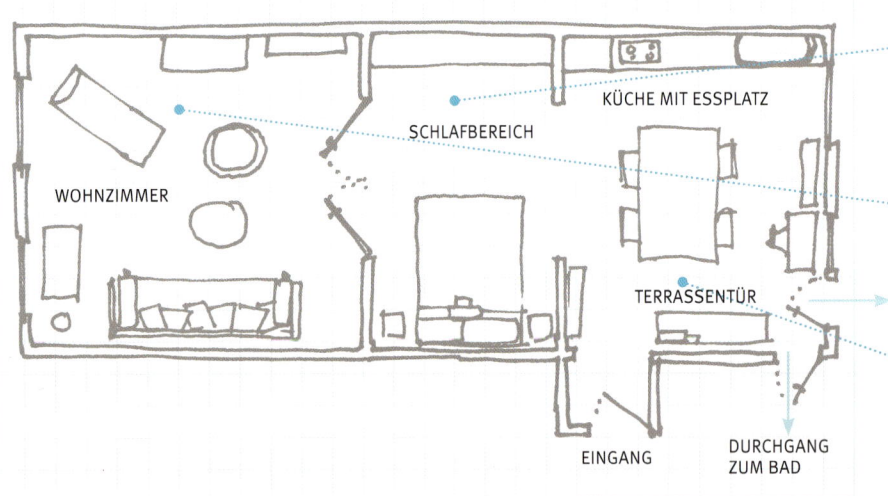

Die Grundfläche umfasst insgesamt nur 45 Quadratmeter, verteilt auf drei ineinander übergehende Räume: Küche, Schlaf- und Wohnzimmer.

Es gibt verschiedene Farben und Muster, aber nur wenige Möbelstücke.

In allen Räumen einschließlich der Terrasse hat Alayne gemütliche Sitzplätze eingerichtet.

„Die Küche war als Erstes dran: Ich habe alle Einbauschränke herausgerissen und nutze nur Regale und Borde." *Alayne Patrick, Designerin*

FRÖHLICHE FARBEN
Folkloristische Stoffe holen freundliche Farben in die adrette, neutral gehaltene Küche mit Essplatz.

„Zu meinen Lieblingsstücken gehören die bestickten Kissen aus dem Swat-Tal. In Pakistan gehörten solche Kissen früher zur Aussteuer."

Alayne Patrick, Designerin

MASSANFERTIGUNG Wenn Platz Mangelware ist, lohnt sich eine Maßanfertigung wie diese Liege.

UNTER FREIEM HIMMEL Die Veranda ist noch einmal so groß wie die Wohnfläche. Der Betonboden wird durch Teppiche angenehm für die Füße und sie schaffen einen nahtlosen Übergang zum Apartment.

„Terrasse und Küche faszinierten mich sofort. Aus der Veranda ist ein echter Garten geworden. Bei schönem Wetter wohne ich fast nur hier draußen." *Alayne Patrick, Designerin*

Wegweiser Farbenspiel *Mut zur Farbe*

„ **Klotzig, kitschig – klasse:** Nichts verändert einen Raum so sehr wie Farbe. Sie verführt, imponiert, verblüfft und erzeugt Hochspannung. Von Farben bekommt man nie genug!" *Abigail Ahern, Designerin*

1 DIE RICHTIGE PALETTE Wählen Sie nur Farben, die Sie wirklich mögen, dann gefällt Ihnen das Resultat auf jeden Fall. Keine Angst vor Experimenten! Finden Sie genau die richtigen Kombinationen für Ihre vier Wände.

2 TAUCHBAD Spektakulär ist der Effekt, wenn Sie einen Raum komplett in einem Farbton ausstatten. Ob Bonbonrosa oder Neonblau: Knallfarben bringen einfach gute Laune in jeden Raum.

3 WANDFARBEN Um zu testen, wie eine bestimmte Farbe wirkt, kann man eine einzelne Wand farbig streichen. Ein guter Kompromiss ist auch eine kräftige Farbe im unteren Teil der Wand, während der obere weiß bleibt.

4 IM DETAIL Leicht bewegliche Möbel und Accessoires sind eine einfache und vielseitige Lösung, um Farbe zu arrangieren. Stellen Sie Ihre Besitztümer nach dem Kriterium Farbe zusammen – schon sieht alles ganz anders aus.

5 BELEUCHTUNG Von wegen, nachts sind alle Katzen grau! Schließlich gibt es bunte Lampenschirme und Deckenfluter mit farbigen Leuchtmitteln. Auch Deckenlampen aus Buntglas verbreiten ein lebendiges, funkelndes Licht.

PORZELLAN Orange, Pastellgelb, Hellrosa und Pflaumenblau sind bei Alayne Patrick nicht nur Omas Geschirr vorbehalten. Die Farben finden sich in vielen Details wieder, vor allem in den Stoffen.

MUSTER UND MATERIAL Kissen und Decken sind dekorativ, besonders in der Kombination mit neutralen Wand- und Bodenfarben. Ein toller Mix aus einfarbigen Strukturstoffen und Blumen oder Stickereien.

„*Farben faszinieren mich seit jeher. Dabei geht es gar nicht so sehr um den Farbton: Hauptsache kräftig! Ein monochromer Raum wirkt zwar hübsch harmonisch, aber ein Zimmer voll strahlender Farbtöne ist einfach Energie pur.*" *Kelly Wearstler, Designerin*

FUSSBÖDEN Bunt gestrichene Böden sind genauso ein Blickfang wie farbige Wände. Kräftige Farben kann man durch leuchtende Teppiche oder aufgemalte Streifen sogar noch intensivieren.

TEXTILIEN Deko- und Polsterstoffe, Vorhänge und Tischtücher sind wohnlich und dekorativ. Muster, Texturen und Farbstellungen lassen sich auf unterschiedlichste Weise kombinieren.

BLUMEN Schöne Blüten setzen spontan neue Farbakzente, runden das bestehende Schema ab oder schwimmen extra gegen den Strom. Dazu passen Vasen unterschiedlicher Höhe und Form.

MÖBEL Gönnen Sie Ihren Möbeln ein frisches Farbkleid, sei es mit einem neuen Bezug oder einem Anstrich. Das Möbelstück kann damit zum Fokus werden oder ein Gegengewicht zu farbigen Wänden und Böden bilden.

FARBTUPFER Bunte Akzente setzen zum Beispiel gefärbte Lampenschirme, bunte Regalrückwände oder Schranktüren. Tischdecken und Geschirr lenken die Farbpalette ebenso in eine bestimmte Richtung wie Kunstwerke.

BLÜTENPRACHT Komplementärfarben wie Rot und Grün ergeben nebeneinander lebhafte Kontraste, die einladend wirken. Hier wurden Kissen in Fuchsienrosa und Smaragdgrün kühn kombiniert.

BUNTWÄSCHE Holen Sie Farbe in Ihren Alltag: Putzlappen und Geschirrtücher in leuchtenden Farbkonstellationen machen Laune und werden zur witzigen Ergänzung in Küche und Esszimmer.

Mit Farben dekorieren *Bringen Sie Ihr Umfeld zum Leuchten*

MUT ZUR FARBE

Der Fußboden erdet den Raum. Entscheiden Sie, ob er dezent im Hintergrund bleiben oder selbst im Mittelpunkt stehen soll. Ein weißer Anstrich, ein dunkler Belag oder ein lebhafter Teppichboden – Sie haben die Wahl.

In einem weißen Raum schaffen Sie mit einer einzelnen Wand in kraftvollem Rot, Blau oder Orange einen starken Bezugspunkt.

Wählen Sie Farben, die dem Raum entsprechen. Weiß lässt ihn größer wirken. Rot drängt sich in den Vordergrund, es macht kleine Räume behaglich und überspielt ihr geringes Format.

Gruppieren Sie ähnliche Gegenstände in gleichen Farben, zum Beispiel Bilderrahmen, Textilien, Keramik, Glas, Plastiken, schöne alte Hüte, antiquarische Bücher und Koffer.

Dekorieren Sie Ihre Sitzgruppe entsprechend der Jahreszeit. Dazu brauchen Sie zwei Arten von Überwürfen, etwa in kühlem Weiß oder natur für den Sommer und in wärmenden Rot- oder Brauntönen für den Winter.

Tapeten sind der Klassiker, um Farbe ins Haus zu holen – sei es nur eine Bahn, eine ganze Wand oder aber im ganzen Zimmer.

Ganz unkompliziert setzen Sie Farbakzente mit frischen Blumen, mit Lampenschirmen, Brücken oder Dekostoffen.

BLUMENWIESE *Links* In diesem Wohnraum ist eine Wand mit einer schlichten Blumentapete hervorgehoben, ergänzt durch passende Kissen auf der strahlend weißen Couch.

FARBKLECKSE *Rechte Seite* Die farbenfrohe Wirkung im Haus von Charlotte Hedeman Gueniau in Dänemark entsteht durch flexible Elemente wie Lampenschirme, Geschirr und Sitzkissen und kann jederzeit verändert werden.

„Über die Effekte von Komplementärfarben lerne ich noch immer dazu. Zum Beispiel wenn ich einen Raum in Orange mit türkisen Details dekoriere. Probieren Sie möglichst viele Farben aus." *Ruthie Sommers, Designerin*

Bunte Möbel

Farbig gestrichene Möbel sind ein Lebenselixier für jedes Zimmer. Mit wenig Aufwand ist der dekorative Effekt garantiert.

„Bei uns zu Hause habe ich ein paar alte Holzstühle in Neonpink angemalt. Die Farbe macht mich einfach glücklich!" *Selina Lake, Stylistin*

1 Ein frischer Anstrich für einen alten Schrank ist eine positive Veränderung. Bei Stücken, die schon bessere Zeiten gesehen haben, verdeckt die Farbe außerdem kleine Macken.

2 Für die Küche gibt es Geräte in allen Farben, da findet sich Passendes für jedes Schema. Hier geben nur zwei Elemente in Rosa und Himmelblau den Ton an.

3 Mit leuchtenden Farben für Wand und Möbel entsteht ein vergnüglicher Schockeffekt. Schrill ist der Kontrast zwischen dem Schrank in Pink und der Wand in Türkisblau.

4 Am lichten Ende der Farbskala sind neutrale Töne wie dieses grünliche Blau zu Hause. In einem klassischen Wohnumfeld ergänzen sie den kultivierten Gesamteindruck.

5 Apfelgrün ist fröhlich und passt gut zu Weiß und Creme. Wärmer wird die Anmutung durch rote Vorhänge.

2

3

4

5

Bunte Stoffe

Farbenfrohe Textilien im ganzen Haus zu verteilen macht Spaß, denn lebendige Deko verbreitet immer gute Laune. Schön sind Blumenmuster, Streifen und Karos, aber auch gestrickte Teile und Stickereien können absolut aktuell aussehen.

1 In diesem Schlafzimmer beeindrucken die Komplementärfarben Blau und Orange in verschiedenen Mustern und Texturen. Die Tagesdecke aus orangefarbenem Mohair rundet den Look ab.

2 Eine Hommage an Ethno und Öko: Die Auswahl handgearbeiteter Textilien in frischen Farben an Kleiderhaken laden zu einer kunterbunten Weltreise ein.

3 Eine einheitliche Wirkung erzielen Sie mit einer Kombination aus Farben aus demselben Spektralbereich. In diesem Schlafzimmer sind gedeckte, aber kräftige Farben wie Fuchsie, Lila und Tiefblau wirkungsvoll mit kühlem Grau und Weiß zusammengestellt.

4 Patchwork als Vorhang- oder Polsterstoff ist eine schöne Idee. Stellen Sie die Stoffteile nach Themen wie Blumenmuster, Streifen oder geometrischen Motiven zusammen oder aber nach Stoffart wie Drillich oder Leinen.

5 Kaum zu glauben: Streifen und Blumenmuster passen wirklich gut zusammen, wenn die Farben aufeinander Bezug nehmen.

6 Legen Sie bestickte Stoffe auf knallige Farben, dann sieht beides frisch aus. Achten Sie darauf, dass die Stickerei einige der kräftigen Schattierungen aufgreift.

„ Textilien sind eine großartige Möglichkeit, um einem Raum Stil, Farbe, Muster und Struktur zu geben. Kuschlige Decken, süße Häkeldeckchen, üppige Stoffe, gemütliche Quilts und pralle Kissen sind einfach unersetzliche Dinge für alle, die ihre vier Wände mit Fantasie und wenig Aufwand dekorieren möchten! " *Jane Brocket, Autorin*

2

3

5

6

Tapeten

Inzwischen hat es sich herumgesprochen, dass man mit Tapeten toll dekorieren kann, weil heute wieder so viele modische Dessins und Stile zur Auswahl stehen.

1 Eine feminine Note erhält dieses Schlafzimmer durch die zart gemusterte Blümchentapete. Sie bringt eine Dynamik ins Bild, zu der sogar die Karo-Bettwäsche genau passt.

2 Das sensationelle Baumstammmotiv von Cole & Son beweist, dass Tapeten durchaus zum zentralen Gestaltungselement in einem Raum werden können. Sie ist Dekoration und ästhetisches Statement zugleich.

3 Tapeten mit Pflanzenmotiven erleben derzeit ein Comeback. Sie sorgen immer für ein Gefühl von Behaglichkeit, selbst wenn Sie nur eine einzige Wand damit gestalten. Dieses Muster geht auf einen Entwurf von Josef Frank aus den 1940er-Jahren zurück.

4 Ein eher beengtes Raumformat kann man kaschieren, indem man die Wände über Eck unterschiedlich tapeziert. Diese Druckstoffe von Liberty's sind hübsch und topaktuell.

5 Lassen Sie der Tapete den Vortritt. Zieht man sie über Wände und Decken, erhält man den spannenden Eindruck, in einem Zelt zu stehen. Das Styling ist mutig, aber faszinierend.

6 Klassische Motive im Stil von *Toile de Jouy* sind im Schlafzimmer zu Hause. Sie verleihen jedem Ambiente einen angenehm ländlichen Touch und sind dabei doch alles andere als rustikal.

> „Tolle Tapetenmuster sind genauso individuell wie Wandfarben. Es ist wie bei der Mode: Manchmal bevorzugt man einen unifarbenen Rock, manchmal einen schönen Druckstoff."
>
> *Amy Butler, Designerin*

1

4

2

3

5

6

FALLSTUDIE

BLÜTENMEER

Geblümtes muss nicht immer bunt sein, ist aber die Gelegenheit, um einmal in Farben zu schwelgen. Tapeten, Textilien, Keramik – es gibt unzählige Variationen über das Thema Blumen, vom heiteren Blütenmeer auf Wänden und Polstern über japanische Pflanzenmotive auf zartem Porzellan bis zu geschnitzten Möbel-Ornamenten. Blumen in zwei Farbtönen wirken raffiniert, florale Wand-Tattoos oder handgemalte Streublümchen an einer ausgewählten Stelle setzen einen leisen Akzent.

FLOWER POWER *Linke Seite* Die Unterschränke in hochglänzendem Himbeerrosa wirken fast schon dezent im Vergleich mit der rosarot geblümten Wand, die übersprudelnde Lebenslust verströmt.

„In meinen Räumen dreht sich alles um Freude, Funktionalität und Farbe."

Charlotte Hedeman Gueniau, Designerin

BUNTES GESCHIRR Wandborde sind die ideale Bühne für kultige Tassen mit Streublumen, Milchkännchen und Zuckertopf sowie Schalen aus buntem Melamin.

Charlotte Hedeman Gueniau führt das innovative Einrichtungshaus Rice im dänischen Odense. Wenn sie nicht gerade neue Kollektionen entwickelt oder auf der Suche nach Inspirationen durch die Welt reist, hält sie sich auf der Insel Fünen in ihrem schönen Haus aus dem 19. Jahrhundert auf, das sie mit ihrer Familie bewohnt.

„Unser Haus bietet genau den Rahmen, in dem ich meine Vorliebe für strahlende Farben und alles Pflanzliche ausleben kann. Ich bin immer für beschwingte Töne wie Pink, Grün, Petrol und Gelb zu haben. Grau, Beige und Schwarz sind in meinen Augen gar keine Farben. Oft lasse ich mich von Malereien für ein Farbschema inspirieren. Was wir hier genießen, ist die Weitläufigkeit, das volle Tageslicht und die großzügig geschnittenen Zimmer. Außerdem hat man eine fantastische Aussicht auf die grandiose Landschaft ringsum", erzählt Charlotte.

„Manchmal kommt man nur durch Zufall auf Ideen. Bei unserem Fernsehzimmer gab es ein lustiges Missverständnis: Der Maler strich die falsche Wand leuchtend korallenrot. Die Wand, um die es eigent-

lich ging, war nach wie vor petrolfarben. Aber überraschenderweise harmonierten die beiden Töne nebeneinander. Es sah so fantastisch aus, dass wir es gelassen haben."

Blumenmotive finden sich im ganzen Haus. Im Flur ein folkloristisches Tapetenmuster, in der Küche prachtvolle pinkfarbene Rosen auf dunklem Grund. Teppiche und Läufer in Küche und Wohnzimmer greifen die Blütenfarben auf.

Im Esszimmer beschränkt sich das Thema auf Accessoires, und dort stehen auch immer frische Blumen. In der Küche gibt es blumige Lampenschirme, gehäkelte Topflappen in der entsprechenden Form, Zinn- und Töpferwaren mit Blüten, im Gästezimmer dezent geblümte Tapeten und Kissen. „Ich vermische gern Altes und Neues in schönen Farben, etwa Königlich Dänisches Porzellan mit zeitgenössischem Melamingeschirr", erklärt Charlotte.

„*Meine Lieblingsfarbe wechselt ständig. Darum fragt mich meine Tochter gerne: Was ist diese Woche dran?*" *Charlotte Hedeman Gueniau, Designerin*

Die neutralen Holzböden lassen den Tapeten und Teppichen optisch den Vortritt.

Der riesige Esstisch ist mit frischen Blumen geschmückt. Selbst Servietten und Sitzkissen tragen Blumendessins.

In Komplementärfarben gestrichene Möbel bringen das Rosenrot der Küchenwand erst recht zum Strahlen.

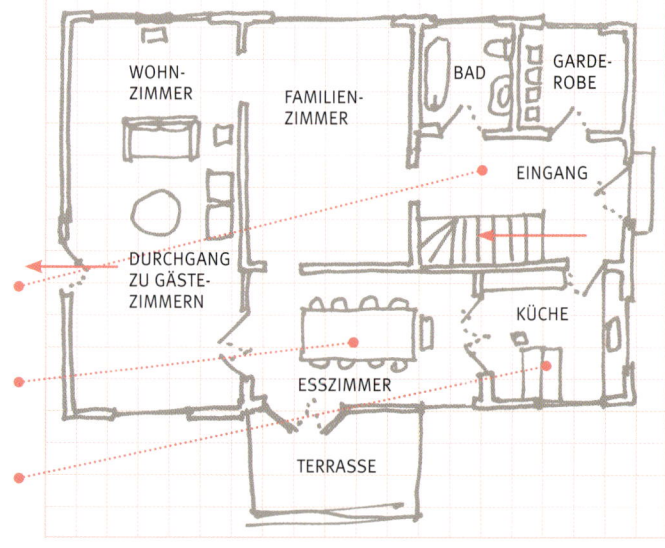

ROSIGE AUSSICHTEN
Das plakative Rosenmotiv der Tapete an der Wand hinter der Spüle ist einfach hinreißend und versetzt den Raum in heitere Schwingungen. Das Thema Blumen zieht sich durch die ganze Küche.

HOT PINK
Linke Seite, links Eine floral gemusterte Tapete in elektrisierendem Pink ist der Wachmacher im Eingangsbereich. Farbig gestrichene Hocker und Häkelkissen liefern frische Kontraste.

ROSEN UND LIMETTEN
Linke Seite, rechts Die markante Tapete schmückt nur eine Wand der Küche. Der restliche Raum bietet deshalb genügend Präsentationsfläche für Küchengeräte, Geschirr und Lampenschirme in vielen lebendigen Farben.

Wegweiser Blütenmeer *Lassen Sie Ihre Wohnung erblühen*

„Eine Vielfalt an Mustern funktioniert am besten mit einer eingeschränkten Farbpalette, sonst wird es zu unruhig. Setzen Sie Variationen desselben Tons ein." *Madeline Weinrib, Designerin*

1 GARTENKUNST Schauen Sie sich in blühenden Gärten an, welche Blumen Ihnen besonders gefallen. Form, Volumen und Farbe geben Ihnen Anhaltspunkte dafür, wo Sie beim Dekorieren Schwerpunkte setzen können.

2 TAPETENWECHSEL „Wandkleider" mit Blumenmuster sind in unzähligen Ausführungen erhältlich – von filigranen Jugendstil-Kirschblüten über neonbunte Blütenkugeln bis zum klassischen Landhausstil.

3 MÖBEL Blumenstillleben machen sich gut auf Schranktüren. Zarte Blüten- oder Blattmotive an Front und Seitenwand einer Kommode oder einer Stuhllehne geben dem Möbelstück einen persönlichen Touch.

4 GEBLÜMTE STOFFE Hübsche Blumendessins finden Sie auch im Kaufhaus und auf Trödelmärkten. Für Überraschungseffekte sorgen Sie mit Blümchenbezug etwa auf einem Retro-Sessel oder einer stoffbeschlagenen Tür.

5 PORZELLANMALEREI Vom klassizistischen Teeservice über feines China-Porzellan bis zu den stilisierten Blüten der Hippies – Blumen auf Geschirr waren schon immer populär. Der richtige Rahmen dafür ist ein weißes Leinen-Tischtuch.

PATCHWORK-KISSEN Streifen, Karos, Streublümchen und Unis, in der Mitte ein dicker Knopf – fertig ist das Blütenkissen. In Charlotte Hedeman Gueniaus Haus ist es so groß, dass man bequem darauf sitzt.

GARTENSCHAU Blumenbilder als Türschmuck eines fernöstlichen Schränkchens bringen einen Hauch von Exotik in das dänische Haus. Mit Blumenvase und Gemälde entsteht ein harmonisches Ensemble.

„Wenn Sie viele auffällige Muster im ganzen Haus verteilen, sollten Sie sich vor Unordnung hüten, denn sonst wird man davon erschlagen. Muster an Muster funktioniert am ehesten in einem aufgeräumten, schicken Umfeld." *Michelle Adams, Designerin*

6
BLUMEN IN HANDARBEIT Besorgen Sie sich gestrickte und gehäkelte Topflappen, Platzdeckchen und Übertöpfe mit floralen Dessins – oder greifen Sie selbst zum Handarbeitskorb. Auch eine einzelne Häkelblüte ist sehr dekorativ.

7
PATCHWORK Reste von geblümten Stoffen und Vorhängen aus alten Beständen werden zu wunderschönen Patchworkdecken und Quilts voller Erinnerungen.

8
ECHTE BLUMEN Verteilen Sie Blumen aus dem eigenen Garten auf schmuckvolle Vasen in mehreren Farben und Formen oder lassen Sie eine prächtige Kamelie, Hortensie oder Sonnenblume ganz für sich allein wirken.

9
KÜNSTLICHE BLUMEN Für einen Farbklecks im sonnenarmen Winter gibt es wahrhaft kunstvolle Kunstblumen. Kleine Orchideen kombiniert mit ein paar üppigen Blüten ergeben einen aparten Strauß für Tisch oder Fensterbank.

10
ACCESSOIRES Blumenstoff oder einfarbiger Stoff, mit einer Blüte geschmückt – beides sehr geeignet für Lampenschirme. Möbelknöpfe in Blütenform sind genauso originell wie eine Porzellanblume als Griff an einer Gardinenschnur.

BLUMIGE KÜCHENHELFER Heiter wirken gehäkelte und bestickte Topflappen nach alter Art neben witzig bedruckten Geschirrtüchern von heute. Blumenmotive lassen sich auf allen Flächen unterbringen.

ASTWERK Die fröhlich bunte Steppdecke ist aus winzigen Zweigmustern, Karos, Streifen und Unis in einem satten Farbspektrum zusammengefügt und wirkt ebenso wärmend wie charmant.

Geblümte Stoffe – die Praxis

Ob konventionelle Vorhänge oder moderne Polster, romantische Bettwäsche oder hübsche Zierkissen – geblümte Stoffe sind zeitlose, geschmackvolle Klassiker.

1 Blumenmuster an unerwarteten Stellen fallen ins Auge, hier etwa die Bezüge eines Sessels aus den 1950er-Jahren. Die Häkeldecke greift das florale Thema auf.

2 Christina Strutt von Cabbages & Roses setzt Blümchenstoffe in pastelligen Farben wie Buttercreme und Hellrosa für viele verschiedene Zwecke ein – von Wandbespannungen über Vorhänge und Tagesdecken bis zu Markisen.

3 Im Wohnzimmer der Belgierin Yvonne Eijkenduijn sorgen Blumenmuster in Pink und Rot auf weißem Grund für herzerwärmende Behaglichkeit.

4 Im gemütlichen Schlafzimmer von Floriene Bosch in den Niederlanden bildet freches Apfelgrün das Gegengewicht zu unterschiedlich geblümten Stoffen.

5 Verschnörkelte Polstersessel erhielten mit *Toile de Jouy* in modernen Farbstellungen ein neues Gesicht, hier vor einer leuchtend blauen Wand mit alten und neuen Blumenstillleben.

"Herkömmliche geblümte Stoffe verströmen einen zeitlosen Reiz: Je älter und verschossener, desto attraktiver. Solche Stoffe sind oft nicht ganz billig – kaufen Sie die schönsten, die Sie sich leisten können!"

Christina Strutt, Designerin

2

3

4

5

STILVOLL DINIEREN Ein Esstisch mit Stühlen aus den Swinging Sixties, dazu diverse Sessel aus derselben Zeit und ein psychedelisch anmutender, maßgefertigter Teppich in abgestuften Blautönen bilden den glanzvollen Mittelpunkt dieses Esszimmers, das schon durch seine Architektur besticht.

„Jonny ist der Visionär, er hat unseren Stil geprägt. Wenn ich nach Hause komme, freue ich mich über sein farbenprächtiges Design. Ich fühle mich darin pudelwohl."

Simon Doonan, Kreativchef und Autor

„Die schönsten Räume in einem Haus strahlen Gemütlichkeit und Optimismus aus."

Jonathan Adler, Keramikkünstler und Interior Designer

FALLSTUDIE

INDIVIDUELLER MIX

Als Eklektizismus bezeichnet man eine kunterbunte Vielfalt von Dingen aus verschiedenen Quellen – Stilbrüche und fantasievoller Farbmix inklusive. Das Resultat ist eine einmalige, durch und durch persönliche Mischung.

Der Keramikkünstler und Designer Jonathan Adler und sein Partner Simon Doonan, Autor und Kreativchef von Barneys New York, haben ihr Apartment ganz auf ihren Lebensstil abgestimmt. Dass ihnen das Einrichten Spaß gemacht hat, ist nicht zu übersehen. Nach Adlers Credo soll eine Wohnung makellos schön und edel sein, dekoriert nur mit exquisitem Design.

Die Kombination von Mustern und Farben folgt keinen festen Regeln. „Wir wollten ein traumartiges Raumgefühl erzielen. Dafür haben wir Fußböden, Decken und Wände weiß gestrichen und dann alles Mögliche in knalligen Farben zusammengestellt", erzählt Adler. „Es ist ein Riesenglück, hier in Manhattan eine so großzügige Wohnung gefunden zu haben, und wir nutzen jeden Quadratzentimeter. Das eine Apartment haben wir vor 14 Jahren gekauft, das angrenzende vor sechs Jahren."

HAPPY CHIC Das Wohnzimmer ist eine Sinfonie kräftiger Farben und schmeichelnder Texturen. Im neutralen Rahmen der weißen Wände entfaltet sich eine Sammlung von Midcentury-Möbeln, Antiquitäten und modernen Keramiken – Eklektizismus in Reinkultur.

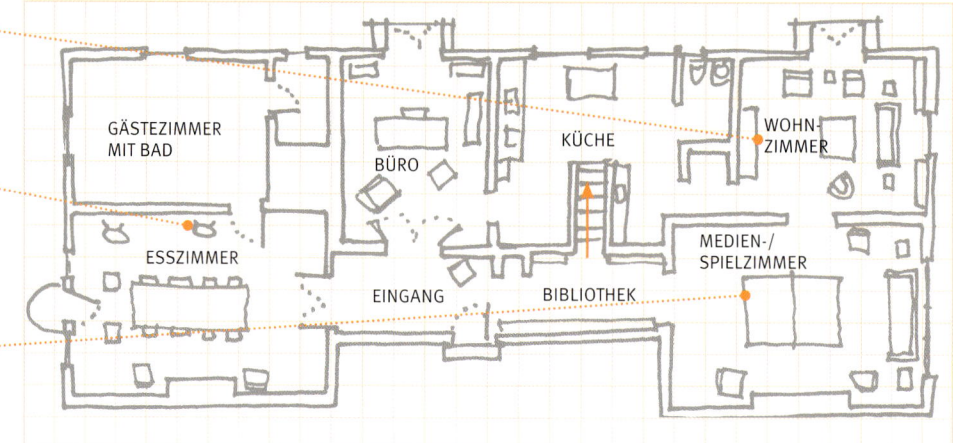

Große bunte Teppiche erden den Raum in beiden Wohnzimmern.

Ein Kaminsims ist die ideale Galerie für Porzellan- oder Glassammlungen.

Ein Wohnraum wurde in ein großzügiges Esszimmer verwandelt, der andere bietet neben der gemütlichen Sitzecke Platz für eine Tischtennisplatte.

„Als wir die Wohnungen zusammenlegten, wussten wir zuerst nicht recht, was wir mit dem zweiten Wohnzimmer anfangen sollten. Eine Zeit lang diente es als eine Art Herrenzimmer, das aber natürlich nie benutzt wurde. Dazu war es zu schade. Irgendwann kam ich auf die Idee, es komplett leer zu räumen und einfach eine Pingpongplatte aufzustellen. Jetzt nutzen wir den Raum ständig." Der Titel von Simons jüngstem Buch, *Eccentric Glamour*, drückt exakt aus, was er in Innenarchitektur und Produktdesign anstrebt. „Ich mag es nicht, wenn eine Wohnung snobistisch wirkt und nur beeindrucken soll. Ich bemühe mich, Sachen zu entwerfen, die schön sind und trotzdem einladend und leicht wirken. Bei unserem Design-Ideal geht es darum, die eigene Persönlichkeit auszudrücken, denn das macht uns glücklich. Wir nennen es Happy Chic."

FRÖHLICHE GESICHTER
Grinsende Glasköpfe und Vasen bilden witzige Stillleben, die in jedem Raum eine positive Stimmung verbreiten.

„Mein absoluter Lieblingsspruch lautet. Weniger ist öde."

Jonathan Adler, Keramikkünstler und Interior Designer

SPIELPLAN Das stilisierte Augenpaar – zwei Gemälde von John-Paul Philippé – hängen an den Fensterpfosten im Wohnzimmer, die Tischtennisplatte fest im Blick. Bei aller smarten Raffinesse ist dieser Raum einladend und gemütlich.

„Wenn nur ein Blickfang im Wohnzimmer möglich ist, dann wählen Sie einen spektakulären Kronleuchter. Ich habe festgestellt, dass Kronleuchter immer größer sind, als man es für nötig hält, und teurer, als man meint, es sich leisten zu können." *Jonathan Adler, Töpfer und Interior Designer*

Wegweiser Individueller Mix *Setzen Sie auf Spaß und Exzentrik*

> „Mixen Sie einfach drauflos. Passt alles perfekt zusammen, wirkt es gekünstelt. Schaffen Sie lockere Bezüge zwischen Farben und Themen."
> *Thom Filicia, Designer*

1 KONTRAST MIT NIVEAU Werfen Sie alle Farbregeln über Bord und kombinieren Sie Schockfarben und grafische Muster in Dunkelbraun und Orange, Pastellblau und Laubgrün, Goldglasur und Buntglas.

2 DURCHBLICK Arrangieren Sie auf einer Fensterbank zueinanderpassende Glasvasen, Karaffen und andere Deko-Objekte (toll im 1950er- und 1960er-Stil), sodass sie im Sonnenlicht leuchten und freundliches Licht im Raum verbreiten.

3 MÖBELPUZZLE Beim eklektischen Stil entstehen neue Bezüge zwischen Sachen, die ursprünglich nichts miteinander zu tun haben. Da passen auch Retro-Möbel aus Stahlrohr mit Öko-Design und konservativen Lampen zusammen.

4 BELEUCHTUNG Suchen Sie auf Trödelmärkten nach Tisch- und Stehlampen und kombinieren Sie sie so, dass ihre Lichtkegel andere Stars Ihrer Einrichtung in Szene setzen. Richtig dramatisch wirken überdimensionale Gelenkleuchten.

5 IDEEN FINDEN Werbung, Zeitschriften und Bücher aus den 1950er-Jahren, aber auch Designmuseen liefern Anregungen für diesen Stil. Entsprechende Einzelteile finden Sie am besten in Secondhand- und Designläden.

CRAZY CHIC Das Porträt Sly Stones von Ed Paschke ist der passende Hintergrund für einen Sessel mit königsblauem Samtbezug und den Zickzackteppich. Der Baumscheiben-Tisch liefert poppigen Öko-Touch.

KÖNIGSFAMILIE Die Keramiken aus Jonathan Adlers *Utopia*-Serie sind modern und erinnern doch an die verspielten Fünfziger. Die Objekte machen sich auf Tisch, Regal oder Kaminsims gleichermaßen gut.

INDIVIDUELLER MIX 137

„Durch geschicktes Mischen und Kombinieren Ihrer Lieblingssachen kreieren Sie einen wunderbar eigenwilligen, charmanten Mix, der dem Raum Ihre ganz persönliche Note gibt." Abigail Ahern, Designerin

6 INSTINKTIV Ein spannungsreicher Mix lebt vom Wandel. Sehen Sie Ihre Besitztümer als eine Art ständig wechselnde Ausstellung und ordnen Sie sie immer mal wieder neu an.

7 WAND UND BODEN Neutrale Farben für Wand und Boden erlauben es Ihnen, aufregende Kontraste zu schaffen, wo immer Sie möchten. Oder aber Sie nutzen die Flächen für Akzente mit auffälligen Tapeten und Teppichen.

8 TEXTILIEN Adler und Doonan sind Fans von geometrischen und grafischen Motiven und setzen sie überall in ihrer Wohnung ein. Verwandte Stoffarten, Farben oder Dessins sind das Bindeglied für ein harmonisches Gesamtbild.

9 KAPRIZIÖSE EINZELSTÜCKE Plakative Statements gehören zum individuellen Mix einfach dazu. Präsentieren Sie Ihre Lieblingssachen wie Ausstellungsstücke und im besten Licht heller Spots, Wand- oder Bodenstrahler.

10 HUMOR Der eklektische Stil ist oft witzig und lebt von der Selbstironie. Folgen Sie bei der Wahl kurioser bis schrulliger Sachen Ihrem Instinkt: Was Sie amüsiert, passt sicherlich auch in Ihre Wohnung.

RETRO PUR Das Ensemble aus dem markanten Gemälde mit den außergewöhnlichen Stühlen und dem Glastisch mit eigenwilligem Metallfuß ergibt zusammen ein smartes Fünfzigerjahre-Flair.

MASSGESCHNEIDERT Die originelle Heizkörperverkleidung besticht durch den Materialmix aus Marmorplatte mit Einsätzen aus Blumenstoff und Maschendraht. Die Keramiken unterstreichen den Effekt.

Fallstudie

MODERN GLAMOUR

Dieser Stil ist extravagant und cool zugleich. Kombinieren Sie außergewöhnliche Möbel mit hellen, neutralen Farben und hochwertigen Materialien wie Samt oder Marmor in geräumigen Grundrissen mit klarer Aufteilung. Auch mehrere ausgefallene Möbelstücke nebeneinander erzeugen eine interessante Spannung.

Das Haus von Marc und Melissa Palazzo in Orange County beweist, dass moderner Glamour zwar viel mit selbstbewusst-individuellen Zusammenstellungen zu tun hat, kapriziöse Sonderanfertigungen dabei aber kein Muss sind. Die Inhaber der Designfirma Pal + Smith in Newport Beach schildern ihren Stil als modern und eklektisch, sie haben Mut zu Farbe und ungewöhnlichen Ideen. „Unsere Inspiration holen wir uns aus der Mode, von alten Fotos, Frida Kahlos Kunst, James Bond und Alfred Hitchcock. Wir mixen Stile und Genres, Antiquitäten mit modernen Klassikern."

„Ich liebe Zitrusfarben", erklärt Melissa. „Deshalb finden Sie Grün und Gelb im ganzen Haus verstreut. Kontraste setzen wir ganz bewusst, etwa durch auffällige Textilien oder Farben. Außerdem mögen wir Kronleuchter, weil man damit überraschende und bühnenhafte Effekte erzeugen kann."

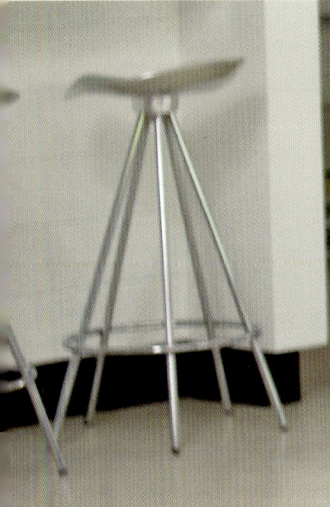

GLANZVOLLER AUFTRITT Der bei aller Eleganz sehr wohnliche offene Raum umfasst einen „privaten" Bereich für die Erwachsenen, einen Bereich mit Tisch und Bücherregalen für die ganze Familie und eine gemütliche offene Küche.

„Ich mixe gerne alle möglichen Stile, Midcentury und Art déco, aber auch asiatische Antiquitäten. Mir ist es wichtig, dass meine Kunden sich mit ihren Sachen auseinandersetzen."

Melissa Palazzo, Designerin

STILVOLL DINIEREN

Hell gemusterte Stores geben der Strenge des Tischs mit Marmorplatte und den geradlinigen Stühle etwas Spielerisches.

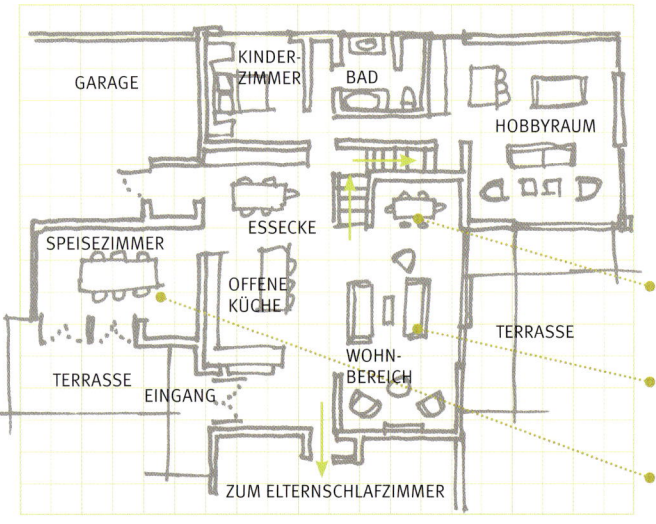

Die Palazzos setzen bei ihren Projekten keinen bestimmten Stil voraus, sondern mixen eifrig Farben und Texturen. Ausgiebig nutzen sie die Möglichkeit, den Wohnraum nach außen zu öffnen. Wenn sie Gäste zum Essen haben, stehen die Glastüren zum Garten oft weit offen, und auch die Familie genießt das Leben drinnen wie draußen.

Ein eleganter Lacktisch und niedrige runde Sesselchen in einer Ecke des Wohnraums wirken fast wie ein intimes Boudoir.

Im Wohnzimmer stehen zwei Madison-Sofas aus der Sammlung von Pal + Smith, die dem offenen Raum einen Hauch Extravaganz verleihen.

Im Speisezimmer steht ein Tisch mit Marmorplatte, kombiniert mit lederbezogenen Stühlen. Luxuriöse Materialien strahlen Glamour aus.

„Lassen Sie eine spektakuläre Tapete für sich wirken, ohne dass sie den Raum dominiert. Ein Materialmix aus Samt, poliertem Holz und Metall vor leuchtendem Grün wirkt in jeder Konstellation großartig."

Melissa Palazzo, Designerin

MODERNE ALCHEMIE Eine exquisite Kombination aus Moosgrün und Blautönen in den unterschiedlichsten Texturen bringt unaufdringlichen Glanz in die ruhige Sitzecke.

Wegweiser Modern Glamour *Kultivierte Eleganz*

„Wenn Sie Ihre Einrichtung mit einem besonderen Möbelstück krönen möchten, seien Sie nicht allzu sparsam, sonst ist der Effekt enttäuschend!" *Tom Delavan, Designer*

1 MODERNER MIX Schaffen Sie einen glamourösen Touch, indem Sie verschiedene Möbelstile vereinen. Wie wäre es mit asiatischen Lacktischchen zu einem imposanten Schrank aus den Dreißigern oder französischen Barocksesseln?

2 DEN ALLTAG WEG-SCHLIESSEN Überraschungseffekte erzielen Sie mit prächtigen Vorhängen in durchscheinendem Weiß oder üppigen Farben, hinter denen sich Alltägliches wie Kleidung oder Büromaterial versteckt.

3 KONTRASTE SCHAFFEN Konfrontieren Sie rau mit glatt, aufregende Muster mit minimalistischen Wand- und Bodenflächen, bunte Glasobjekte mit einem neutralem Hintergrund, Alt mit Neu. So entstehen spannungsvolle Kontraste.

4 MATERIALMIX Für einen Modern-Glamour-Stil der Extraklasse wählen Sie Möbel mit viel glänzendem Weiß, spiegelndem Edelstahl und kostbarem Marmor in verschiedenen dekorativen Stilrichtungen.

5 FUNKELNDES GLAS Hohe Vasen und Flakons in verschiedenen Ausführungen dienen als Farbtupfer. Auf einer Konsole, dem Kaminsims oder Esstisch können sie die Raumwirkung subtil prägen.

AZURBLAU Das Türkis der Polsterbank aus der Kollektion Pal + Smith spiegelt sich in den gläsernen Lampenschirmen und Dekorationen. Dazu passt das Espressobraun von Sideboard und Sockel der Bank.

SCHRANK-KUNST Dieser elegante Schrank ist eines von Melissa Palazzos Lieblingsstücken. Er bietet Stauraum und ist zugleich ein Kunstwerk – ein schöner Willkommensgruß für Bewohner und Gäste.

„Selbst bei knappem Budget sollte inmitten der üblichen Standardsachen ein Einzelstück herausragen, das in einem ganz gewöhnlichen Raum unvermittelt ein innovatives, sensationelles Statement darstellt. Das kann ich nur empfehlen." *Tori Mellott, Stilexpertin und Autorin*

6
BILDSCHÖN Drücken Sie Ihre Persönlichkeit mit Grafiken und Gemälden aus. Sammeln Sie nur Sachen, die Ihnen wirklich etwas sagen, seien es Tierbilder, Landschaften oder Familienporträts.

7
BROKAT & CO. Luxus pur sind Textilien mit viel Textur und Griff: Samt und Chenille in verführerischer Kombination mit Damast und Strukturleinen in satten Farben, mit abstrakten Mustern oder stilisierten Blumendessins.

8
ELEGANZ AN DER WAND Tapeten geben jedem Raum eine kultivierte Note, insbesondere wenn man sie auf eine Wand beschränkt. Großflächige Muster und Motive in gedeckten Farben bleiben elegant im Hintergrund.

9
LICHTEFFEKTE Stehlampen aus den 1950er-Jahren, Jugendstil-Kerzenleuchter und italienische Kugellampen sind Teil des glamourösen Stils. Scheuen Sie sich nicht vor strahlendem Licht – es verwandelt jeden Raum in eine Bühne.

10
RÜCKZUGSORT Ob Kokonsessel aus Bambus oder Riesencouch mit extravagantem Bezug – beim Modern Glamour dreht sich alles um elegant-lässigen Komfort.

VERHALTENER GLANZ Ein edles Stillleben auf dem marmornen Esstisch bilden zarte Glaskaraffen in den Farben des Hauses: Gelbgrün, Dunkelorange und Türkis.

LOCKERE RUNDE Unter der Treppe fand sich Platz für eine sympathische Mischung aus fernöstlicher Kunst, Boudoirhockern und einem antiken Tisch, der einen besonders stilvollen Arbeitsplatz abgibt.

> **Ihr Zuhause** erzählt die **Geschichte Ihrer Persönlichkeit,** es enthält die Dinge, die Sie **LIEBEN,** und das alles unter einem Dach.

Nate Berkus

Raum für Raum

LÄSSIG GASTLICH *Vorhergehende Seite* In Christine d'Ornanos Londoner Küche lädt ein langer Refektoriumstisch mit einfachen, bunt lackierten Stühlen unter schlichten Lampen zum gemütlichen Tafeln ein.

„Überlegen Sie es sich gut, bevor Sie einem Trend folgen oder angesagte Werkstoffe für Ihre Küche verwenden. Viele Leute sind auf die Dauer eigentlich glücklicher mit ihrem ureigenen, gewachsenen Küchenstil." *Susan Serra, Küchendesignerin*

ZWECKMÄSSIG SCHICK
Schöne alte Accessoires, Fliesen im Metro-Look, Unterschränke und Hocker aus einer Großküche sind mehr als funktional. Die Aufteilung erlaubt viel Bewegungsfreiheit und schnellen Wechsel zwischen den Arbeitsbereichen.

DIE KÜCHE

Das Herzstück jeder Wohnung ist die Küche. Ob groß oder klein, edel oder lässig, rustikal oder minimalistisch: Hier kommen Familie und Freunde zusammen, hier wird gekocht, gegessen und gelacht. Wenn Sie gerne planen, entwickeln Sie ein Layout, das genau Ihrem Lebensstil entspricht und in dem alle Ihre Lieblingsstücke ihren Platz finden. Rundum gut sind Küchen, die Form und Funktion mit persönlichem Geschmack und durchdachtem Design vereinbaren – kurz: eine Küche ideal für Hobbyköche und tauglich für den Alltag.

Machen Sie zuerst eine Liste mit Ihren Prioritäten. Grundlegend für die Planung ist sodann, ob Sie einen leeren Raum einrichten oder eine vorhandene Küche erneuern wollen. Schauen Sie sich verschiedene Küchentypen und Aufteilungen an und probieren Sie dann auf Ihrem Grundriss diverse Konfigurationen aus, bevor Sie Angebote von Küchenstudios einholen.

KÜCHENDESIGN bedeutet auch, alles Notwendige im verfügbaren Raum unterzubringen. Auf kleinen Flächen ist meist nur Platz für eine Küchenzeile oder eine kompakte Ecklösung. Für größere eignet sich eine Kücheninsel oder eine U-förmige Konstellation mit mehreren Arbeitsbereichen. Aller Anfang ist gute Planung – bei einer Modernisierung genauso wie beim Neubau.

Das Dreieck Eine Standard-Anordnung orientiert sich an den drei Kernpunkten Spüle, Herd und Kühlschrank. Sie sollten ungefähr durch ein Dreieck verbunden sein, sodass man sich mit wenig Aufwand von einem zum anderen bewegen kann. Nicht in jeder Küche lässt sich das umsetzen, aber hilfreich ist es, wenn Sie täglich gebrauchtes Geschirr in der Nähe der Spülmaschine und Kochutensilien neben dem Herd unterbringen. Das spart Zeit und Energie.

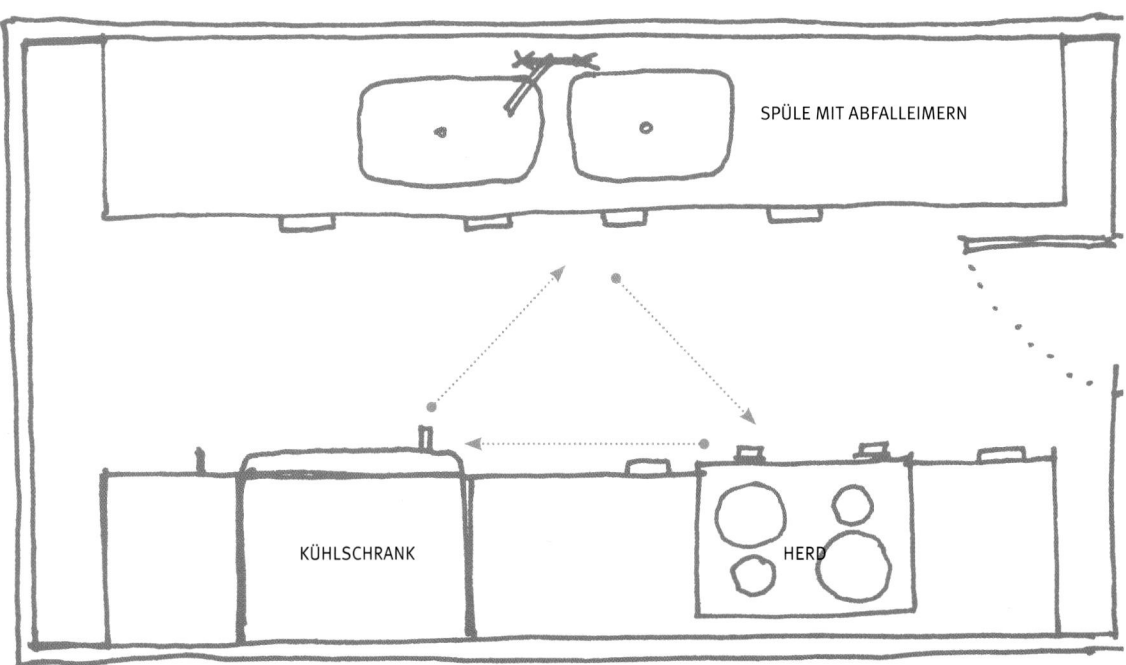

GERADLINIGKEIT *Rechte Seite* Beim Küchenumbau ließ Sania Pell eine Öffnung in der Hauswand vergrößern. Die Glasfront zum Garten rückt den Esstisch nun in den Mittelpunkt des zugleich funktional und gut gestylten Raums.

„Mir ist wichtig, dass eine Küche einladend wirkt. In erster Linie aber sollte sie funktional, clever und bedarfsgerecht geplant sein."

Fernanda Bourlot, Designerin

Küchenkonfiguration

Gestalten Sie nach Ihren Prioritäten

Die Küchengestaltung ist immer abhängig davon, wie viel Platz zur Verfügung steht, wie viele Leute sie nutzen sollen und ob sie nur zum Kochen oder auch als Essplatz und Teil des Wohnbereichs dienen wird. Sammeln Sie Küchenprospekte und lassen Sie sich davon zu Ihrer Traumküche inspirieren.

„Ich kombiniere gern aktuelles skandinavisches Design mit schönen alten Sachen von skandinavischen, französischen und englischen Bauernhöfen. Edle Antiquitäten sind nichts für mich, es geht mir immer um Schlichtheit und Funktionalität."
Yvonne Eijkenduijn, Bloggerin

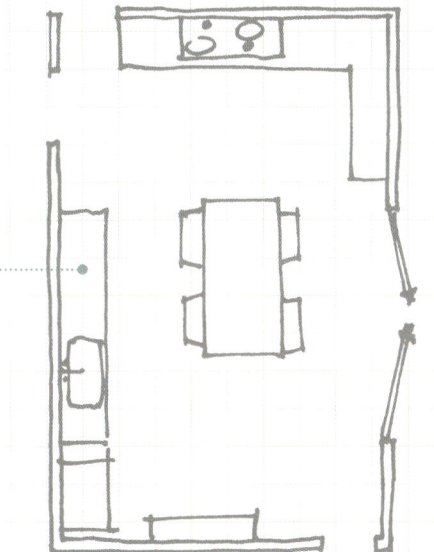

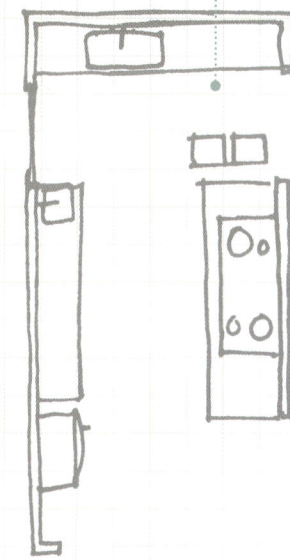

LOCKERE ECKLÖSUNG *Linke Seite* Eine offene L-Form lässt sich gut umsetzen, wenn es genug Platz für einen Esstisch und separate Bereiche zum Kochen und Vorbereiten gibt. Die Wände werden hier mit deckenhohen Vitrinenschränken für dekorative Vorratsdosen und Bücher genutzt. Die geschlossenen Unterschränke enthalten Kochutensilien.

RETRO-INSEL *Oben links* Diese Küche besteht aus einer Zeile mit Unterschränken und integrierter Spüle sowie Aga-Herd und Kühlschrank. Das Gegengewicht bildet die Kücheninsel als Zubereitungs- und Essplatz. Küchenzeilen sind ideal für schmale, längliche Flächen. Wandschränke als zusätzlicher Stauraum lassen sich immer unterbringen.

DOPPELZEILIG *Oben rechts* Auf einem langrechteckigen Grundriss sind zwei Küchenzeilen mit viel Arbeitsfläche unterzubringen. An der dritten Wand ist hier die Spüle in eine breite Arbeitsplatte integriert, darüber bieten offene Fächer viel Stauraum. Passionierte Köche haben gern alle Utensilien griffbereit. Eine Reling neben dem Herd ist dafür das Beste.

Küchenplanung
Alles fängt mit dem Grundriss an

DIE BASICS

Welche Materialien Sie wählen, hängt davon ab, welche Stilrichtung Sie anstreben. Die Vielzahl der Optionen kann verwirrend sein, aber es gibt ein paar grundlegende Aspekte, die Ihnen die Entscheidung erleichtern:

Schrankraum brauchen Sie in jedem Fall. Was spricht Sie mehr an: Holz oder Lack, matt oder glänzend, fest eingebaut oder freistehend?

Ein wichtiges Element ist die Arbeitsplatte. Legen Sie für hochwertige Qualität ruhig etwas mehr an, sei es für Verbundstoff (z.B. Corian), Schiefer, Beton, Edelstahl, Zink oder strapazierfähiges Holz.

Der Fußboden muss widerstandsfähig und leicht zu reinigen sein. Gut geeignet sind daher Fliesen, Natursteinplatten, PVC oder Linoleum, Kork, Schiefer oder polierter Beton.

Die Wandfläche über der Arbeitsplatte bekommt sinnvollerweise einen Fliesenspiegel oder Paneele aus Glas oder Edelstahl. Es kann nicht schaden, wenn Sie die Wand in diesem Bereich mit einem Schimmelschutzanstrich versehen.

Die Arbeitsplatte wird mit LED-Spots hell ausgeleuchtet, die direkt unter den Oberschränken montiert sind. Die Deckenlampe können Sie mit einem Dimmer versehen, um den Raum je nach Tageszeit unterschiedlich hell auszuleuchten.

Gardinen und Vorhänge sollten dezent und zweckmäßig sein. Bewährt sind Stoffrollos und Holzjalousien. Wenn Sie es bunter mögen, bringen Sie mit geblümten Stoffen, farbenfrohen Sitzkissen, gemusterten Geschirrtüchern oder Schrankfronten Leben in die Gestaltung.

Die ideale Küche ist so funktional wie schön. Bevor Sie überhaupt anfangen, Ihre alte Küche zu renovieren oder eine neue zu planen, nehmen Sie sich Zeit, über Ihre Bedürfnisse nachzudenken. Kochen Sie gern? Bereiten Sie tagtäglich Mahlzeiten für sich allein oder Ihre Familie zu? Sind Sie beim Kochen lieber allein oder ist es eine gesellige Angelegenheit für Sie? Sind Sie ein ordentlicher Mensch, der alles sauber in Schränken und Schubladen verstaut, oder möchten Sie Geschirr, Besteck und Kochutensilien lieber sichtbar und griffbereit haben?

Suchen Sie in den Prospekten der Küchenstudios Kombinationen, die Ihnen gefallen, oder bestimmte Aspekte wie Material, Farben, Schranktüren, der Bodenbelag oder bildschöne Fliesen. Was immer geht: Eine Küche ganz aus weiß lasiertem Holz, in der alles frisch und heiter wirkt.

Meist gibt der Grundriss die Gestaltung im Wesentlichen vor. In einem kleinen Raum mit hohen Decken kann man mit einem Zwischenboden viel Platz gewinnen. Eine größere Fläche lässt der Fantasie mehr Spielraum, denkbar sind hier auch schöne Einzelmöbel und Antiquitäten wie ein Buffet oder ein grob gezimmerter Esstisch, dem man sein Alter ruhig ansehen darf. Außerdem haben Sie je nach Platzangebot mehr Möglichkeiten für die Grundkonstellation; auch Wände und Boden können eine Schlüsselrolle spielen.

SPÜLKLASSIKER *Oben und rechts* In diesem Haus in Brooklyn wurde eine Spüle aus zweiter Hand zum Ausgangspunkt für eine Küchengestaltung in Weiß und Holztönen mit Naturmaterialien wie Schiefer, Holz, Schmiedeeisen und Edelstahl. Alt und Neu passen großartig zusammen.

„Denken Sie sich die Küche als Maschine." *Fitzhugh Karol, Designer*

Offene Aufbewahrung *Stellen Sie Ihre Lieblingsstücke zur Schau*

Küchen bieten jede Menge Möglichkeiten, Alltägliches attraktiv zu präsentieren. Wo viel und gern gekocht wird, machen funkelnde Utensilien und Spezialwerkzeuge an einer Reling Eindruck. In einer Familie mit Kindern dominiert vielleicht quietschbuntes Geschirr, bei einem passionierten Sammler eher ein kostbares Tafelservice, das eine exquisite Atmosphäre mitbringt.

Dünne Stangen zum Aufhängen sind extrem nützlich. Entweder bringt man sie direkt über dem Ceranfeld am Fliesenspiegel an oder unmittelbar daneben über der Arbeitsplatte. Für Kochinseln gibt es spezielle Hängesysteme, die man unter der Decke befestigt. Sehr dekorativ wirkt ein frei vor der Wand stehender Hackklotz mit einer Reling darüber, an der man mit Fleischerhaken alles Mögliche aufhängen kann, etwa eine Batterie dekorative Krüge oder originelle Kaffeebecher.

Offene Fächer gibt es in unterschiedlichen Formen und Höhen, fest eingebaut, als einzelnes Element oder im Schrankformat. Auch darin lässt sich Schönes gut präsentieren.

KOCHNISCHE In den tiefen Schubladen des kompakten Unterschranks finden beinahe alle Utensilien Platz – in dieser semiprofessionellen Küche ein Muss. Töpfe für den täglichen Gebrauch hängen griffbereit an der Chromreling unter der Abzugshaube.

SCHAUKASTEN Eine schlichte Vitrine erhielt eine neue Rückwand aus wiederverwertetem Holz und bildet nun in dieser dänischen Küche ein antik wirkendes Schatzkästchen für einfache Gläser und Töpferwaren. Ein Beispiel für ein praktisches, bildschönes Aufbewahrungsmöbel.

> „Um den Küchenschränken einen neuen Auftritt zu verschaffen, streichen Sie sie einfach in einer schönen Farbe. Edel und wohnlich zugleich sind gebrochenes Altweiß, Creme oder auch ein helles Khaki." *Susan Serra, Küchendesignerin*

Alltagsgeschirr und -gläser bringt man am besten griffbereit unter. Selten benutzte, hübsche Stücke wie Servierplatten und Suppenterrinen finden in höher gelegenen Fächern Platz.

Arrangieren Sie Porzellan dekorativ nach Farben und Stilen und achten Sie darauf, dass kostbare Stücke zwar sichtbar, aber sicher untergebracht sind und nicht umstürzen können. In Ober- oder Unterschränken mit Glastüren ist Geschirr sowohl vor Beschädigungen als auch vor Staub geschützt, der sich in offenen Fächern unweigerlich mit der Zeit ansammelt. Je nachdem, wie viel Sie zeigen möchten, wählen Sie Türen aus Klar-, Matt- oder Milchglas.

BELASTBARE IDEE Regalböden aus gegossenem Beton finden Halt auf stabilen Stahlkonsolen und ergeben ein robustes Wandregal in moderner Optik für Alltagskeramik und Grünpflanzen.

SCHAUSTÜCKE Verschiedene weiß-blaue Geschirre, Gläser und bunte Tassen mit Goldrand in trauter Gemeinschaft in einem Vitrinenschrank, der sie hübsch präsentiert und zugleich vor Staub schützt.

In der Küche des New Yorker Apartments von Jonathan Adler und Simon Doonan ergänzen ausgefallene Tonobjekte die smarte Funktionalität. So entsteht ein Raum mit Charakter und voller Esprit. Farblich orientieren sich die verwendeten Materialien an den Töpferwaren auf dem eigens eingepassten Stahlregal. Die Küche fügt sich nahtlos in den L-förmigen Raum, die maßgefertigten Unterschränke passen zu dem Einbauschrank mit Glastüren, der schon immer in der Wohnung war und ebenso praktisch ist für Vorräte wie für das Alltagsgeschirr. In Augenhöhe auf dem schmalen Stahlbord über der Arbeitsplatte hat Adler seine Keramikkreationen aufgereiht – eine schöne Abwechslung beim Gemüseputzen und Kochen.

Teller wie an einer Perlenschnur direkt über der Spüle sind ein humorvoller Kommentar zum Thema Geschirrspülen. Die schlichten Holzfronten der Unterschränke sind pflegeleicht, die kleinen Knopfgriffe sind wie die Arbeitsflächen aus Edelstahl.

PORZELLANFIGUREN *Links* Geschmackvolle Keramikfiguren und -teller, darunter auch einige von Bjørn Wiinblad, bilden einen charmanten, farbenfrohen Gegenpol zum kühlen, professionellen Look der Edelstahlspüle.

KERAMIKPARADE *Rechte Seite* Für eine lebendige Optik sorgen Küchenelemente mit Oberflächen aus unterschiedlichen Materialien. Harmonisch wird das Ganze in diesem Beispiel durch die Dekoration.

Konventionelle Unterschränke wurden mit freistehenden Küchenwagen und originalen Einbauschränken kombiniert.

Die Unterschränke bieten reichlich Stauraum. So bleiben die Regale frei für dekorative Objekte.

Die Strenge professioneller Küchengeräte und Armaturen lässt sich mit hübschen Geschirrteilen abmildern.

Ein Schieferboden ist sinnvoll, wenn Haustiere frei herumlaufen, denn der Naturstein ist pflegeleicht und schnell gesäubert.

„Das Gefühl von exzentrischem Glamour und frechem Luxus – das ist es, was ich beim Design von Objekten und Raumkonzepten anstrebe."

Jonathan Adler, Keramikkünstler und Interior Designer

FALLSTUDIE

DIE URBANE KÜCHE

In den Metropolen der Welt ist Wohnraum meist knapp. Oft muss die Küche deshalb schlicht und funktional sein, sodass man nur über Details eine persönliche Note einbringen kann. Überlassen Sie dem Material das Wort: Edelstahl, Holz und Schiefer sind edel und wirken zusammen ebenso gut wie jedes für sich. Individuelle Beigaben können Geschirr, Töpferwaren oder schicke Töpfe sein.

„Lackieren Sie Rückwand und/oder Seitenwände der Fächer eines Vitrinenschranks. Die Wirkung von weißem Porzellan variiert, je nachdem ob Sie fruchtig-frische Töne wie Himbeerrosa oder Koralle wählen oder edles Anthrazit." *Susan Serra, Küchendesignerin*

HANDARBEIT In der Wohnung von Alayne Patrick in Brooklyn entstand aus alten Schranktüren und -griffen ein Unterschrank für die Spüle. Offene Wandfächer nutzt sie als Stauraum und zur Präsentation ihrer kunterbunten Sammlung von Geschirr und Gläsern.

Einbauschränke *Aus dem Weg heißt nicht aus dem Blick*

Wenn Sie Ihre Küche renovieren oder umbauen möchten, widmen Sie den Einbauschränken besondere Aufmerksamkeit. Es gibt keine bessere Lösung, um sogar in kleinen Küchen richtig viel Stauraum zu schaffen. Zur Auswahl stehen unzählige Schranktypen und Fronten. Schauen Sie sich um und denken Sie bei der Gelegenheit auch gleich an die passenden Griffe.

Küchenhersteller empfehlen meist, so viele Einbauschränke zu kaufen, wie in die Küche hineinpassen. Das kann auch sinnvoll sein. Was aber vor allem zählt, ist eine erste Bestandsaufnahme der Küchenausstattung. Dabei findet sich wahrscheinlich auch manches, das aussortiert werden kann. Überlegen Sie außerdem, welche Stücke Sie dekorativ präsentieren wollen, welche Sie tagtäglich benutzen und welche ihr Dasein dagegen im Verborgenen fristen sollen. Dann lässt sich errechnen, wie viele Schränke Sie wirklich brauchen und welche davon Glastüren haben können. Ob mit dezenten glatten Oberflächen oder auffälligen Dekors – Einbauschränke sind das funktionale Herzstück der Küchenlogistik.

GANZ IN WEISS Amy Neunsingers Küche ist mit schlichten weißen Unterschränken ausgestattet. Schubladen und die Türen mit Maschendrahteinsätzen sind mit Griffen aus Edelstahl und Glas versehen.

SPANNENDE MISCHUNG Hinter den Glastüren und auf dem Regalbord aus coolem Edelstahl leuchten bunte Keramiken von der Hand des Designers Jonathan Adler.

FALLSTUDIE

DIE EXPERTEN-KÜCHE

Eine Küche, die ihrem Namen Ehre macht, sollte funktionale und kreative Aspekte ideal in sich vereinen. Für solche schon fast professionellen Küchen ist eine Insel oder ein Tresen die Lösung der Wahl. Da passionierte Köche viel Zeit in ihrer Küche verbringen, bevorzugen die meisten eine Konstellation, bei der sie selbst in Ruhe arbeiten können, während Familie und Freunde zum Helfen oder einfach zum Plaudern dazukommen.

Amy Neunsingers fantastische Küche in Los Angeles weist eine klassische zweizeilige Aufteilung mit einer zentralen Insel auf, die viel Bewegungsfreiheit lässt. Die Arbeitsplatten bestehen aus glänzendem Marmor. Das Herzstück bildet eine riesige ebenso spektakuläre wie praktische Spüle, ein Entwurf von Michael S. Smith für Kallista. Zwei Spülen, eine beim Arbeitsbereich und die andere direkt neben dem Herd, erleichtern Zubereitung und Kochen.

PRAKTISCH-SCHICK Robuste Materialien und der Grundton aus Weiß mit Edelstahl, dazu die hochwertigen Arbeitsflächen – hier strahlt alles Luxus aus. Trotzdem hat die Küche etwas Appetitliches und rundum Praktisches.

„Hier gefällt mir das Zusammenspiel von Alt und Neu. Ich mag die Patina, aber auch diesen fließenden Übergang zwischen drinnen und draußen." *Amy Neunsinger, Fotografin*

Das lebendige Gegengewicht zum Gewicht des Betonbodens und der Marmor-Arbeitsplatten sind hier Blumen, schillernde Fliesen unter der Spüle. Nostalgische Armaturen und Accessoires sowie die praktischen Türgriffe vervollständigen das Bild.

Maßgefertigte weiße Holzschränke mit Maschendrahteinsätzen harmonieren perfekt mit den Wandregalen, in denen Gläser und Geschirr griffbereit stehen. Alltagsgeschirr immer in Reichweite zu haben, ist ein gutes Mittel, den Haushalt zu rationalisieren. Die Spülmaschine ist direkt gegenüber in die Kücheninsel integriert.

Die mit Glastüren versehenen Oberschränke enthalten Kochbücher und Küchengeräte und sind den Originalteilen genau angepasst. Der imposante Kühlschrank passt zum Profiherd auf der anderen Seite der Kücheninsel.

DESIGNERSPÜLE *Links* Mit dem großzügigen Spülbecken und der praktischen Brausearmatur macht die Küchenarbeit Spaß. Während der Vorbereitung steht die kompakte Kücheninsel buchstäblich im Mittelpunkt.

WEISS AUF WEISS *Rechte Seite* Der reflektierende Spritzschutz bringt Tageslicht auf die Arbeitsplatte aus weißem Thassos-Marmor (beides von Walker Zanger). Die klassischen Armaturen unterstreichen bei aller Funktionalität den bezaubernden Antik-Look.

Das bewährte Dreieck Kühlschrank, Spüle und Herd wurde hier in die Vertikale gebracht, sodass möglichst wenige Umwege nötig sind.

Die Insel ist eine gute Lösung, wenn genügend Verkehrsfläche ringsum vorhanden ist, damit auch mehrere Köche sich nicht im Weg sind.

Der soziale Mittelpunkt der Küche sollte sich nicht direkt an der Gartentür befinden, die zu allen Tageszeiten frei bleiben muss.

Nutzen Sie die volle Raumhöhe mit deckenhohen Oberschränken und Regalen aus.

„Regale sind einfach praktisch, aber auch schön, weil ich meine hübschen Dinge sehen kann."

Amy Neunsinger, Fotografin

Lässige Essplätze *Nichts Schöneres als ein Mahl mit Familie und Freunden*

Formelle Abendgesellschaften in den eigenen vier Wänden sind etwas aus der Mode gekommen, darum verfügen die meisten Häuser und Wohnungen nicht mehr über separate Speisezimmer. Ihren Rang als Mittelpunkt des Familienlebens hat inzwischen die Küche erobert. Kochen, Essen und Geselligkeit – alles findet heute im selben Bereich statt.

Auch ohne formellen Rahmen gibt es viele Möglichkeiten, ein Essen in großer Runde zum besonderen Ereignis werden zu lassen. Wie einst das gestärkte Tischtuch, das Sonntagsgeschirr und das Tafelsilber, so tragen heute gedämpftes Licht, eine hübsche Decke aus Baumwolle, Leinen oder selbst Wachstuch, zusammengewürfeltes Geschirr und Alltagsbesteck zur festlichen Tafel bei. So wird die gemeinsame Mahlzeit zum ungezwungenen, belebenden Festessen.

Der gedeckte Tisch

Der Esstisch sollte ein wenig flexibel sein. Ein Auszug, eine Ansatzplatte oder ein Klappmechanismus schaffen im Handumdrehen Platz für zusätzliche Gäste.

Wichtig sind die Stühle: je bequemer, desto besser. Wenn Platz Mangelware ist, sind auch Klappstühle eine gute Lösung.

Stuhlkissen erhöhen den Gemütlichkeitsfaktor und können mit einem Bezug in verwandten Schattierungen oder aber in Komplementärfarben den Raum bereichern.

Halten Sie verschiedene Tischdecken vorrätig: Eine aus Wachstuch für den Alltag mit den lieben Kleinen und andere aus Mako-Baumwolle für buntes und gemustertes Geschirr.

Kerzen sehen besonders gut in größerer Stückzahl aus, sei es in Form von Teelichtern oder eines romantischen Armleuchters.

DIE LANDHAUSKÜCHE Ein hübsch gemustertes Tischtuch und einfaches Geschirr, fuchsienrosa Sitzkissen und ein dunkel gebeizter Fußboden verleihen dieser eigentlich bescheidenen Wohnküche etwas überaus Einladendes. Schönes altes Porzellan steht unprätentiös auf weißen Holzregalen, die den liebevollen Dekorationsansatz unterstreichen.

„Entspannt und leger ist ein Zuhause dann, wenn trotz tollem Design das ganz normale Leben dort seinen Platz hat. Mischen Sie Alt und Neu, Luxus und Alltag, Erbstücke mit Kinderbildern. Wo Perfektion nicht alles beherrscht, sitzen Familie und Freunde gern zusammen, ohne zu befürchten, sie könnten das Bild stören!"

Atlanta Bartlett, Designerin

DEZENTE ELEGANZ
Wenn die Schwedin Anna-Malin Lindgren Gäste erwartet, wird einfach der Esstisch vergrößert. Üblicherweise steht der Gateleg-Tisch in der Bastelecke, bei solchen Gelegenheiten aber lädt er mit Gartenblumen und Schmetterlingsdeko zum Tafeln ein. Entspannt ist auch die Kombination aus Korb- und Metallstühlen.

CHARMANT VERZINKT Ein alter Zinktisch wirkt in diesem Kopenhagener Esszimmer überraschend wohnlich. Gäste haben freie Sicht auf die großartige Porzellansammlung.

„Bloß kein Chaos! Einige wenige qualitätvolle Deko-Elemente sorgen in der Küche für schlichte Eleganz. Schauen Sie sich kritisch an, was alles auf Ihrer Arbeitsplatte herumsteht. Weniger ist hier definitiv mehr!"

Susan Serra, Küchendesignerin

DIE EXPERTENKÜCHE 167

„Während ich koche, bitte ich meine Gäste zum Aperitif zu mir in die Küche. Dafür habe ich bequeme Barhocker und eine Kücheninsel. So können sie mir beim Kochen Gesellschaft leisten."

Fernanda Bourlot, Designerin

KÜCHENTRESEN
Platzsparend ist diese coole Essecke aus zwei einfachen Küchenregalen und den bequemen Barhockern.

„Ich liebe die offene Atmosphäre in unserem Haus. Hier fühlt sich meine Familie wohl, das gilt aber auch für Gäste."
Melissa Palazzo, Designerin

LEUCHTTURMINSEL Die todschicke Kücheninsel aus weiß lackiertem Holz mit praktischer Zinkarbeitsplatte prägt die legere, praktische Küche, ohne sie zu erdrücken. Die Platte ist tief genug für einen Tresen und viel Schrankraum.

ERSTKLASSIGE AUSSICHT *Rechte Seite* Auf den ersten Blick sieht man nicht, dass in diesen eleganten offenen Wohnraum auch eine Küche integriert ist. Die weißen Wände und Böden treten zurück und das dominante Farbschema Braun, Stahlgrau und Limettengrün kaschiert die Küche.

FALLSTUDIE

DIE GESELLIGE KÜCHE

Eine offene Küche funktioniert am besten, wenn sie sich bruchlos mit Wohn- oder Esszimmer verbindet und nicht in den Vordergrund tritt. Die Schränke gehen durch ihre Farbgebung nahtlos in Wand- oder Deckenflächen über. Farbakzente mit Bezug zu beiden Bereichen dienen als Bindeglied zwischen Küche und Wohnbereich. Fliesenspiegel oder Spritzschutz in der Farbe der Wand unterstützen die homogene Ausstrahlung.

In diesem Fall ist die Küche Teil einer wohldurchdachten offenen Wohnfläche, die nach allen Richtungen ohne Türen auskommt und doch klar in verschiedene Bereiche gegliedert ist. Marc und Melissa Palazzo von Pal + Smith gelang es in ihrem Haus, in den durchgehenden Raum eine stilvolle Küche zu integrieren, in der alle funktionalen Elemente auf einer Seite versammelt sind. Die Küche ist großzügig geschnitten, ohne den Wohnbereich einzuschränken oder zu stören. Die breite Insel dient als Tresen, Stauraum und Raumteiler zugleich.

„Antiquitäten und moderne Klassiker spielen die Hauptrolle im Modern Glamour."

Melissa Palazzo, Designerin

Zusätzlich zum Esstisch gibt es einen Tresen an der Kücheninsel, sodass sich auch Gäste bequem zwischen Wohn- und Essbereich bewegen und weiterplaudern können, während die Hausherren noch kochen. Zum Essen nehmen alle am großen Esstisch direkt neben der Küche Platz.

Aus dem Wohnbereich sieht man von der Küche lediglich einen Wanddurchbruch, der den Blick direkt ins formelle Esszimmer freigibt, flankiert von kompakten Regalen mit Alltagsgeschirr. Die Kühlschranktür aus spiegelglattem Edelstahl reflektiert das Tageslicht in den Wohnbereich und fällt so kaum auf. Der dunkle Holzton der Sockelblende findet sich auch an anderen Stellen im Erdgeschoss wieder, etwa an Deckenbalken, Polstern und am Treppenabsatz.

Damit die Küche als separate Einheit funktioniert, wurden tiefe Unterschränke sowie Oberschränke mit Mattglaseinsätzen flächendeckend vor die Wand hinter dem Küchentisch gesetzt. Der Tisch selbst mit seiner knorrigen Holzmaserung und den klassischen Freischwingern bildet einen interessanten Blickfang.

Ein durchgehender Betonboden wie in diesem Beispiel ist sinnvoll, um die einzelnen Zonen auf der gemeinsamen Grundfläche zu verankern. Die weiß gegerbten Tierhäute im Wohnbereich verleihen der Sitzecke einen Rahmen.

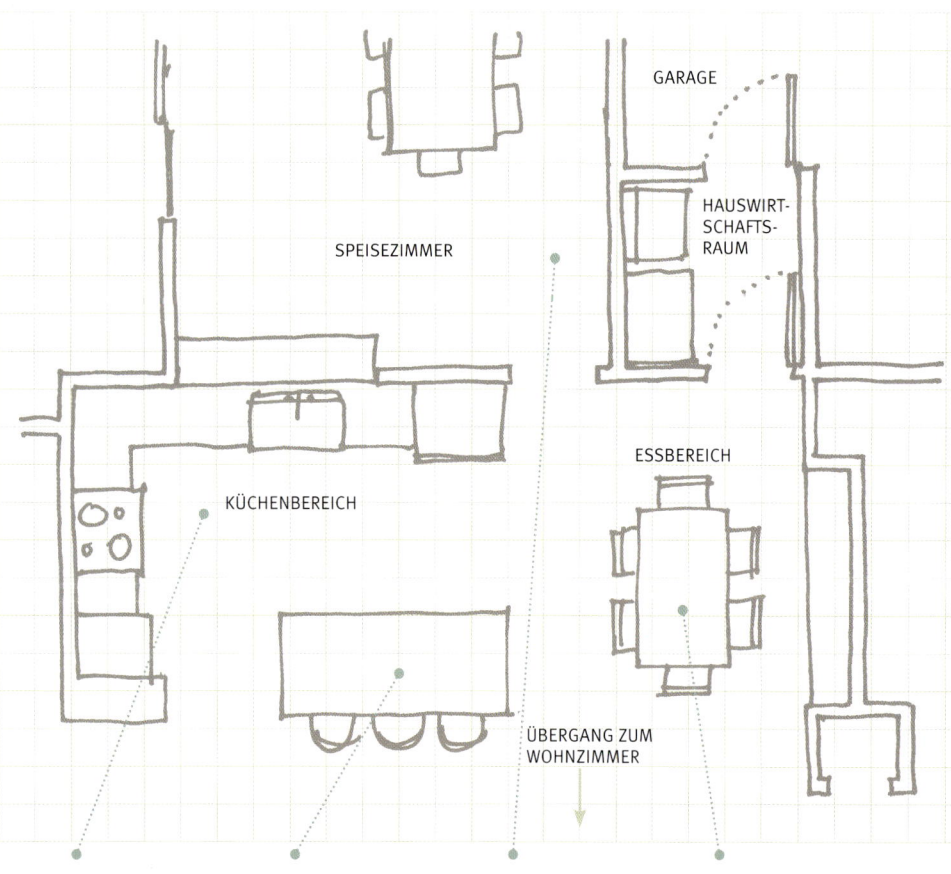

Herd, Spüle und Spülmaschine wurden so installiert, dass sie vom Wohnraum aus nicht zu sehen sind.

Eine diskrete, praktische Insellösung fungiert als Stauraum und Essplatz.

Im angrenzenden Raum befindet sich ein formelles Esszimmer, jedoch mit Durchreiche in der Küchenwand.

Nahe dem Küchenarbeitsbereich steht der Esstisch für Mahlzeiten in der Familie und lockere Runden.

„Diesen organischen Tisch habe ich als Dreh- und Angelpunkt des ganzen Raums entworfen."

Melissa Palazzo, Designerin

STILVOLL TAFELN Zwischen den unterschiedlichen Sitzgelegenheiten und großzügigen Einbauschränken ist der Tisch eindeutig der Star. Für flexible Beleuchtung sorgen die Hängelampe, Wandleuchten und versenkte Spots hinter den oberen Schranktüren.

DAS WOHNZIMMER

Mehr als jeder andere Raum ist das Wohnzimmer Ihr Nest, Ihr Allerheiligstes – und deshalb am ehesten Spiegel Ihrer Persönlichkeit. Wofür auch immer Sie schwärmen: Pop, Landhausstil, Retro-Look oder Modern Glamour – Ihr Wohnbereich ist der Freiraum, in dem Sie sich mit Familie und Freunden entspannen oder ganz allein einfach mal abschalten können.

Wofür Sie sich auch entscheiden, es sollte vor allem Ihnen selbst gefallen, Ihrem Geschmack und Ihrem Lebensgefühl entsprechen. Nichts im Raum sollte Sie stören oder daran hindern, Ruhe zu finden. Wenn Sie kleine Kinder haben, vertagen Sie die Anschaffung kostspieliger Möbel, kaufen Sie stattdessen eine Handvoll waschmaschinenfester Bezüge für die Polstermöbel. Mit Farben, Mustern und Textilien lässt sich der Charakter eines Raums mühelos verändern.

WOHNRAUMDESIGN heißt in erster Linie, die Einrichtung gut zu planen. Möchten Sie Ihre Sitzgruppe behalten oder können Sie ältere Teile weggeben und den Rest des Mobiliars durch einen Designerstuhl, eine tolle Couch oder einen schicken Sessel aktualisieren? Schränke, Couchtische, TV- und Medienmöbel sind weitere Elemente, die guter Planung bedürfen.

Rechtecklösung Prüfen Sie die Anordnung Ihrer Möbel im Wohnbereich. Arrangieren Sie die Sitzgruppe mit Ausrichtung auf einen Fokus, zum Beispiel einen Kamin, einen großen Couchtisch oder eine Brücke, oder aber in einem Bereich, den ein Raumteiler abtrennt. Variieren Sie das Layout mit schräg stehenden Sesseln oder einer Eckcouch, die bei Bedarf durch weitere Sitzgelegenheiten ergänzt werden können.

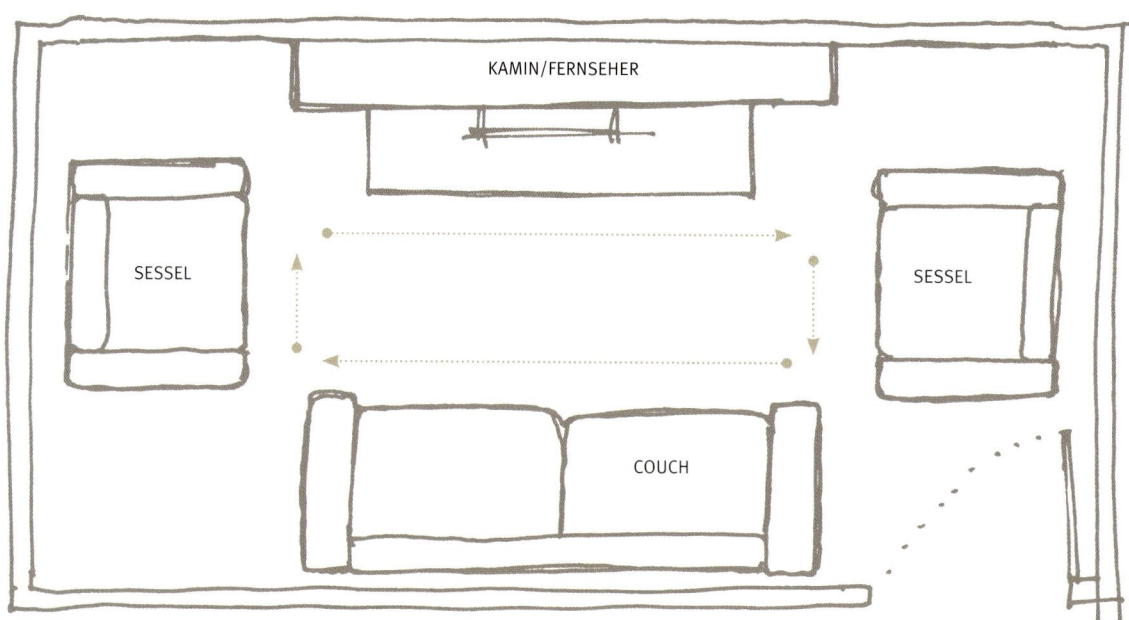

PRIVATES REICH *Rechte Seite* Die eleganten Tierhäute holen Wärme und Textur in den Raum. Die bequeme weiße Couch mit breiten Zinktischen davor, das Raster der Metallfenster und der großartige Lichteinfall schaffen in Amy Neunsingers Wohnung in Los Angeles eine Atmosphäre ungezwungener Behaglichkeit.

„Maßgefertigte Möbel sind ideal, um den Tücken eines ungünstigen Grundrisses zu begegnen oder auch kleinere Probleme wie Stauraummangel oder Farbwahl zu lösen. Wer nicht sparen muss, braucht keine Kompromisse einzugehen – das ist ultimativer Luxus!" *Tori Mellott, Stilexpertin und Autorin*

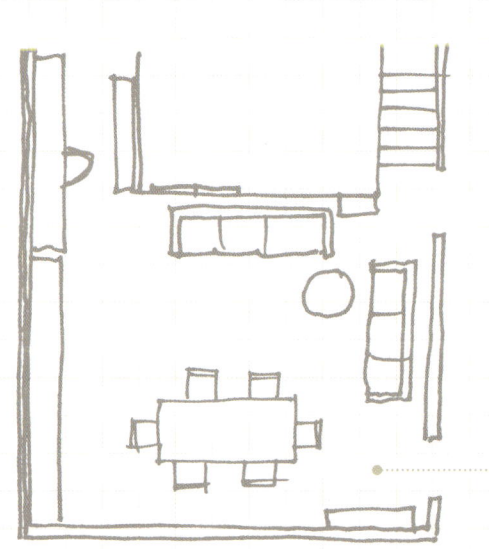

ÜBER ECK *Oben links* Ein Sofa mit Divan ist sehr gemütlich. Gegenüber dem Kamin, dem visuellen Mittelpunkt des Raums, wird ein Sessel platziert, der den Kreis schließt. Ein Tierfell unter dem rechteckigen Couchtisch lässt die Linearität des Sofas und der übrigen Möbel weniger streng wirken und schafft einen weiteren Schwerpunkt in der Sitzecke.

U-FORM IN FARBE *Oben rechts* In diesem quadratischen Wohnzimmer bildet die U-förmige Anordnung in der Raummitte einen familiären Treffpunkt. Besonders flexibel ist eine Sitzgruppe aus einem Sofa und mehreren Sesseln. Couchtische eignen sich gut als Mittelpunkt. Hier bildet ein Marmortisch den ruhenden Pol in der Farbenvielfalt.

DESIGNERMÖBEL *Rechte Seite* Oft sind die Möbel der Blickfang. In diesem relativ sparsam möblierten Raum in einem durch und durch weißen Loft stehen die beiden schwarzen Ledersofas im Fokus. Der dicke weiße Hochflorteppich polstert den harten Betonboden ein wenig, ohne von den edlen Möbeln abzulenken.

Sitzgruppen

Im Wohnzimmer zählen Harmonie, Ausgewogenheit und Farbe

Damit ein Raum Wohlbefinden vermittelt, sollten mehrere Aspekte reibungslos ineinandergreifen: Anordnung, Proportion, Ausgewogenheit, Farbe und Polsterung. Denken Sie über diese Punkte nach, bevor Sie sich für eine Design-Richtung entscheiden, und probieren Sie alle Ideen in Ruhe auf Millimeterpapier aus, bevor es ernst wird.

„Wohnzimmer sind gesellig. Verstecken Sie den Fernseher und stellen Sie mindestens ein Sofa und zwei weitere Sitzgelegenheiten auf."

Maxwell Gillingham-Ryan, Interior Designer und Blogger

FALLSTUDIE

MODERNISTISCH WOHNEN

In einem Wohnzimmer im Midcentury-Stil dreht sich alles um Understatement und klare Linien. Das Dekor liefern dabei grafische Muster und Motive.

Virginia Armstrong von Roddy & Ginger entwickelte ihr minimalistisch-gemütliches Wohnzimmer als relaxten, schnörkellosen Raum, in dem keinerlei dekorativen Extras die Atmosphäre stören. Dieser Einrichtungsstil eignet sich gut für kleine Wohnungen und für Räume mit einem klaren Fokus, sei es ein offener Kamin, eine deckenhohe Fensterfront oder eine Wand mit freigelegtem Mauerwerk.

SCHNÖRKELLOS LINEAR Jedes Detail in dem schlichten, aber einladenden und lichtdurchfluteten Wohnzimmer trägt zum Gesamtbild bei. Es strahlt eine Gelassenheit aus, der sich niemand entziehen kann, hier kommt man nach einem hektischen Tag zur Ruhe.

„Ich sammle gern, mag aber keine Unordnung. Darum ist es für mich ein dauernder Balanceakt, mich zwischen einem klaren, ruhigen Umfeld und der Freude am Stöbern in Trödelläden und auf Flohmärkten zu entscheiden."

Virginia Armstrong, Designerin

„**Als Textildesignerin liebe ich Farben und Muster. Es ist einzigartig, wie sie einem schlichten Raum Wärme und Charakter verleihen.**"

Virginia Armstrong, Designerin

Wo Farben und Texturen im Vordergrund stehen, sorgt eine ausgewogene Auswahl verschiedener Materialien für eine angenehme Atmosphäre. Die Textildesignerin Virginia Armstrong hat tiefe Blau- und Grüntöne geschickt mit Akzenten durch andere Materialien ergänzt. Den Grundton liefern die natürlichen Herbstfarben des Parketts, die Holzmöbel, Bilder und Kissendessins. Ein wohliges Extra: Wollteppich und geflochtenes Sitzkissen.

Ein schlichter Raum mit Holzboden wirkt schnell überladen, wenn darin zahlreiche Möbel stehen und eine Vielfalt von Farben und Formen dominiert. Darum sind bei diesem Einrichtungsbeispiel nur wenige passende Möbelstücke zu einem planvollen Midcentury-Design zusammengestellt, ohne den Look sklavisch zu imitieren. Bis auf eine Handvoll Bilder – teils Originale aus den Fünfzigern, teils eigene Arbeiten der Designerin – blieben die Wände frei.

HERBSTFARBEN *Linke Seite* Rostbraun mit Olivgrün, dazu ein Schuss Petrol – fertig ist die warmtonige Palette für einen rundum gemütlichen Raum. Brauntöne sehen am besten aus, wenn man sie mit hellen, strahlenden Farben kombiniert.

DÄNISCHE BEHAGLICHKEIT Ein Schafsfell macht den modernen dänischen Sessel vor dem Panoramafenster zum kuscheligen Rückzugsort. Im Wandregal darüber steht ein Sammelsurium kurioser Andenken der Bewohner.

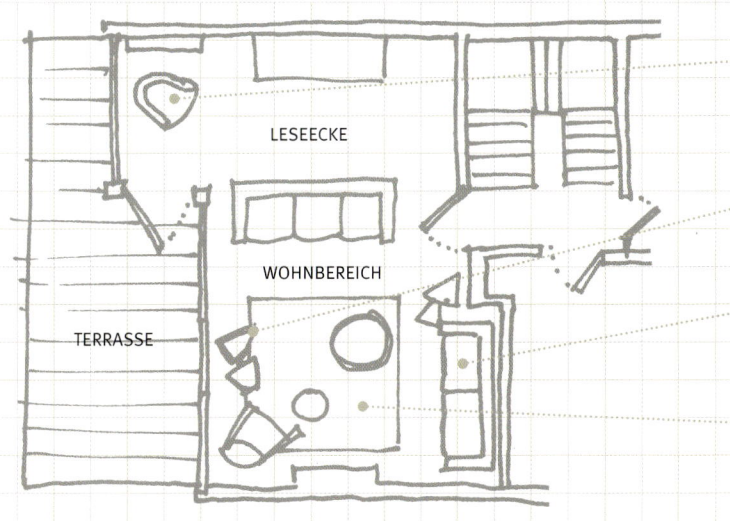

Selbst bei einer Möblierung mit zwei Sofas sollte ein einzelner Sessel nie fehlen.

Beistelltische unterschiedlicher Größe sind praktisch, wenn mehre Abstellflächen für Weinglas oder Buch gebraucht werden.

Zwei Sofas rahmen hier den Wohnbereich, eines davon dient zugleich als Raumteiler.

Auf Parkett können Teppiche gliedernd und sehr stimmungsvoll wirken.

SMARTE ELEGANZ *Oben links* Stilsofas mit verschnörkelten Beinen wirken in kleinen Räumen sehr elegant. Weil der Boden darunter sichtbar bleibt, scheinen sie weniger Platz einzunehmen.

KLASSISCHER KOMFORT *Oben rechts* Eine englische Couch mit passender Lampe, dazu moderne Regale: Eine gelungene und geschmackvolle Kombination verschiedener Epochen.

LEDERNE PRACHT *Unten* Leder wirkt wärmer, wenn man es mit Schafsfellen und interessanten Texturen verbindet. Hier bildet ein Kissen aus Goldlamé das attraktive Gegengewicht.

PERFEKTES PAAR *Rechte Seite* Diese beiden Sesselchen aus den 1950er-Jahren wurden als stilvolle Farbtupfer neben dem herrschaftlichen Kamin in eleganten Cappuccino-Tönen bezogen.

Sitzgelegenheiten

Es zählt nicht nur der funktionale, sondern auch der dekorative Aspekt

Sofas und Sessel gibt es in Tausenden Stilen und Ausführungen. Sehen Sie sie daher nicht nur als Sitzgelegenheiten an, sondern als elementaren Bestandteil der Gestaltung. Nehmen Sie den Look des Wohnzimmers selbst in die Hand und gehen Sie dabei von den Dekostoffen und Kissen aus.

„*Die wahre Schönheit eines Raums liegt im Detail. Stellen Sie die Objekte und Möbel zusammen, die Ihnen etwas bedeuten. So erlangt der Raum seine individuelle Qualität.*"

Nate Berkus, Designer

182 RAUM FÜR RAUM

> „Die wesentlichen Elemente für eine entspannte Raumwirkung sind Beleuchtung und Sitzgelegenheiten. Alles andere ist Beiwerk. Polstermöbel müssen mehr leisten als das meiste übrige Mobiliar, denn sie müssen äußerst bequem sein, aber auch extrem gut und einladend aussehen."
>
> *Russell Pinch, Möbeldesigner*

SITZMÖBEL ALS GESTALTUNGSELEMENT

Stühle und Sessel eignen sich gut als Deko-Objekte, wenn sie die Handschrift ihres Designers verraten.

Wenn eine Designikone Ihr Budget übersteigt, leisten Sie sich einen Nachbau. Viele Stücke aus den 1950er- und 1960er-Jahren werden heute wieder aufgelegt und sind weitaus preiswerter als die bei Sammlern begehrten Originale.

Bei der Grundausstattung ist Komfort wichtiger als Aussehen. Ergänzen Sie sie durch interessante Einzelsessel und Stühle.

Haben Sie einen Lieblingssessel, ein heißgeliebtes Sofa? Lassen Sie diese bei der Raumgestaltung den Ton angeben – vielleicht inspiriert das Leder einen maskulin-modernen Look oder der Holzrahmen einen Hauch Skandinavien. Eine plüschige, superbequeme Couch inspiriert Sie vielleicht zum gemütlichen Landhausstil.

Wenn die Einrichtung im Wesentlichen steht, runden Sie sie mit einem Sessel ab. Suchen Sie im Internet oder auf den Trödelmärkten in Ihrer Stadt nach einem spektakulären Stück. Neu aufgepolstert oder lackiert, wird es zum krönenden Abschluss Ihrer Gestaltung.

Vergessen Sie auch das Beiwerk nicht: Paspeln, Cocktailkissen, Kissenrollen und Tagesdecken verleihen Ihrem Lieblingsplatz je nach Wahl klare Linien, Farbe, Bequemlichkeit und Glamour.

Kissenhüllen können einfache Stoffquadrate sein, aufwendig handbestickte Prunkstücke oder dekoriert mit glitzernden Pailletten. Schauen Sie sich Ihre Kollektion an und nehmen Sie sich Zeit für eigene Kreationen.

SCHWARZ GLÄNZENDER KOMFORT *Oben* Der Ledersessel ist bei aller Strenge äußerst bequem und dient neben den wie zufällig arrangierten Bildern als visueller Fixpunkt.

SIEBZIGER-GLITTER *Unten* Jonathan Adlers Chippendale-Stuhl besticht mit schmeichelndem Orange. Das Pop-Art-Motiv auf dem Kissen knüpft an die Flower-Power-Epoche an.

 **SCHLICHTWEISS** *Oben* Weiß ist nicht immer kühl, das beweist diese moderne Couch. Wolldecke und handgemachte Kissen in wohltuend neutralen Farben sorgen für Gemütlichkeit.

DISKRETE NEUTRALITÄT *Unten* Wenn auffällige Dinge wie Töpferarbeiten, Teppiche und Möbel im Vordergrund stehen, kann das Sofa auch optisch zum Ruhepol des Raums werden.

 **BLUMENBUKETT** *Oben* Geben Sie Retro-Fundstücken mit außergewöhnlichen Dekostoffen einen aktuellen Dreh. Dieser Lehnstuhl erhielt mit einem Blumendessin ein neues Gesicht.

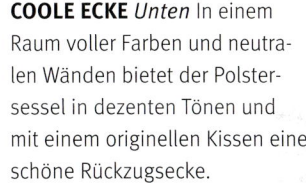 **COOLE ECKE** *Unten* In einem Raum voller Farben und neutralen Wänden bietet der Polstersessel in dezenten Tönen und mit einem originellen Kissen eine schöne Rückzugsecke.

KRÖNENDE FARBE Christine d'Ornano hat auf ihren Reisen durch die USA, nach Mexiko und Frankreich einen untrüglichen Farbsinn entwickelt. Jeder Raum ihres Hauses verdankt seinen Charakter diesem Gespür.

FALLSTUDIE

ENTSPANNTER LUXUS

Ein separater Bereich für eine gastliche Tafel gehört zu den angenehmen Dingen des Lebens. Entweder integrieren Sie den Essplatz in den offenen Koch- und Wohnbereich oder Sie gönnen sich den Luxus eines Esszimmers. Wenn es nicht allein förmlichen Einladungen vorbehalten bleibt, kann es ein gemütlicher, kreativer Ort sein. So lässt er sich tagsüber für verschiedene Tätigkeiten nutzen, während abends der Tisch für geladene und spontane Gäste gedeckt wird.

Christine d'Ornano ist internationale Vizepräsidentin der Kosmetikfirma Sisley. Sie und ihr Mann, der Banker Marzouk Al-Bader, haben im Londoner Stadtteil Kensington mehrere Altbauwohnungen zusammengelegt und mit großem Vergnügen eingerichtet. Gegenüber vom Wohnzimmer schufen sie einen reizvollen „Mehrzweckraum". Er dient als Speisezimmer und zugleich als Bibliothek, in der die drei Kinder ihre Schulaufgaben machen. Anders als im eleganten Wohnzimmer kann man hier aber auch einfach relaxen. Die mit saphirblauem Samt bezogenen und mit Messingknöpfen dekorierten Türen vermitteln einen Hauch von Luxus. Die Stühle im Stil des Barock sind mit gelbem Leder bezogen. „Während ich unbedingt gelbe Stühle wollte", erzählt Christine, „stand für meinen Mann Bequemlichkeit im Vordergrund. Da haben Sie ein gutes Beispiel dafür, wie wir beim Dekorieren als Team arbeiten."

ECKLÖSUNG Lässiger Komfort ist ein Schlüsselelement in diesem Haus in Kensington. Der elegante Beistelltisch hat etwas Glamouröses. Die bequeme klassische Couch vor dem Fenster badet im Tageslicht.

Anders als die meisten Bewohner von Kensington beauftragte dieses Paar keinen Innenarchitekten. Christine und ihr Mann arbeiten in Sachen Dekoration sehr gerne zusammen. „Marzouk hat ein gutes Auge. Er wählte das Pudergrau für die Wände im vorderen Wohnzimmer aus, ich die rosafarbene Leinenbespannung für die Couchgarnitur. Bei Möbeln entscheiden wir gemeinsam. Dass etwas ernsthaft danebengeht, kommt eigentlich nicht vor."

Das Wohnzimmer ist formvollendet komponiert. Antike und neue Möbel, Gegenwartskunst und Aktuelles fügen sich zu einem harmonischen Ganzen. An den Wänden hängen Werke von Gary Hume und Tracey Emin. Unter den Sitzgelegenheiten befindet sich ein weißer Sessel von Joe Colombo und ein roter von Gerrit Rietveld rechts und links von einem André-Dubreuil-Hocker, dessen Gobelinbezug eine Handarbeit von Christines Mutter ist.

ELEGANTER KREIS Runde Tische sind ideal für ein zwangloses Beisammensein mit Gästen und der Familie. Da der Raum auch als Bibliothek dient, sind Bücher dort weit mehr als Dekoration.

BEQUEME SITZECKE *Rechte Seite* Der Wohnraum bietet viele Sitzgelegenheiten, denn hier empfängt das Paar Gäste. „Die Krokodilstühlchen von Lalanne werden aber nur benutzt, wenn wir nicht genügend andere Sitzgelegenheiten mehr für unsere Gäste haben", erklärt Christine.

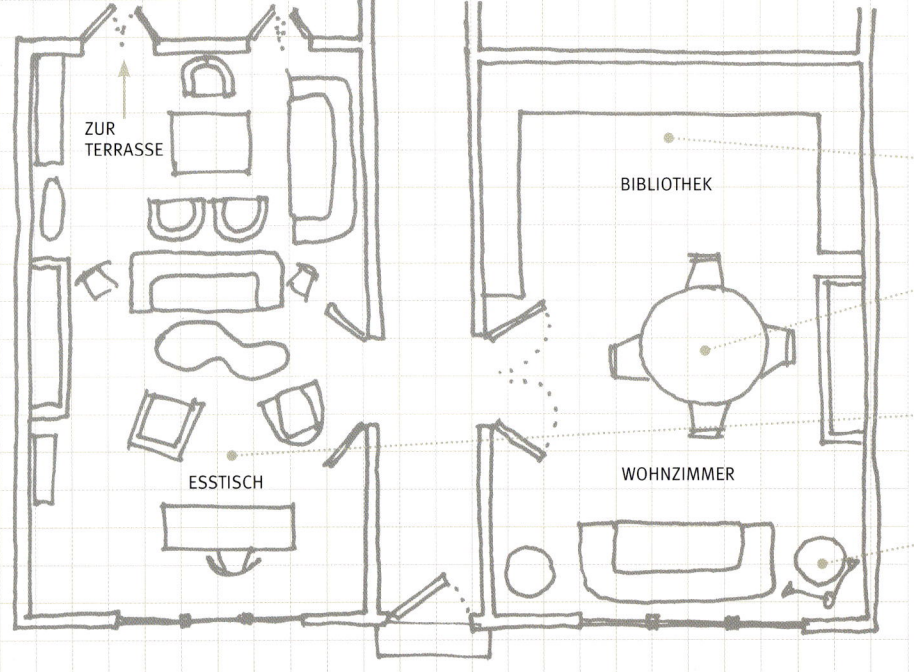

Die Bücher stehen auf offenen Borden, in den Schränken verbergen sich Geschirr und die Bastelsachen der Kinder.

Der runde Tisch in der Raummitte ist platzsparend und schafft beim Essen eine vertrauliche, legere Atmosphäre.

Die Doppeltüren an beiden Seiten des Flurs verbinden Bücher-/Esszimmer und Wohnzimmer. Die Sitzgruppe ist vom Esstisch aus sichtbar.

Eindrucksvolle Designikonen des 20. Jahrhunderts passen gut zur Couch im klassischen Stil und zum eher modernen Tisch.

„Über Möbel entscheiden wir gern gemeinsam. Wenn einer von uns ein Stück überhaupt nicht mag, dann kaufen wir es nicht. Aber meistens sind wir uns einig."

Christine d'Ornano, Managerin eines Kosmetik-Unternehmens

Grünes Zimmer *Beziehen Sie den Garten in den Wohnbereich ein*

Lässt sich das Haus selbst nicht erweitern, ist der Außenraum eine Möglichkeit, zusätzlichen Wohnraum zu schaffen, sei es eine Veranda mit Essplatz oder eine komplexe Anlage über mehrere Ebenen für rauschende Gartenpartys.

Was draußen realisierbar ist, das hängt vom Klima ab. Polsterauflagen und Kissen sind in allen Klimazonen kein Problem, denn wenn das Wetter umschlägt, kann man sie rasch ins Haus holen. Holzmöbel müssen gegen Feuchtigkeit geschützt sein. Licht geben Bodenstrahler oder in die Treppenstufen

versenkte Leuchten sowie dekorative Lichterketten für besondere Anlässe. Testen Sie verschiedene Beleuchtungsideen und Farbstellungen aus, damit sie auch mit der Bepflanzung harmonieren.

TROPENPARADIES *Oben links* Vor einer Bambus-Kulisse im kalifornischen Orange County lädt eine Sitzecke mit niedrigen Holzpodesten und dicken Polstern in saftigen Grüntönen zum Entspannen ein.

MEDITERRANES FLAIR *Oben rechts* Von südlichen Ländern inspiriert, lockt diese herrliche Terrasse mit Holzboden, Obstbäumchen und Bougainvilleen. In den Steintrögen wachsen Rosenstöcke.

„Schon für wenig Geld lassen sich starke Effekte erzielen: Stimmen Sie alle Stoffe nach einem schlichten Schema aufeinander ab. Wählen Sie eine Grundfarbe und zwei Akzentfarben aus und variieren Sie diese."

Celerie Kemble, Designerin

WESTKÜSTEN-COOLNESS Original Sechziger-Tütensessel aus Drahtgeflecht und ein Kicker unter Palmen, dazu eine Glühbirnengirlande – das ist der Inbegriff relaxter US-Kultur.

DAS SCHLAFZIMMER

Das Schlafzimmer ist ein privater Rückzugsort, an dem wir besonders viel Zeit verbringen. Darum wollen wir dort nicht nur Schlaf finden, sondern eine Atmosphäre des Wohlbefindens vorfinden, die uns ganz zur Ruhe kommen lässt.

Was die Möblierung und Anordnung betrifft, bietet das Schlafzimmer etwas weniger Variationsmöglichkeiten als andere Räume. Dreh- und Angelpunkt ist natürlich das Bett, aber es steht jedem offen, es auch gestalterisch in den Mittelpunkt zu rücken oder aber zu überspielen. Der zweite wesentliche Faktor bei der Planung ist Schrankplatz. Wenn keine separate Ankleide existiert, werden im Schlafzimmer meist auch Kleidung und Schuhe untergebracht. Machen Sie sich Gedanken, wo und wie Sie Ihre Sachen in die Gestaltung einbeziehen können. Ganz gleich, für welchen Einrichtungsstil Sie sich entscheiden – beginnen Sie immer mit einem Grundriss und legen Sie fest, was wo stehen soll.

DIE SCHLÜSSELELEMENTE im Schlafzimmer sind Bett und Stauraum. Das gilt für die Gestaltung eines komplett neuen Raums ebenso wie für einen Umbau. Kopfteil, Tagesdecke, Zierkissen und natürlich das Bettgestell sind Dinge, über die Sie entscheiden müssen. Gut zu wissen: Die Wirkung des Bettes beeinflusst die Atmosphäre im Raum meist am nachhaltigsten.

Ideale Komponenten Die klassische Kombination von Bett, Schrank, Kommode und Frisiertisch in einer rautenförmigen Anordnung bildet eine gute Grundlage. Haben Sie wenig Platz, beschränken Sie sich auf Bett plus Schrank und Kommode und nutzen Sie Letztere als Frisiertisch. Überfrachten Sie den Raum nicht, auch wenn nicht mehr hineinpasst als Bett und Schrank.

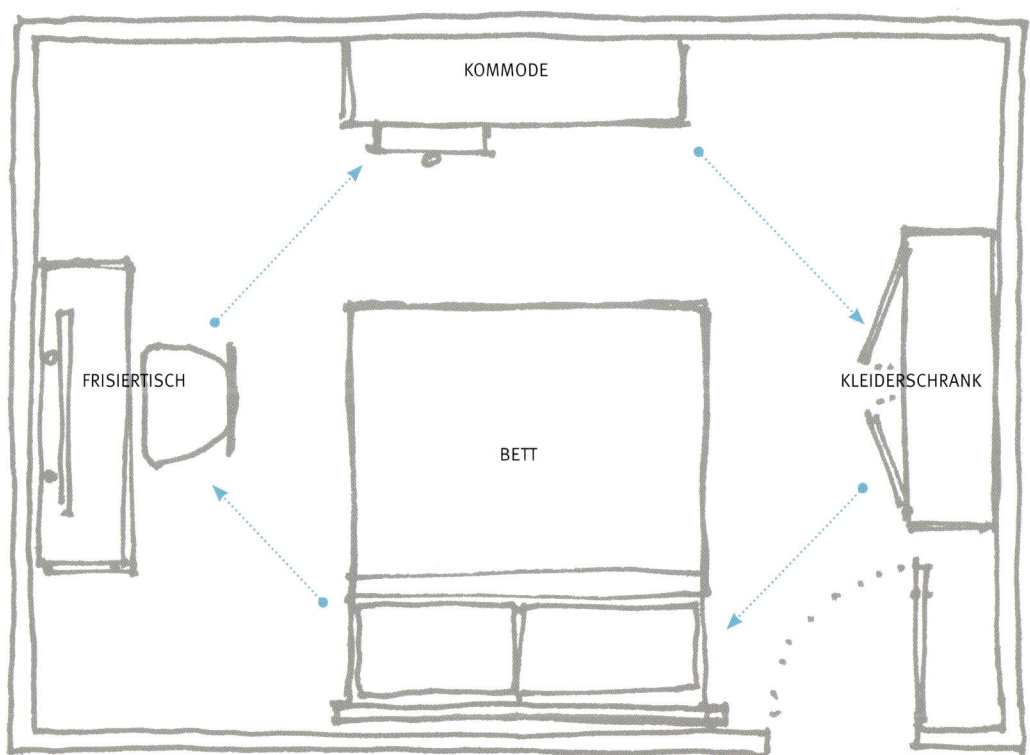

TOTAL GROOVY *Rechte Seite* Das Kopfteil des Bettes von Jonathan Adler und Simon Doonan verschwindet in einer Wandvertiefung, die im französischen Stil mit Stoff ausgekleidet ist. Lampenschirm und Schranktüren sorgen für eine einheitliche Wirkung.

„Ich liebe Schlafzimmer, ganz egal, wie schlicht oder perfekt sie gestylt sind. Für das Allerheiligste braucht man nichts weiter als ein paar weiche Kissen und hübsche Bettwäsche, einen Dimmer und frische Blumen." *Celerie Kemble, Designerin*

Typenzimmer

Interessante, romantische Räume durch das Spiel mit Maßstab und Anordnung

Nehmen Sie das Bett als Ausgangspunkt und gestalten Sie ein Layout, in dem es entweder hervortritt oder eher verborgen bleibt. Mit Kopfteil, Überwürfen, Zierkissen und Kissenrollen schaffen Sie eine Bühne, die das Bett zum Mittelpunkt macht. Vor allem aber sollte der Raum ruhig und sinnlich wirken, damit Sie darin den Tag hinter sich lassen können.

„Das Schlafzimmer in meinem Apartment in Sydney orientierte sich an einem Kopftuch, einem Paar Schuhe und etwas Nagellack, die ich bei meiner Ankunft im Koffer hatte."

Marie Nichols, Stylistin

DAS SCHLAFZIMMER 193

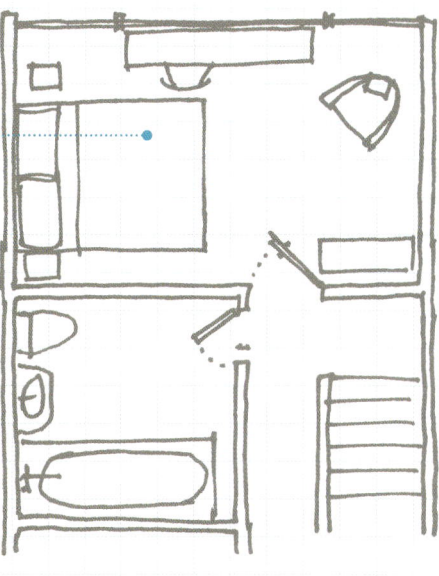

MODERNES UNDERSTATEMENT Um den Blick über ganz London zu zelebrieren, wurde das Bett so platziert, dass man von dort aus die Aussicht durch die Panoramafenster genießen kann. Der Midcentury-Frisiertisch passt genau unter die Fensterbank ohne die Sicht zu versperren, und auch der diskrete Nachttisch ist niedrig.

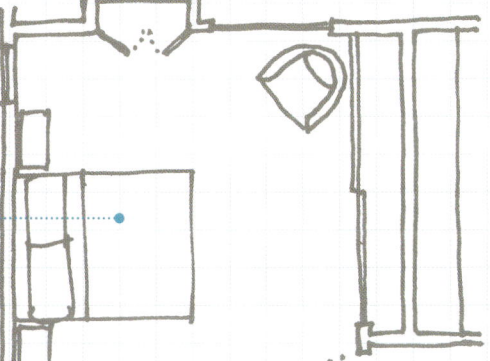

ZITRUSFRÜCHTE UND HIMBEEREN In diesem energiegeladenem Schlafzimmer fungiert Farbe als Bindeglied. Der gelbgrüne Kronleuchter ist ebenso ein Blickfang wie das mitten im Raum stehende Bett. Das Limettengrün findet sich auch in Details der gerahmten Vogue-Covers, dem Porträt über dem Bett, der Bettwäsche und dem Teppich.

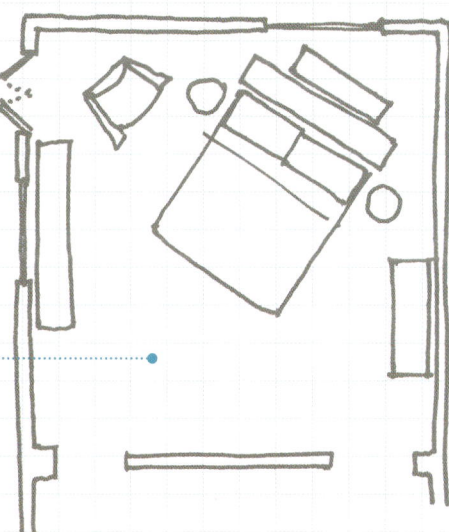

KANTIGE ELEGANZ Das graue Polsterbett scheint in diesem Loft zu schweben. Schrankraum wurde in dem Raumteiler hinter dem Bett untergebracht. Diagonal stehende Möbel in einem quadratischen Raum wirken immer vitalisierend. In diesem Fall nimmt das üppige Polsterbett dem lichten, aber glatten Industrieambiente die kühle Härte.

Bett und Bezug *Bettbezüge sind genauso wichtig wie die Möbelstoffe im Wohnzimmer*

Am schönsten wirken Betten, wenn sie eine visuelle Einheit mit dem Raum bilden. Das gilt für Himmelbetten ebenso wie für Schlafkojen, Polsterbetten oder historische Modelle: Harmonie in Stil und Design sind das A und O. Schauen Sie sich verschiedene Bett-Typen an und überlegen Sie, welches Format für Ihr Zimmer passt und wie es tagsüber wirken soll.

SEEMANNSGARN Das Gästebett besticht durch seine kompakten Bettkästen und das schlichte, maritime Dessin der Bettwäsche. Blau-weiße Baumwollmuster wirken freundlich und frisch.

In kleineren Räumen ist ein platzsparendes Schlafsofa oft die beste Lösung, Schubkästen oder andere Unterbettkonstruktionen bieten zusätzlichen Stauraum, wenn für größere Schränke kein Platz ist. Ein schnörkelloses Himmelbett passt gut in ein weißes Schlafzimmer. Betten mit festen Kopf- und Fußteilen sind für große Personen meist nur mit Maßanfertigung zu empfehlen.

TAGESDECKEN & CO.

Zu einfarbiger Bettwäsche, besonders in Weiß, passt eine Tagesdecke aus künstlichem Fell für einen mondänen Look.

Ein schlichtes Polsterbett mit üppigen Kissenstapeln ist luxuriös. Legen Sie auf jede Seite drei Exemplare unterschiedlicher Größe, das kleinste davon in einer anderen Farbe.

Ein exquisiter Materialmix hat etwas Verführerisches, zum Beispiel eine Tagesdecke aus schimmerndem Satin mit einem Mohairüberwurf, glatte weiße Mako-Baumwolle mit einer zarten Spitzendecke darüber.

Machen Sie die Tagesdecke zum Blickfang, etwa eine Wolldecke in himmlischen Farben oder eine selbstgenähte Patchworkarbeit.

Separate Kopfteile fertigen Tischler oder Polsterer nach Ihren Vorgaben an.

Bettwäsche ist Notwendigkeit und ästhetisch-sinnliches Vergnügen zugleich. Ein Luxus der besonderen Art sind feinste Qualitäten mit Stickereien oder Ihrem Monogramm.

„Die fünf elementaren Zutaten für Schlafzimmer sind gutes Leselicht, Bettwäsche zum Wohlfühlen, ein Frisiertisch, Kunst und ein flauschiger Bettvorleger."

Ruthie Sommers, Designerin

MAJESTÄTISCH RUHEN Das lilienförmige Kopfteil mit Knopfheftung aus weißer Seide in Liz Bauers Einzimmerapartment ist eine festliche Kulisse für die monogrammierte Bettwäsche. Opulenz wirkt in kleinen Räumen besonders ausdrucksstark.

FALLSTUDIE

STAURAUM

Wenn alle Kleider und Schuhe im Schlafzimmer untergebracht werden, ist meist eine platzsparende Lösung gefragt. Aber sie muss nicht von der Stange sein. Vor allem in Räumen mit ungewöhnlichem Zuschnitt oder Dachschräge kann eine Maßanfertigung eine sehr lohnende Investition sein.

Die niederländische Designerin Stephanie Rammeloo ließ sich Einbauschränke für ihr Haus, eine alte Grundschule, anfertigen. „Als wir es kauften, gab es die beiden Klassenzimmer, deren Trennwand schon eingerissen war, ein Stück Flur, drei kleine Toiletten und eine Abstellkammer. Das war *die* Chance für mich, endlich einmal alle meine Ideen in die Praxis umzusetzen", erinnert sie sich.

STAURAUM 197

KÜHL, BLAU UND AUFGERÄUMT *Linke Seite* Für ungewöhnlich oder ungünstig geschnittene Flächen ist eine deckenhohe Schrankwand, wie sie Stephanie Rammeloo nach eigenen Vorgaben anfertigen ließ, oft die einzige Rettung. Die Zierleisten wurden vor dem Lackieren aufgesetzt.

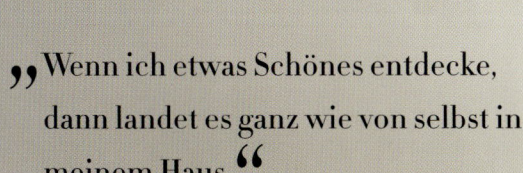

„Wenn ich etwas Schönes entdecke, dann landet es ganz wie von selbst in meinem Haus."

Stephanie Rammeloo, Designerin

WANDNISCHEN Nischen in verschiedenen Größen wurden in der neuen Trennwand ausgespart und präsentieren nun Stephanies Keramiksammlung. Im Hintergrund sieht man das Regal für ihre Schuhkollektion. Die Fächer darüber sind mit der Leiter erreichbar.

„Ich bin etwas ordentlicher als mein Partner Aernoud. Deshalb wollte ich in Schlafzimmer und Flur geräumige Einbauschränke für all unsere Sachen haben. Ich brauche ganz faktisch Platz, um mich frei bewegen zu können, aber auch Platz im Kopf, um kreativ zu denken. In diesem Haus habe ich beides, auch dank der luftigen Atmosphäre und der hohen Decken."

Einbauschränke müssen nicht langweilig sein. „In meinen Entwürfen setze ich oft Zierleisten ein. Ich mag sie und wollte sie auch bei uns im Haus verwenden", sagt Stephanie. „Das Dekor auf den weißen Türen besteht aus einer oder zwei Schichten Sperrholz mit freien Zwischenräumen. Für die blauen Türen ordnete der Tischler Stücke von Zierleisten zu Achtecken an und klebte sie auf."

WEISSES RELIEF In dem begehbaren Schrank, der ans Schlafzimmer grenzt, stehen deckenhohe Wandschränke und Regale für Kleidung, Schuhe und Stephanies Stylingzubehör. Außerdem verbergen sich hinter den Schrankfronten die Elektroleitungen.

FARBENFROHES SCHLAFGEMACH *Rechte Seite* Die Wände des heimeligen Schlafzimmers sind blassrosa gestrichen. Eine kuschelige Wolldecke schmückt das schlichte Polsterbett. Dank der riesigen Wandschränke stören hier keine Aufbewahrungsmöbel.

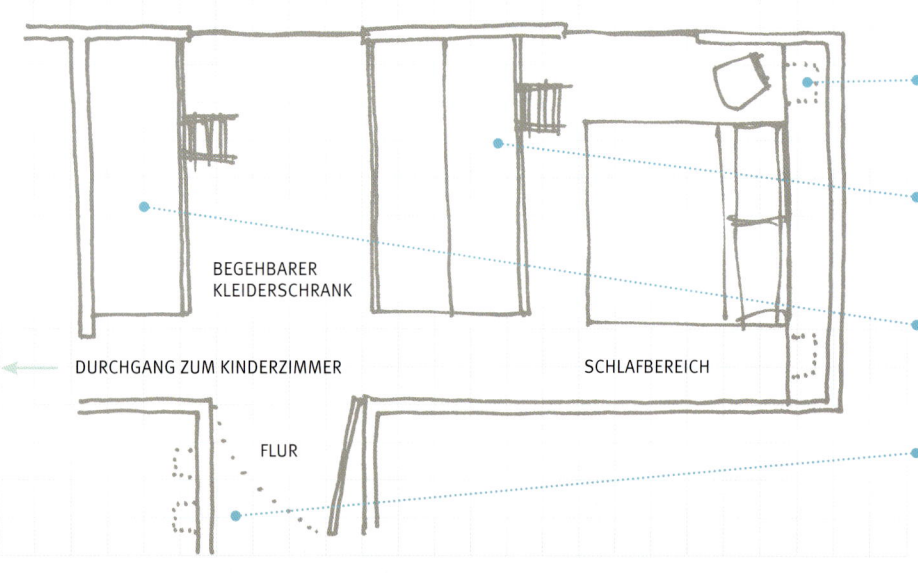

Eine halbhohe Vorsatzwand mit kleinen Nischen hinter dem Polsterbett bietet Schrankraum und Platz für Dekoration und Bücher.

Alle Schrankfronten sind mit einer Reling für die Leiter versehen. So ist sie beweglich und erlaubt es, die obersten Fächer zu erreichen.

Die hohen Einbauschränke nutzen die gesamte Raumhöhe aus, ohne jedoch viel Grundfläche zu beanspruchen.

Ungehindert von den massiven Schränken reicht der Blick vom Flur aus bis zum Fenster am Ende des Korridors.

„Ich mag Weiß an meinem Arbeitsplatz, aber im Schlafzimmer bevorzuge ich warme, freundliche Farben. Sie erinnern mich ans Meer: Das Perlrosa ist wie das Innere einer schönen Muschel, der Schrank hat ein klares Ozeanblau. Da ich immer ans Meer denke, wenn ich mich entspanne, finde ich diese Farben für mein Schlafzimmer ideal."

Stephanie Rammeloo, Designerin

Schlafzimmermöbel

Gute Ideen für die Einrichtung des Schlafgemachs

Orientieren Sie Ihren individuellen Stil an den Möbeln, die Sie benötigen. Suchen Sie dann nach ergänzenden Details, um den angestrebten Effekt abzurunden.

„Einen Divan mit Stauraum bringe ich bei fast jedem meiner Aufträge unter. Sie sind ideal für Schlafzimmer und kleine Räume, in denen Möbel mit Doppelfunktion unverzichtbar sind." *Kahi Lee, Designerin*

SCHLAF- UND AUFBEWAHRUNGSMÖBEL: DIE BASICS

Wenn Sie Ihre gesamte Kleidung und Schuhe an einem Ort unterbringen möchten, lohnt es sich, Stauraum nach Maß anfertigen zu lassen. Schaffen Sie auch Platz, um Sommer- und Wintersachen auszutauschen.

Um zu ermitteln, wie viel Hänge- und Fachplatz Sie benötigen, stapeln Sie sämtlichen Sachen aufeinander. Nutzen Sie die Gelegenheit, alles auszusortieren, was Sie länger als ein Jahr nicht getragen haben.

Für einen vielfältigen, eklektischen Stil eignen sich beispielsweise antike Kommoden, Regale und Frisiertische, die zugleich viel Stauraum bieten.

Geben Sie alten Einbauschränken oder Möbeln durch motivisch bemalte Paneele, Tapeten- oder Maschendrahteinsätze und ausgefallene Griffe einen individuellen Touch.

Polstertruhen und Hocker machen sich sehr schön am Fußende des Bettes, vor allem mit einem modischen neuen Bezug.

Bei Nachttischen reicht das Spektrum von einfachen Schubladenschränkchen aus Holz bis zu schicken Plexiglaswürfeln und runden Tischchen. Treffen Sie die Wahl entsprechend Ihrem Stilideal.

Ein Sessel im Schlafzimmer ist nicht nur eine praktische Kleiderablage, sondern auch ein gemütlicher Platz zum Lesen oder für eine kleine Denkpause beim Ankleiden.

GEMÜTLICHES ECKCHEN *Oben*
Das graue gepolsterte Kopfteil harmoniert mit der femininen Bettwäsche und dem Lampenschirm. Der Nachttisch hat mehrere praktische Fächer.

LANDHAUS-ROMANTIK *Unten*
Zu dem ländlichen Stil des Schlafzimmer ganz in Weiß tragen das charmante alte Vertiko ebenso bei wie die Bilder und der dekorative Stuhl.

AUFGEMÖBELT *Oben* In modernen Räumen erzielt man mit skurrilen Sachen oft witzige Effekte. Dieser 1930er-Jahre-Sessel erhielt einen neuen Bezug, die Holzteile wurden lila lackiert.

PRUNKSTÜCK IN TÜRKIS *Unten* In diesem kleinen Schlafzimmer dient der Kabinettschrank als Vitrine und Wäschefach. Möbel in poppigen Farben sind Blickfänger in unspektakulären Räumen.

ART DECO *Oben* Kleine Frisierkommoden wie diese findet man auf Trödelmärkten und in Antiquitätenläden. Im Schlafzimmer bereichern sie mit ihren selbstbewussten Linien das Gesamtbild.

TRADITION IN NEUAUFLAGE *Unten* Diese moderne Rokoko-Kommode mit geschwungenen Formen und weiß glänzender Oberfläche passt ausgezeichnet in ein durchgestyltes Ambiente.

ALL-OVER-MUSTER In diesem betont dekorativen Schlafzimmer ist kaum zu erkennen, wo das Bett endet und die Wand beginnt. Ein Kissen von Jonathan Adler setzt einen witzigen Akzent in einer anderen Farbe.

FALLSTUDIE

SCHLAFZIMMER MIT ENSUITE-BAD

Ein Bad, das mit dem Schlafzimmer verbunden ist, kann eine schlichte Nasszelle oder ein komplett ausgestattetes Bad mit angrenzender Ankleide sein. Überlegen Sie beim Um- oder Neugestalten von Einrichtung und Ausstattung, wie viel Platz Sie für diesen Bereich abzweigen wollen.

Christine d'Ornano ging in ihrem Haus in Kensington beim Schlafzimmer aufs Ganze: Stoffe und Tapeten von Osborne & Little schmücken das Kopfteil und alle vier Wände. D'Ornano wuchs in Paris auf, studierte in Princeton und lebte eine Zeit lang in Mexiko. Ihre Begeisterung für Möbel und Deko-Objekte ist ein Erbe ihrer Eltern, die immer auf kühnes Dekor setzten.

„Schon bei der Planung wurde mir klar, ich wollte für Wände und Boden Muster, die ins Auge springen. Das Ergebnis finde ich toll, es stimmt mich fröhlich."

Christine d'Ornano, Managerin eines Kosmetik-Unternehmens

D'Ornano liebt die leuchtenden Farben Mexikos, besitzt eine typisch französische Vorliebe für Stoffbespannungen und hat keine Angst vor plakativen Mustern.

„Meine Eltern haben immer sehr farbenfroh dekoriert. Das hat mich geprägt", erzählt Christine. Ihr Großvater war einer der Mitbegründer von Lancôme, und ihr Vater, Comte Hubert d'Ornano, gründete zunächst die Firma Orlane und 1976 dann gemeinsam mit seiner Frau Isabelle das Kosmetiklabel Sisley. „Meine Eltern treffen gestalterische Entscheidungen immer gemeinsam und haben daran viel Spaß. An diese Gewohnheit knüpfe ich mit meinem Mann Marzouk an: Auch beim Dekorieren sind wir ein perfektes Team."

Das Haus ist in erster Linie für die Familie da. Kleine Kunstwerke der drei Töchter schmücken praktisch jedes Zimmer, ganz besonders das Elternschlafzimmer, wo an beiden Seiten des Betts Fotos und Bilder einfach an die Wand geheftet sind – eine Bereicherung für den fröhlich bunten Raum.

BETTGEFLÜSTER *links* Mitten in den wirbelnden Mustern sorgt der Nachttisch mit Glasplatte neben dem Bett für räumliche Tiefe. Die Wand darüber dient als Familienalbum en miniature.

BADEFREUDEN *Rechte Seite* Die Wanne unter dem hohen Fenster ist vom Ankleideraum und vom Schlafzimmer aus sichtbar. Die Kinderbilder auf dem Fensterbrett fügen sich bruchlos in das Gesamtdekor ein.

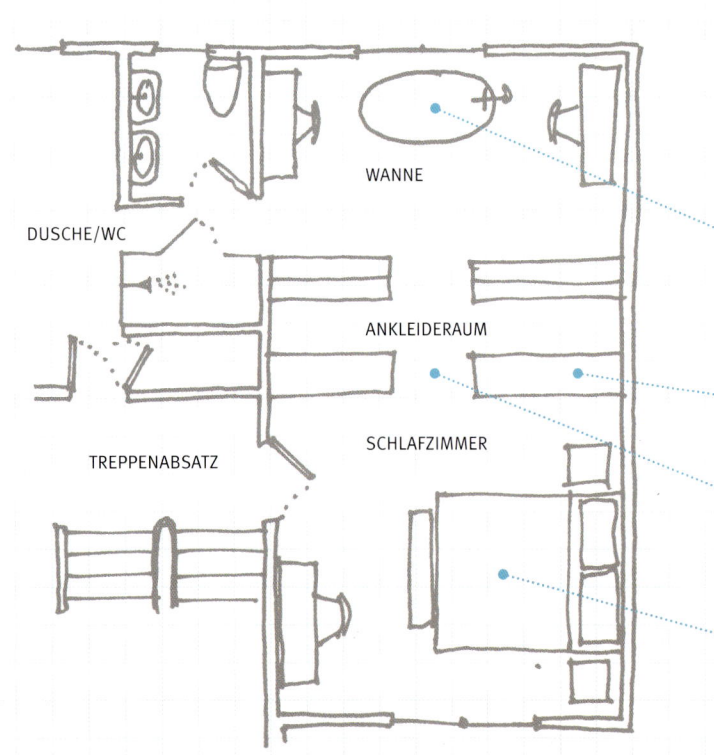

Die ovale Wanne unter dem Fenster ist das visuelle Zentrum und nutzt den vorhandenen Raum optimal aus.

Offene Schrankfächer erstrecken sich nur über drei viertel der Wandbreite, damit der Ankleidebereich Tageslicht erhält und nicht beengt wirkt.

Der Durchgang zum Bad mit Ankleideraum ist offen, sodass Wanne und Fenster vom Bett aus zu sehen sind.

Das Bett bildet den optischen Mittelpunkt des Schlafzimmers.

„Ich liebe dieses lichtdurchflutete und sonnige Bad. Es bildet einen Ruhepol in unserem hektischen Haushalt."

*Christine d'Ornano,
Managerin eines Kosmetik-Unternehmens*

DAS BADEZIMMER

Ebenso wie für Küchen gibt es auch für die Badgestaltung ein paar Schlüsselkomponenten. Ganz zu Anfang ist zu überlegen, wie die optimale Bewegungsfreiheit zwischen Sanitärelementen wie Waschtisch, Wanne und Toilette erreicht wird. In einem geräumigen Bad sollte man die Toilette so anbringen, dass sie bei geöffneter Tür verdeckt ist und Wanne, Dusche und Waschtisch das Bild bestimmen.

Beleuchtung ist im Bad das A und O. Achten Sie darauf, dass der Spiegel über dem Waschtisch in helles, schmeichelndes Licht getaucht ist. Hüten Sie sich vor grellen Lampen und zaubern Sie mit Kerzen oder Laternen eine entspannende Stimmung. Genügend Stauraum ist im Bad ebenfalls elementar. Sehr schön erfüllt diese Funktion ein altmodisches Schränkchen, Kisten oder Körbe sind dekorativ. Nutzen Sie in einem kleinen Bad auch die Wandflächen bestmöglich aus.

BEI DER BADGESTALTUNG geht es um Funktionalität plus Design – wenn möglich, mit einer Prise Luxus. Überlegen Sie im Vorfeld, ob Sie eine bodengleiche Dusche möchten oder ob Sie Ihr Bad um eine freistehende Wanne herum anlegen werden? Wie viele Personen benutzen das Bad? Benötigen Sie eine separate Dusche oder genügt eine Brause in der Wanne?

Kreisbewegung Selbst im winzigsten Bad sollte man sich bequem zwischen den einzelnen Sanitärelementen bewegen können. Ähnlich wie beim klassischen Dreieck in der Küche sind hier direkte Wege zwischen Waschbecken und Wanne, Dusche und Toilette empfehlenswert, die nicht durch Möbel oder Accessoires verstellt werden.

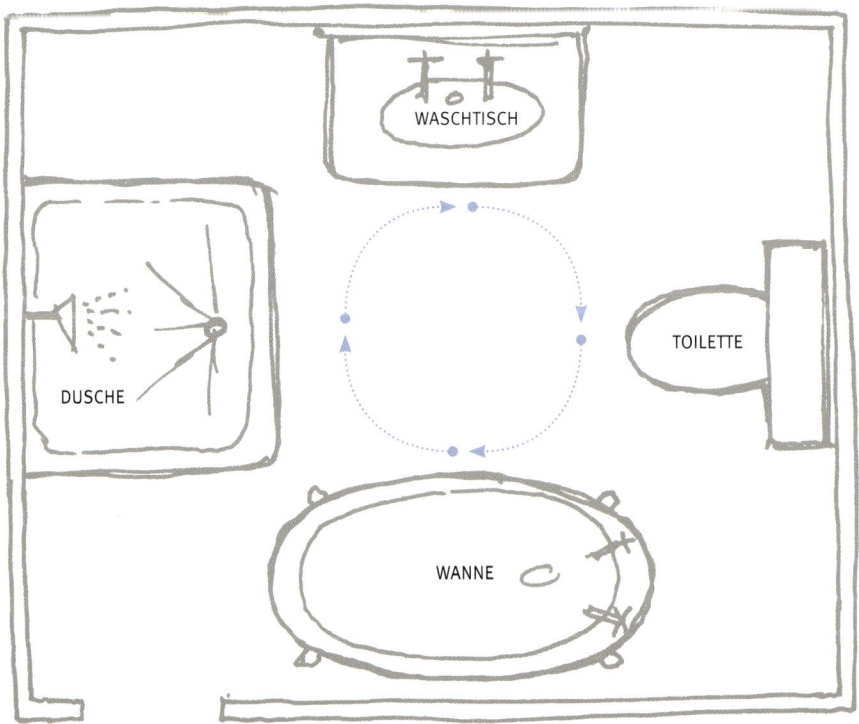

SCHNEEWEISSCHEN *Rechte Seite* Im Haus von Mairead Fannings in London bildet die Wanne den bildschönen Mittelpunkt des Raums, der eher wie ein schicker Wellnessbereich denn wie ein Badezimmer wirkt. Belebt wird das reduzierte Styling durch Elemente wie die wabenförmigen Mosaikfliesen.

„Mischen Sie, was Ihnen gefällt: Traditionelle Fliesen mit modernen Wannen oder aber antike Wannen mit ultramodernen Fliesen. Alles sieht gut aus, was in einem hellen oder neutralen Bad interessante Akzente setzt. Schillernde Mosaikfliesen bis auf halbe Wandhöhe sind in einem schlichten Bad ein schöner Blickfang." *Fired Earth*

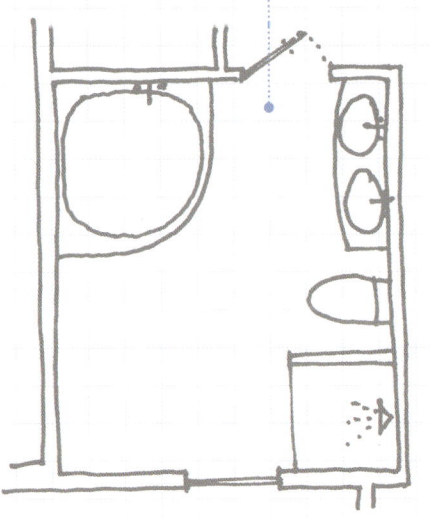
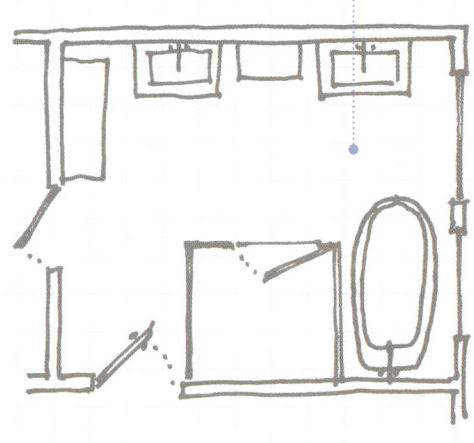
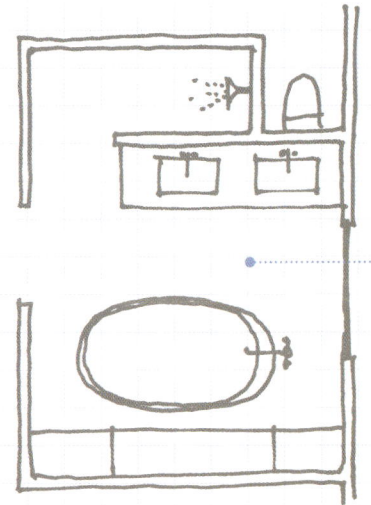

ECKBADEWANNE *Oben links* In diesem Beispiel wurde eine Eckwanne geschickt unter der Dachschräge platziert, sodass dieser ansonsten tote Raum so sinnvoll wie schön genutzt wird. Unter den himmelblauen Mosaikfliesen des schmalen Vorsprungs verbergen sich die Rohrleitungen. Er dient zugleich als Ablage für Badaccessoires. Für schwierige Grundrisse sind Eckwannen die Lösung.

RETRO-ENSEMBLE *Oben rechts* Ein klassischer Touch geht hier von den beiden kantigen Waschbecken und dem großen Rundspiegel rechts und links des restaurierten Blechschranks aus. Durch die grauen Fugen erinnert das Mosaik ein wenig an die Waschsäle in alten Schulen. Das Bad ist so geräumig, dass es bei Bedarf mehrere Familienmitglieder gleichzeitig nutzen können.

STILVOLL PRAKTISCH *Rechte Seite* Die durchdachte Raumaufteilung erlaubt es, dass Ensuite-Bad und separates Badezimmer an dieselbe Versorgungsleitung angeschlossen sind. Das Doppelwaschbecken erspart morgendliches Gedränge, die bodengleiche Dusche wurde durch eine Trockenbauwand abgetrennt, die den Raum teilt und für Privatsphäre sorgt.

Das Layout

Kreative Nutzung der vorhandenen Fläche für Ihr Traumbad

Beim Bad müssen es durchaus nicht immer Standardlösungen sein. Sanitärkeramik gibt es heute in sehr vielen Ausführungen. Schauen Sie sich in Ruhe um, um genau das Richtige zu finden.

„Entscheidungskraft kann man trainieren wie einen Muskel. Irgendwann führen belastbare Entscheidungen Sie zu Ihrem Ideal."

Carrie McCarthy, Autorin

Kreative Fliesen *Wie die Wandfarbe im Wohnzimmer, entscheidet im Bad die Fliese*

Fliesen können ein Badezimmer komplett verändern und einen rein funktionalen Raum in ein farbenfrohes, schickes Refugium verwandeln, das Wellnessfantasien Wirklichkeit werden lässt.

Unterschiedliche Wand- und Bodenfliesen sorgen für Abwechslung und sind vor allem in Duschbädern außerdem praktisch. Schaffen Sie fröhliche Vielfalt durch einen munteren Mix aus Farben, Stilen und Formaten oder setzen Sie auf Einheitlichkeit für ein klares, kohärentes Raumgefühl.

„ Für den Wiederverkaufswert eines Hauses sind Bäder und Küchen ausschlaggebend. Sie sind sehr wichtige Räume; es ist ein Genuss, wenn sie schön und funktional sind."

Jessie Randall, Designerin

MOOSGRÜN *Oben links* Weiß verfugte Mosaikquadrate in Farngrün wirken angenehm warm in dieser Duschnische. Zusammen mit Naturholz, weißen Wänden und Keramiken sorgen sie für ein rundum geschmackvolles Ambiente.

THRON MIT WAPPEN *Oben rechts* In diesem Bad wurde Retro-Keramik mit nostalgischen Messingarmaturen und Accessoires gepaart, die an römische Thermen erinnern. Orangefarbene Akzente passen gut zum Messington und lockern das rein weiße Schema auf.

SCHWARZWEISS Schwarze Schieferriemchen, dazu weiße Kacheln im Querverband wie in der Pariser Metro – diese Kombination verleiht dem Bad eine funktionale und zugleich sehr elegante Ästhetik. Die deckenhohen Fliesenwände sind schön und praktisch.

„Fliesen sind für ein Bad dasselbe wie Tapeten für ein Wohnzimmer: Sie sind nicht nur eine nützliche Wandbedeckung, sondern sie sorgen im Bad für einen dekorativen Touch, klare Gliederung oder ein besonderes Farberlebnis." *Fired Earth*

FREISTEHENDE WAND Der Raumteiler dient als Rückwand für einen maßgefertigten Waschtisch. Dahinter verbirgt sich eine bodengleiche Dusche. Bei großzügigen Platzverhältnissen kann man auf diese Weise mehrere Bereiche im Bad voneinander abgrenzen.

„Die Stahlschale auf dem alten birmanischen Tisch erinnert eher an ein Hotelfoyer. Ich wollte einen Bezug zur Vergangenheit schaffen, aber in einem moderneren Kontext." *Vicente Wolf, Designer*

Waschtische *Die Wahl des Beckens bestimmt die Stilrichtung des Badezimmers*

Waschtische sind ein guter Ausgangspunkt für die Planung. Sammeln Sie Ideen anhand von Prospekten und Showrooms, die verschiedene Formen und Materialien zeigen.

Wenn es eine preiswerte Lösung sein soll, empfiehlt sich ein Standardbecken, das mit einer hochwertigen Armatur kombiniert wird. Wenn aber die Beckenform oder eine bestimmte Materialqualität Ihr Maßstab ist, geben Sie lieber mehr für das Becken aus als für die Armatur. Bevor Sie sich entscheiden, überlegen Sie auch, wer das Bad tatsächlich benutzen wird.

MEERESRAUSCHEN Das freistehende Becken auf einer Stahlkonstruktion neben dem Metallfenster und einem Fallrohr in Amy Neunsingers Wohnung in Los Angeles strahlt industriellen Charme aus. Ein Gegengewicht bildet die Vitrine mit Korallen, Seeanemonen und Muscheln.

Eine winzige Keramikschale sieht sehr stylisch aus, wird Ihnen aber wenig Freude bereiten, wenn das Becken von der ganzen Familie genutzt wird und der Boden darunter immerzu nass ist. Doppelwaschtische sind ideal, wenn zwei Personen morgens gleichzeitig zur Arbeit müssen. Menschen mit Rückenbeschwerden sollten besonders auf die Montagehöhe achten.

KINDERKRAM Anita Kaushal hat in ihrer Londoner Wohnung im kleinen, aber praktischen Badezimmer der Kinder zwei kleine Waschbecken in kindgerechter Höhe anbringen lassen. Bei wenig Platz sollten die Becken nicht zu riesig sein.

Badewannen *Jede Wannenform kann zum Herzstück eines Badezimmers werden*

Suchen Sie nach einer alten Wanne zum Aufarbeiten oder einem Designermodell mit Sammlerwert oder statten Sie eine Standardwanne mit besonderen Accessoires aus.

Wenn Sie meist die Dusche bevorzugen und die Wanne nur selten genutzt wird, dann darf sie mehr Vorzeigestück als funktionale Sanitärkeramik sein. Diese Überlegung beeinflusst natürlich die Wahl von Form und Ausführung.

Freistehende Wannen sind in der Regel ein zentraler Blickfang. Einbauwannen eignen sich dank der unterschiedlichen Formate auch für schwierige Grundrisse. Für die Art des Einbaus gibt es mehrere Lösungen, sei es mit reichlich Stauraum und Ablagefläche oder bei Platzmangel auch mit schmalem Rand, dafür aber mit gefliesten oder holzverkleideten Fächern in der Wand darüber.

STRAHLENDES WEISS *Rechte Seite* In dem Loft von Stephanie Rammeloo in Amsterdam lassen maßgefertigte Schiebetüren Tageslicht in den kompakten Badebereich strömen. Die Standardwanne wirkt größer durch die geräumige Ummantelung, die am Fußende zusätzlichen Stauraum bietet.

STILVOLL PLANTSCHEN Anita Kaushals Bad ist kein funktionaler Raum mit nützlichen Ablageflächen, sondern eine Ruhezone, in der wie zufällig eine traditionelle Badewanne steht. Nostalgiewannen mit rundem Rand gibt es als Originale oder Reproduktionen in vielen Ausführungen.

„Bäder sind ein schöner Ort für innovative Kombinationen von Naturmaterialien. Es gibt so viele verschiedene Ansätze! Mein eigenes Bad sollte wie eine Wellnesslandschaft wirken."

Amy Butler, Designerin

STEINZEUG Der lackierte Spiegel zu den glatten Fliesen und den Kalksteinoberflächen – die Zusammenstellung von Alt und Neu, Natur und Kunst bringt eine interessante Optik in die Waschecke.

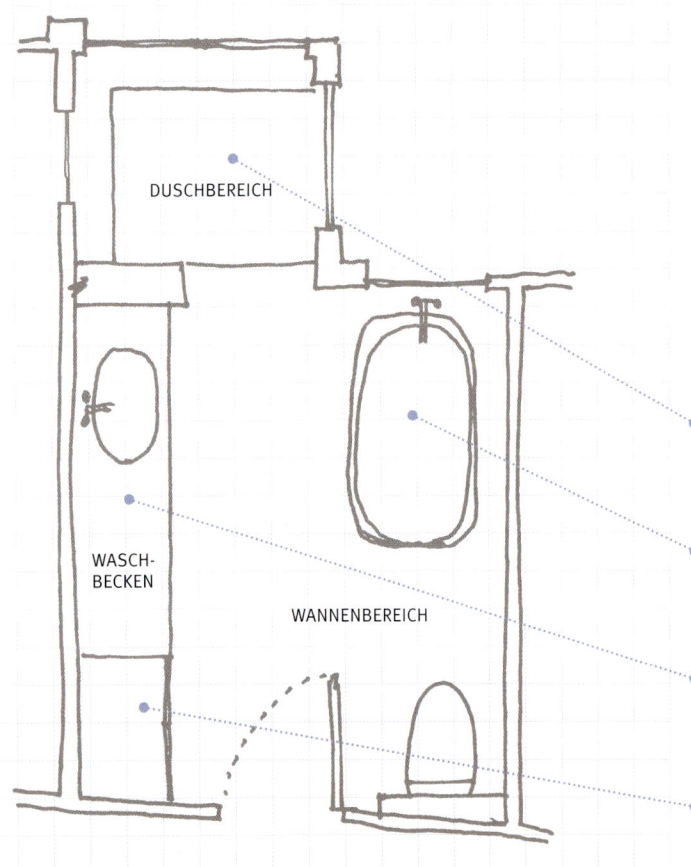

In ihrem luxuriösen Bad koppelte Amy Neunsinger schnittige Linien mit edlen Materialien und einer ausgesuchten Antiquität. Auf Löwentatzen prunkt mitten im Raum eine original viktorianische Wanne, die sie aufarbeiten und passend zum Kalkstein-Waschbecken cremefarben lackieren ließ. An den Wänden rings um das Waschbecken und im Duschbereich schillern Mosaikfliesen in zwei Farbstellungen und tauchen beide Raumteile in ein zartes Licht. Mit einfachen Mitteln wurde schwereloser Glamour realisiert.

- Mattierte Fensterscheiben streuen das Tageslicht im Duschraum. Die gefliese Abmauerung dient als Ablage und Sitzbank.
- Die aufgearbeitete Wanne ist schon von der Tür aus der Star in diesem Bad.
- Der Waschtisch mit Kalksteinplatte nimmt eine ganze Wand ein und enthält mehrere Schubladen.
- Stoffkörbe unter dem großzügigen Waschtisch bieten Platz für Toilettenartikel.

DURCHBLICK *Oben links* Die niedrige antike Wanne steht vor einem Fenster. Der polierte Betonboden reflektiert das Licht zusätzlich.

DUSCHKOMFORT *Rechte Seite* Mattglasscheiben rahmen die bodengleiche Dusche, die mit edler Armatur und schillernden Wandfliesen geschmückt sind.

FALLSTUDIE

DAS LUXUSBAD

Ein Hauch von Glamour im Bad ist leicht zu erzielen. Man braucht dazu edle, aber dezente Materialien, schimmernde Oberflächen, ansprechende Texturen und ein besonderes Element. Luxus muss nicht unbezahlbar sein. Konzentrieren Sie sich auf eine oder zwei Komponenten wie Wanne, Waschtisch, Beleuchtung oder Wände und Böden, um Ihre Luxus-Idee zu realisieren.

„Mein Bad ist lichtdurchflutet, und vom Fenster aus sieht man die Canyons. Die Dusche ist so groß, dass kein Vorhang nötig ist. Es ist Luxus pur, ein Traum, der mich jedes Mal aufs Neue glücklich macht."

Amy Neunsinger, Fotografin

DAS KINDERZIMMER

Ein Kinderzimmer einzurichten, macht großen Spaß und ist eine emotionale Sache. Geht es um Ihr eigenes Kind, haben Sie die einmalige Chance, all Ihre Liebe in die Gestaltung zu stecken und damit ein Stück von sich selbst zu manifestieren.

Das persönliche Element kann eine selbst gequiltete Tagesdecke sein, eine Collage aus Familienfotos oder Erinnerungsstücken in einem handbemalten Rahmen, Fuß- und Handabdrücke von Ihrem Baby neben seinem ersten Paar Schuhe oder anderen lieben Andenken. Wonach Ihnen auch der Sinn steht, sehen Sie es als Band, das Sie über diesen Raum mit dem Kind verknüpft. Hier haben selbstverständlich auch lebendige Farbkonzepte ihren Platz, denn Kinder mögen es bunt. Grundelemente sind ein kuscheliger Schlafplatz, kindgerechter Stauraum für Spielzeug sowie ein ergonomischer Schreibtisch für Schulkinder.

BEIM DESIGN DES KINDERZIMMERS werden Erinnerungen an die eigene Kindheit wieder lebendig. Geben Sie sie liebevoll an die nächste Generation weiter. Hatten Sie eine Lieblingskommode in einer bestimmten Farbe oder ein Regal mit den schönsten Funden aus dem Urlaub? Lassen Sie den Raum mit dem Kind wachsen und erfreuen Sie sich an seinem Werdegang.

Wachsender Bedarf Kinder wachsen schnell. Wenn Sie nicht Jahr für Jahr das Kinderzimmer umbauen wollen, planen Sie von vornherein, wie der Übergang von der Wiege zum Gitterbett und dann zum Jugendbett ohne großen Aufwand vonstatten geht. Kinderzimmer sollten möglichst flexibel sein. Ein bestimmter Look für eine Altersstufe wird schnell zum alten Hut.

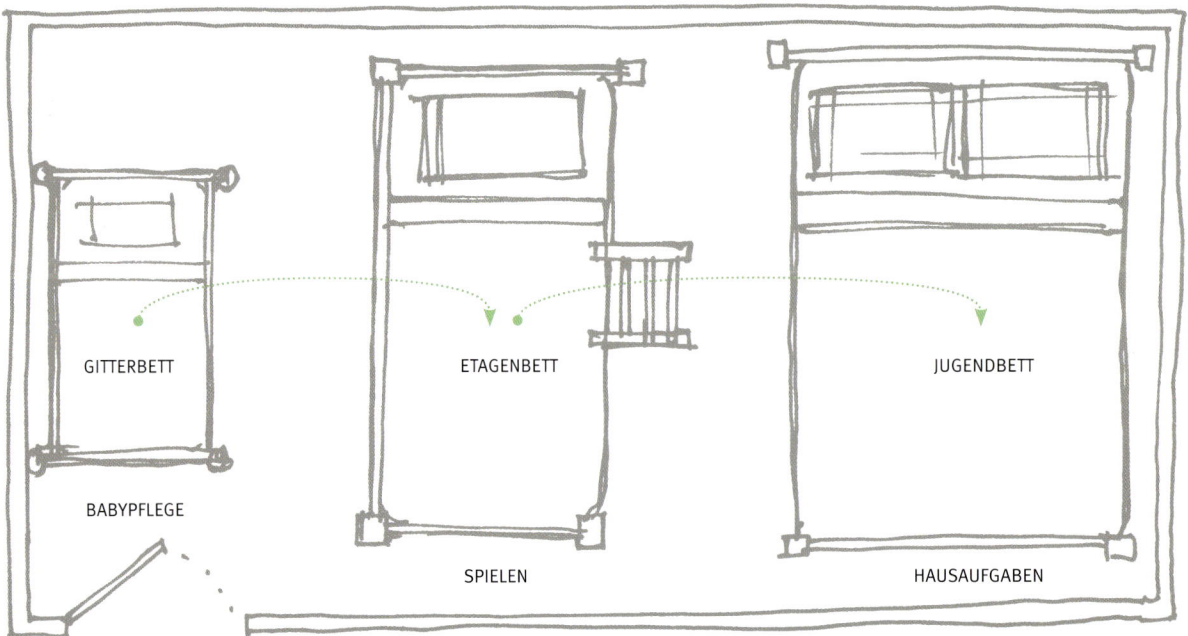

SPIELRAUM *Rechte Seite* Genauso wichtig wie Schlafzimmer sind Spielecken. Oft genügt einfach ein Bereich des Esszimmers oder der Küche, wenn der Platz für ein separates Spielzimmer nicht ausreicht.

„Ein Kinderzimmer sollte Raum lassen für Kreativität. Das eigene Gestalten der Spielwelt ist ein wichtiger Prozess für Kinder. Ohne ein vorgegebenes Thema kann ein Raum sich entwickeln und so mit dem Kind und seinen Bedürfnissen wachsen."

Berit Lüdecke, Designerin

FALLSTUDIE

MÄDCHENZIMMER

Ein Mädchenzimmer erzählt von den Hobbys seiner Bewohnerin und von allem, was sie gern hat. Konzentrieren Sie sich nicht zu sehr auf ein Thema, denn der Geschmack ändert sich bei Kindern und jungen Mädchen ständig, viel schneller als bei Erwachsenen. Investieren Sie daher nicht zu viel Zeit und Mühe in einen bestimmten Look, der wenige Monate später wieder als uncool gilt. Mädchen möchten beim Dekorieren gern einbezogen werden – fragen Sie Ihre Tochter! Ermuntern Sie sie, selbst ein paar Bilder zusammenzustellen, die illustrieren, was sie sich wünscht.

Die freiberufliche Fotografin und Stylistin Leslie Shewring entschied sich gegen ein konkretes Thema und ließ stattdessen ihre Tochter Dinge zusammenstellen, die ihr gefielen, darunter einige Kunstwerke aus dem Besitz ihrer Mutter. „Manchmal kaufe ich Drucke, die zu ihren Lieblingsthemen passen, zum Beispiel Karussells und Muffins. Oder ich bringe ihr Sachen mit, die kein Spielzeug sind, also eine Matrjoschka, bunte Schachteln und Kästchen, in denen sie etwas aufbewahren kann. Ich habe ihr eine gepolsterte Wandverkleidung gemacht, damit sie sich nicht wehtut, wenn sie auf den Betten herumtobt. Es ist schon praktisch, ein zweites Bett im Kinderzimmer zu haben, wenn eine Freundin oder die Kusine einmal über Nacht bleiben."

MÄDCHENZIMMER 221

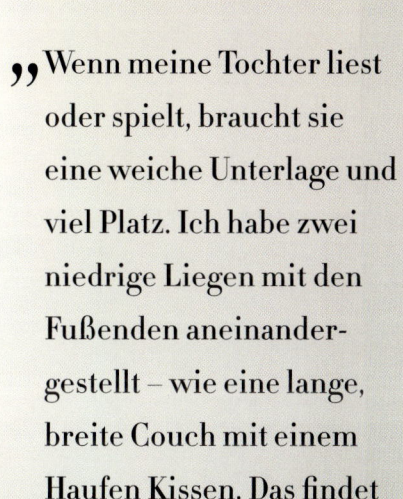

„Wenn meine Tochter liest oder spielt, braucht sie eine weiche Unterlage und viel Platz. Ich habe zwei niedrige Liegen mit den Fußenden aneinandergestellt – wie eine lange, breite Couch mit einem Haufen Kissen. Das findet doch jeder gemütlich!"

Leslie Shewring, Fotografin und Stylistin

LIEGEFLÄCHE Kinder sollten ausreichend große, bequeme Liegeflächen haben, damit sie sich in ihrem Zimmer wohlfühlen. Für Teenager ist das eigene Zimmer ohnehin das Allerheiligste. Am besten sorgt man dafür, dass sie leicht aufzuräumen sind.

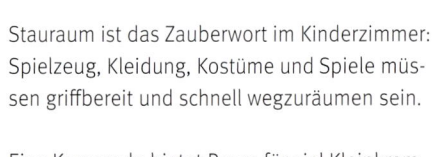

ZEITLOS ATTRAKTIV *Oben und rechte Seite* Wenn das Kinderzimmer nicht altersspezifisch gestaltet ist, können Sie leichter mit Kunst und Accessoires experimentieren. Ein bequemes Bett, viel Stauraum und reichlich Platz zum Spielen sind die Grundausstattung für jedes Kind.

Mädchen lieben es, bei anderen Kindern zu übernachten. Planen Sie daher möglichst von vornherein eine zweite Schlafgelegenheit ein, unter Umständen durch ein Hochbett oder ein Stockbett. Eine gute Lösung ist auch ein Modell mit ausziehbarer Gästematratze.

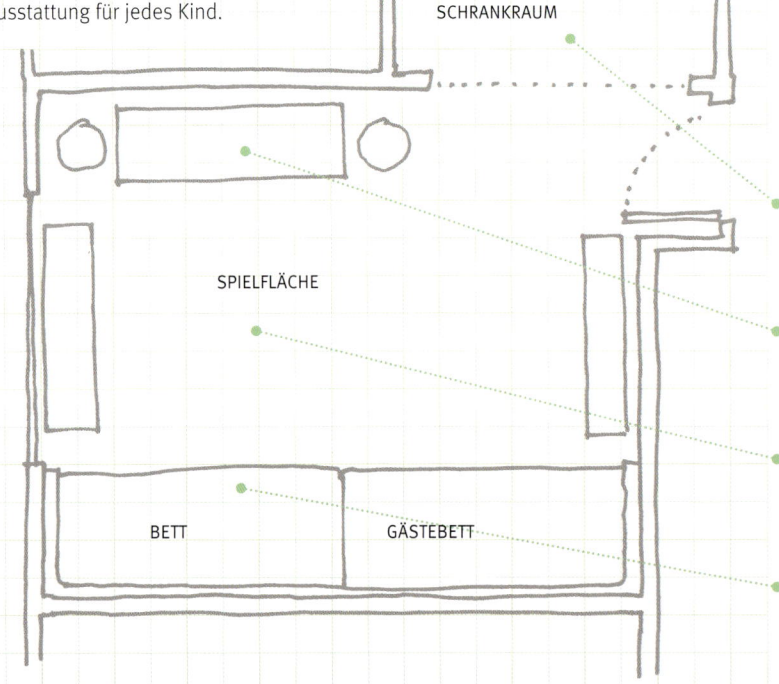

- Stauraum ist das Zauberwort im Kinderzimmer: Spielzeug, Kleidung, Kostüme und Spiele müssen griffbereit und schnell wegzuräumen sein.

- Eine Kommode bietet Raum für viel Kleinkram und Stellfläche für Dekoratives.

- Lassen Sie Platz für Brettspiele, Puzzles, Kaspertheater und, und, und. Bei Schulkindern darf ein Schreibtisch mit Stuhl nicht fehlen.

- Ist der Raum groß genug, halten Sie ein zweites Bett für Übernachtungsbesuch bereit.

„Ich stelle für meine Tochter gern Sachen auf, die sie faszinieren, die aber kein Spielzeug sind."

Leslie Shewring, Fotografin und Stylistin

Für alle Altersstufen

So wächst das Kinderzimmer mit

Verändern Sie den Raum mit einem frischen Anstrich, einem neuen Möbelstück in der aktuellen Lieblingsfarbe, anderem Wandschmuck oder mit einem „ausgewachsenen" Bett.

„ Mit alten Spielsachen kann man Kindern ein Gefühl für die Vergangenheit vermitteln, als Gegenentwurf zu den standardisierten Fernsehfiguren. Altes Spielzeug ist oft wunderschön und andererseits auch nicht immer etwas für Sammler." *Emily Dyson, Designerin*

FLEXIBLE GESTALTUNGSIDEEN

Kaufen Sie für ein Kleinkind ein Bett, das mitwächst. In einem antiken Schlittenbett oder dem Unterteil eines Etagenbetts wirkt es als Säugling zwar noch sehr winzig, aber dafür hält das Bett auch mindestens die ersten fünf bis sechs Lebensjahre.

Streichen Sie eine Wand in einer kräftigen Farbe, die Ihr Kind mag. Fragen Sie gelegentlich nach, ob das noch der Fall ist. Wenn nicht, sind ein neuer Anstrich oder eine Tapete schnell aufgebracht.

Dekoration mit didaktischem Effekt: Schmücken Sie eine Wand mit einer riesigen Weltkarte, einer Tapete mit Piktogrammen oder mit Postern von Tieren und Pflanzen.

Achten Sie darauf, was Ihrem Kind in Ausstellungen und Museen besonders gefällt. Nehmen Sie Souvenirs mit nach Hause. Früh lassen sich über solche Vorlieben spielerisch Bildungsinhalte vermitteln.

Sorgen Sie für einen persönlichen Touch, etwa mit dem Namen des Kindes in Wandbuchstaben, als Monogramm auf Kissen, Handtüchern oder Möbeln.

Stellen Sie für Ihr Kind ein Erbstück her – eine Patchworkdecke, handgemachte Kästchen oder eine Puppenstube, einen Miniaturstuhl aus Holz, gerahmte Familienandenken oder ein Lieblingsspielzeug in einem Kastenrahmen.

Hängen Sie auch die Malereien und Zeichnungen der Kinder auf. Es fördert ihre kreative Ader und stärkt ihr Selbstvertrauen, wenn sie merken, dass man ihre Werke schätzt.

BUNTE SCHUBFÄCHER *Oben* Ein Anstrich verändert die Atmosphäre eines Kinderzimmers im Handumdrehen. Wählen Sie die Lieblingsfarben des Kindes oder Töne, die zum Raum passen.

BONBONROSA *Unten* Anstatt das Zimmer in einen Lillifee-Palast zu verwandeln, streichen Sie eine Wand pink und greifen Sie einzelne Motive über Accessoires auf.

ETAGENWEISE *Oben* Kuschelige Stockbetten sind platzsparend und Kinder lieben sie, weil sie Tag und Nacht gemütlich sind und toll zum Toben. Regale und Lampen gehören auch dazu.

ALTERSGEMÄSS *Unten* Das Zimmer eines Kleinkindes wird sich eines Tages in ein Teenie-Refugium verwandeln. Wo jetzt Spielzeug herumliegt, ist später Platz für Hausaufgaben.

STARS AND STRIPES *Oben* Lockere Bezüge zu einem Thema erzielt man mit Accessoires in bestimmten Farben. Wenn der Look nicht mehr aktuell ist, lässt er sich leicht ändern.

PRIVATSPHÄRE *Unten* Machen Sie ein antikes Bett mit einem neuen Anstrich zum Hauptdarsteller. Wenn darüber der Name Ihres Kindes prangt, steht ein für alle Mal fest, wer hier wohnt.

Die ehemalige Montessori-Lehrerin und heutige Illustratorin Anna-Malin Lindgren gestaltete in erster Linie ein interessantes Schlafzimmer und erst in zweiter Linie ein Jungenzimmer, das im Handumdrehen angepasst werden kann, wenn ihr Sohn ins Teenager-Alter kommt. Das durch Bettbezug und die Ansammlung handgemachter Kissen geprägte maritime Thema wird von den Wimpeln über dem Metallbett unterstrichen. Wie auf einem Schiff hängen unter der Schräge an einer Leine eigene Zeichnungen und hübsche Deko-Objekte. Die alten Koffer auf dem Boden greifen das Thema Reise auf und verleihen dem Raum eine zusätzliche traditionelle Note.

SPORTLICHES FLAIR *Links* Eine Turnschuhparade schmückt den Aufsatz des Schreibtischs, der für Hausaufgaben und zum Basteln dient. In Kinderzimmern ist ein strapazierfähiger Holzboden eine gute Wahl.

KÄPT'N AHOI *Rechte Seite* Hier wird das traditionelle Seemannsmotiv raffiniert den Accessoires überlassen, die sich bei Bedarf schnell auswechseln lassen.

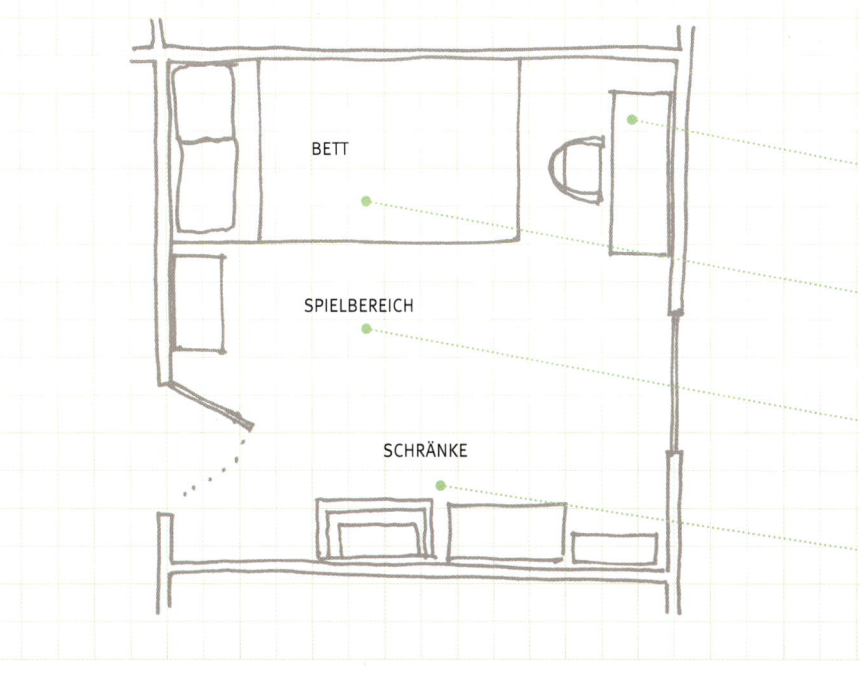

Ein Arbeitsplatz ist im Kinderzimmer unverzichtbar, selbst wenn er nur aus einem kleinen Schreibtisch mit Klappstuhl besteht.

Das Bettgestell aus Stahlrohr ist belastbar und lässt Platz für einen Schubkasten darunter.

In der Mitte des Raums brauchen Kinder Platz zum Spielen, selbst wenn sie dem Krabbelalter längst entwachsen sind.

Sehen Sie eine Wand für freistehende Aufbewahrungsmöbel oder Einbauschränke vor.

FALLSTUDIE

JUNGENZIMMER

Jungen mögen es, wenn sie in ihrem Zimmer viel Platz für Spiele und Aktivitäten haben, etwa für einen Sandsack zum Boxen, einen Kicker, eine elektrische Eisenbahn oder flächendeckende Legolandschaften. Außerdem benutzen Jungen ihren Schreibtisch gerne für Modellbau und andere raumgreifende Bastelarbeiten. Wählen Sie also ein möglichst großes Modell, wenn es der Raum zulässt.

KREATIVRÄUME

Wenn Sie zu Hause arbeiten und eine kreative Ader haben, wissen Sie einen Raum zu schätzen, den nur Sie selbst nutzen und wo es ruhig und hell ist. Es sollte viel Stauraum und einen möglichst großen Arbeitstisch geben, an dem Sie Ihre Ideen und Entwürfe mit Muße entwickeln können. Denken Sie dabei auch an dekorative Elemente, an denen Sie besonders hängen, die gute Laune machen und Sie inspirieren.

Erstellen Sie eine Liste mit allem, was Sie für Ihre kreative Tätigkeit benötigen. Dabei spielt es keine Rolle, ob Ihr Hobby Floristik ist, ob Sie mit der Hand schreiben oder in den Computer tippen, töpfern oder nähen. Finden Sie dann heraus, wo im Haus Sie am besten einen Arbeitsplatz schaffen können, an dem Sie sich wohlfühlen und kreativ werden können.

RAUM FÜR ARBEITSPLÄTZE findet sich immer: unter einer Dachschräge, hinter einem Raumteiler im Wohn- oder Schlafzimmer, an einem wandmontierten Klapptisch in der Küche oder in separaten Räumen im Gartenhaus oder Schuppen. Schon wenige Quadratmeter genügen für einen Arbeitsplatz, sei er temporär oder von Dauer, provisorisch oder luxuriös.

Praktische Planung Überlegen Sie, welche Möbelstücke Priorität haben – ein großer Tisch für Pläne und Papiere oder ein geräumiger Schrank für größere Geräte und Behälter? Brauchen Sie eine große Pinnwand für Ihre Konzepte? Oder einen Schreibtisch plus Arbeitsplatte für eine Nähmaschine, Vorlagen und Illustrierte?

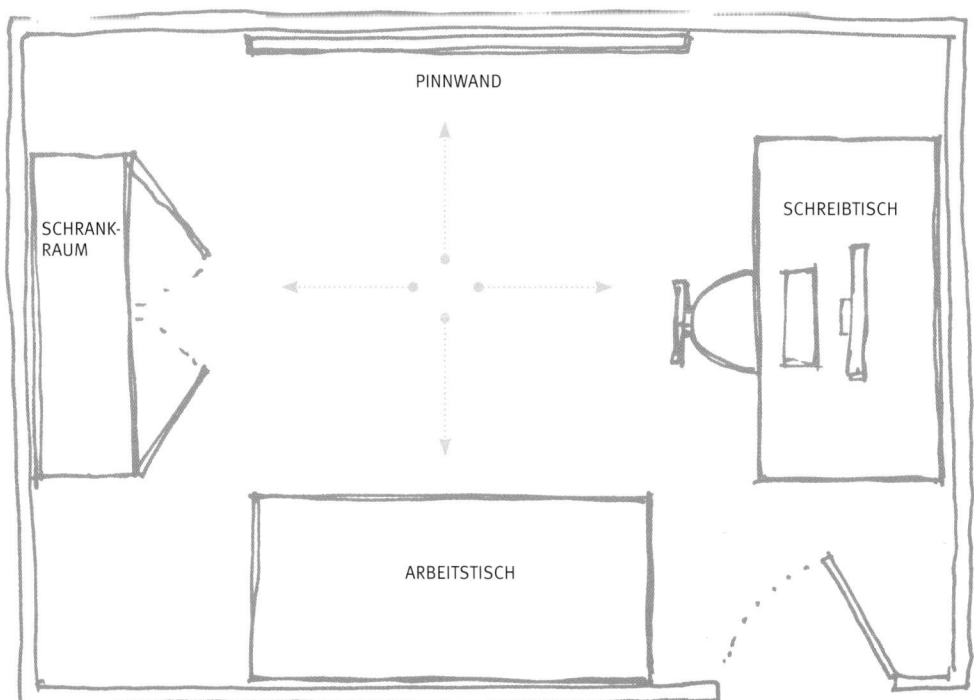

AUS DEM NÄHKÄSTCHEN *Rechte Seite* Virginia Armstrongs Nähtisch besteht aus einer einfachen Platte auf Böcken, die bei Bedarf weggeräumt werden kann. In den Wandregalen finden immer wieder andere inspirierende Sachen vorübergehend Platz. Im Planschrank sind Stoffmuster und fertige Arbeiten ordentlich verstaut.

> „Mein Lieblingsplatz wechselt andauernd – je nachdem, wo ich gerade etwas neu gestaltet habe. Dekorieren bewirkt so viel! Anregungen von außen und die eigene Kreativität kommen zusammen, um einen Platz zu schaffen, der nicht nur funktional ist, sondern Ihrem Bedarf entspricht."
>
> *Belinda Graham, Bloggerin*

Der Arbeitsplatz *Dreh- und Angelpunkt der Arbeit zu Hause*

Stellen Sie Ihren Schreibtisch an einem ruhigen Fleck auf, wo Sie sich konzentrieren können – am besten getrennt von Wohn- und Schlafräumen. In der Küche werden Sie leicht von der Hausarbeit abgelenkt; wer im Schlafzimmer arbeitet, kann häufig nachts nicht abschalten, und im Wohnraum wird man zu oft von den anderen Familienmitgliedern gestört.

Der Schreibtisch muss zu Ihrer Tätigkeit passen. Wer viel schreibt, braucht meist nur eine einfache Ausführung mit Schubladen für Büromaterial und Nachschlagewerke. Viele Künstler arbeiten gerne an einem verstellbaren Zeichentisch, während zum Blumenbinden, Nähen und Basteln eine Platte auf Böcken mit genügend Stauraum in Reichweite perfekt ist. Mit Familienfotos oder einer Pinnwand mit Anregungen wird der Arbeitsplatz zu Ihrem persönlichen Reich.

Ein Platz zum Arbeiten

Der Schreibtisch muss groß genug für alle Ihre Unterlagen sein, Stauraum beinhalten und bei Bedarf ausreichend Platz für Computer und Drucker bieten.

Wichtig sind die Lichtverhältnisse. Wählen Sie eine Leuchte, die sowohl die Arbeitsplatte als auch den Bildschirm gut beleuchtet.

Wenn Sie in einem Raum arbeiten, der mehreren Zwecken dient, gestalten Sie Ihren Platz in Übereinstimmung mit dem Dekor, damit er sich harmonisch einfügt.

Bewahren Sie nicht benötigte Geräte und Materialien in Schränken und Schubladen auf, damit nichts Ihre Konzentration stört.

Lassen Sie Anschlüsse für Telefon, Internet, Computer und Stereoanlage leicht zugänglich verlegen.

ANREGUNGEN SAMMELN *Oben* Fotos und andere inspirierende Dinge gehören direkt neben Ihren Arbeitsplatz. Sie dienen als visueller Anreiz und sorgen für ein wenig Entspannung in kurzen Arbeitspausen.

„Ein schöner Arbeitsplatz zu Hause motiviert dazu, die eigenen Talente zu nutzen, und strukturiert Ideen und Arbeitsabläufe. In einer freundlichen Atmosphäre kann man sich immer besser entfalten!"

Irene Hoofs, Bloggerin

SCHULARBEIT In ihrer umgebauten alten Schule nimmt der Arbeitsplatz von Stephanie Rammeloo eine Wand des riesigen Wohnraums ein. Er fügt sich optisch nahtlos ein. Reichlich Stauraum findet sich in den Schubladenelementen unter der durchgehenden Arbeitsplatte, die dadurch frei bleibt für alle Utensilien, die ständig gebraucht werden.

KREATIVRÄUME

,,Arbeiten und Wohnen unter einem Dach, das hat für das Familienleben viele Vorteile. Zum Beispiel den kurzen Weg zwischen Arbeitsplatz und Küche."

Claudia Nowotny, Ladenbesitzerin

SCHAU- UND LAGERRAUM *Linke Seite, oben links* In ihrem Haus in Kalifornien reserviert Leslie Shewring ein ganzes Zimmer für kreative Arbeiten. Hier bewahrt sie Stoffmuster, Bänder, Garne und sonstiges Nähzubehör auf, dazu Vasen und Vorratsgläser für ihr zweites Hobby: Blumenbuketts und Gestecke.

BEHAGLICHES BÜRO *Linke Seite, oben rechts* Christine d'Ornanos Ehemann Marzouk nutzt ein kleines Büro neben Schlafzimmer, Ankleideraum und Bad. Die Wände mit der petrolfarbenen Leinenbespannung verleihen dem Raum die Aura eines exklusiven Clubs.

ROSAROTE GALERIE *Linke Seite, unten links* Sabine Brandts Arbeitsplatz unter der Dachschräge eines ansonsten ungenutzten Raums ist besonders gemütlich. Die bonbonrosa Wand ist der perfekte Hintergrund für ihre Kollektion persönlicher Fotos, Kunstwerke und Sammlerstücke.

WEISSE BIBLIOTHEK *Linke Seite, unten rechts* In diesem hohen Raum hat sich Shawn Gold, der Ehemann von Amy Neunsinger, sein Büro mit raumhohen Regalen eingerichtet. So ist seine Bibliothek mit ledergebundenen Folianten und dicken Wälzern zugleich gut nutzbar und sehr dekorativ.

VINTAGE MIT FANTASIE Für eine Arbeitsecke ist fast jeder Raum geeignet. Attraktiv wirkt ein leicht beweglicher Tisch aus Platte und zwei Stützen, ein aparter Stuhl und ein kreatives Arrangement von Deko-Objekten.

Lyndsay ist Kunstschmiedin, Fitzhugh Bildhauer und Designer. Sie nutzen jeden Zentimeter für neutral-weiße Regale, in denen ihre Designexperimente und Ideen untergebracht sind. „Weiß passt zu allem. Für uns ist es der perfekte Hintergrund für die Dinge, die wir selbst gestalten und sammeln."

Die übrige Fläche dient als gemütliches Wohnzimmer. Die Ausrichtung der Arbeitsplätze zur Wand, vom Raum abgewandt, fördert die Konzentration. Niedrige Schubladenelemente unter der langen Arbeitsplatte aus Irokoholz enthalten Unterlagen und Büromaterial.

HEIMARBEITSPLATZ *Links* Werden Sie an Ihrem Arbeitsplatz heimisch: Stellen Sie Fotos, kleine Schätze und Arbeitsmaterial auf. Halten Sie Haftnotizen und Notizbücher bereit, damit Sie jederzeit neue Ideen festhalten können.

ARBEITSWAND *Rechte Seite* Das platzsparende Homeoffice besteht aus einer maßgefertigten Regalwand und einer Arbeitsplatte aus Holz mit Einbauschränken und Schubladenelementen zwischen den beiden nebeneinanderliegenden Arbeitsplätzen.

Die platzsparende Workstation erstreckt sich entlang einer Wand. Die Stühle werden nach der Arbeit unter die Platte geschoben.

Ein Schreibtisch fernab vom Fenster schützt vor Ablenkung. Wichtig ist gute Beleuchtung.

Im separaten Lagerraum werden Materialien für Bildhauerei, Schmiedearbeiten und Design aufbewahrt.

Das Gästezimmer befindet sich hinter dem Arbeitsbereich.

FALLSTUDIE

DAS HOMEOFFICE

Wenn Sie das Haus nicht verlassen müssen, um Ihrer Arbeit nachzugehen, richten Sie sich einen festen Platz dafür ein, der nur der Arbeit vorbehalten ist. Bringen Sie dort alle Geräte und Materialien unter, die Sie für die Arbeit benötigen. Psychologisch und auch physisch ist ein separater Arbeitsraum empfehlenswert, aber zur Not genügt auch eine Zimmerecke, die mit einem Wandschirm abgetrennt wird. Selbst eine mobile Einheit mit Arbeitsplatte und Stauraum kann eine stilsichere und praktische Lösung sein.

Lyndsay Caleo und Fitzhugh Karol haben einen Teil der Gartenebene ihres Hauses in Brooklyn in einen freundlichen Büroraum umfunktioniert, an den sich ein Gästezimmer mit eigenem Bad anschließt. Diese Anordnung ist für das Arbeiten zu Hause ideal, denn der Raum bietet Ruhe, direkten Zugang zum Garten und jede Menge Tageslicht. Nachts und an den Wochenenden verwandelt sich dieser Bereich in eine perfekte Gästesuite.

„Wir haben bewusst Weiß als Grundfarbe gewählt, denn wir nehmen tagtäglich so viele visuelle Informationen auf, dass dieser neutrale Ton für uns entspannend ist. Ein gut gewähltes Weiß ist zeitlos."

Lyndsay Caleo, Schmiedin, und Fitzhugh Karol, Bildhauer

"Es sind die kleinen Dinge, die für den Wow-Effekt sorgen. Durch sie erfährt jeder Raum eine VERWANDLUNG in etwas Außergewöhnliches."

Abigail Ahern

Liebe zum Detail

„Jonathan sieht unsere Wohnung als eine Art Leinwand für seine Ideen." *Simon Doonan, Kreativchef und Autor*

KUNSTVOLLES ARRANGEMENT *Vorangehende Seite* Kaminsimse und Wandregale sind ideale Orte, um dort Stillleben aus Sammler- und Fundstücken zu schaffen. Flora und Fauna, Nähseide, alte Preisschilder und „antike" Bilderrahmen bilden durch die ähnlichen Farben und Oberflächen einen Zusammenhang.

„Unsere Bestände ändern sich mit jedem neuen Projekt, jeder Kollektion. Mein armer, leidgeprüfter Lebenspartner muss immer damit rechnen, dass eine heißgeliebte Keramik, Couch oder Lampe spurlos verschwindet und urplötzlich etwas anderes da steht." *Jonathan Adler, Keramikkünstler und Interior Designer*

KERAMIKSAMMLUNG Gruppieren Sie Töpferwaren nach Höhe, Funktion, Stil oder Farbe. Spielen Sie mit der Aufstellung, bis die Konstellation für Sie perfekt ist.

DER KRÖNENDE ABSCHLUSS

Wenn Sie Ihre Räume durchgeplant und nach Ihrem persönlichen Geschmack eingerichtet haben, gehen Sie zu den kleinen Dingen über, die das Ganze zu einer runden Sache machen. Es sind die Details, die auch heterogene Raumdesigns vereinen, die einen interessanten Farbakzent setzen oder eine Spur Magie in das Alltägliche zaubern.

Schauen Sie Ihre Sachen durch und suchen Sie nach etwas, das Sie emotional berührt. Vielleicht ein Familienschnappschuss in einem alten Bilderrahmen? Eine Kinderzeichnung, ein Gemälde oder auch eine üppige Zimmerpflanze, an denen Sie Freude haben, oder ein heißgeliebtes Andenken an eine Reise, das nun endlich seinen großen Auftritt feiern darf.

ERST DAS GESPÜR FÜR DEN EFFEKT von sorgfältig ausgewählten Details macht eine gute Raumgestaltung zu einem kleinen Kunstwerk. Eine dekorative Lampe, ein besonderer Teppich, eine schöne Zusammenstellung von Bildern, eine hübsche Tonschale oder auch nur Verzierungen wie die Paspeln an einem Polstersessel können die Atmosphäre in einem Raum entscheidend prägen.

Feinarbeit Treten Sie einen Schritt zurück und schauen Sie sich in dem fertigen Raum um: Benötigt er noch ein wenig liebevolle Zuwendung? Wirkt die Gestaltung nüchtern oder auch einen Hauch zu perfekt? Fehlt ein wohliger Teppich? Dürfen es ein paar mehr Sofakissen und Decken sein? Stimmt die Beleuchtung? Mit Kleinigkeiten können Sie die Stimmung nachhaltig verändern.

LICHTGESTALT Mit funkelnden Wandlampen verleihen Sie Ihrem Schlafzimmer einen glamourösen Touch. Dieses prächtige Exemplar setzt die Blumentapete und den schweren weißen Vorhangstoff ins richtige Licht.

SCHICHTEN *Rechte Seite* Verschiedene Stoffe neben- und übereinander geben dem Bett eine dekorative Form und sind ein deutliches Stilbekenntnis. Hier wird eine Auswahl an Kissen im Zusammenspiel mit einer vielschichtigen Kombination aus Bettdecke, Steppdecke und Tagesdecke zum visuellen Erlebnis.

„Die letzten Handgriffe zur Gestaltung eines Raums sind ästhetisch am wichtigsten, denn sie machen seine Seele aus. Texturen, Wärme und Farbstimmungen schaffen Sie mit hübschen Kissen und kleinen handgeknüpften Teppichen. Lassen Sie dadurch Ihre Lebensweise und Ihre Persönlichkeit zum Ausdruck kommen."

Thom Filicia, Designer

Die Kunst des Arrangierens
Bringen Sie Ihre Prunkstücke gut zur Geltung

„Eine üppige Bildersammlung an der Wand begeistert, schon die Menge ist ein Erlebnis. Manche sagen, nicht mehr als drei bis fünf Stücke – meine Meinung dazu: Mehr ist mehr!" *Christina Batch-Lee, Etsy*

Kunst- und andere Objekte zu arrangieren ist der Traum jedes Stylisten, aber keine leichte Aufgabe für Laien. Sollten alle Bilder identisch gerahmt sein oder dürfen Form, Farbe und Größe der Rahmen variieren? Sieht ein Mix aus alten und neuen Stühlen attraktiver aus als eine Sammlung aus einer Epoche? Soll man eine Vielfalt von Objekten auf Wandbord, Tischplatte oder Kaminsims platzieren und darauf bauen, dass von selbst etwas davon hervorsticht, oder beschränkt man sich lieber auf eine kleine Auswahl?

Meist wirken Dreiergruppen ähnlicher Gegenstände interessanter als Paare, aber auch eine größere Anzahl kann stimmig sein. Verschiedene Bilderrahmen sind gut, wenn sie bei aller Abwechslung eine ansprechende Gesamtwirkung erzeugen. Eine Auswahl von Objekten sollte unbedingt mit dem Stil des Raums harmonieren. Drei Altarkerzen auf dem Kaminsims wirken in einem sehr schlichten Raum großartig, gehen jedoch in einem bunten Raum hoffnungslos unter.

GRUPPENBILD *Links* Eine lineare Anordnung funktioniert dann gut, wenn die einzelnen Komponenten grundverschieden sind. In seinem New Yorker Loft hat Vicente Wolf auf zwei Wandborden Schwarzweißfotografien aufgereiht. Darunter sind prunkvolle Stühle zu einer wunderschönen Parade versammelt.

GALERIE *Rechte Seite* Rita Konig lässt (scheinbar) den Zufall walten und hängt Gemälde mit und ohne Rahmen in lockerer Gruppierung. Einendes Element ist der Themenkreis Blumen und Natur. Auch eine solche thematische Gliederung kann rundum überzeugend sein.

„Es geht nichts über Originalgemälde an der Wand. Sie müssen kein Vermögen kosten. Bei Auktionen und auf dem Trödelmarkt gibt es originelle Stücke für wenig Geld. Ergänzen Sie Ihre Kollektion durch die kleinen Dinge, die aus einer Wohnstatt ein Zuhause machen." *Deborah Bibby, Chefredakteurin*

Schaffen Sie einen inneren Zusammenhang in Ihrem Arrangement, sei es durch Farbe, Form oder Material. Bei einer Sammlung von Stühlen, Kissen oder Kerzen liegt die Harmonie in der Funktion. Achten Sie auch auf Höhen- und Größenverhältnisse, die überraschende Effekte hervorrufen können.

Haben Sie die Gegenstände nach Ihren Vorstellungen zusammengestellt, kommt die Beleuchtung an die Reihe. Sollen sie auf einem Regalbrett von oben oder von unten, auf dem Fußboden vielleicht von hinten angeleuchtet werden? Für Gemälde oder andere Kunstwerke eignen sich Punktstrahler.

Zur Schau stellen

Gruppierungen nach Farbe bieten sich für Glasobjekte an, speziell auf dem Kaminsims oder der Fensterbank. Repräsentative Stücke sehen in einer Reihe dicht am Fenster fabelhaft aus, wo sie im Tageslicht leuchten.

Gelungene Arrangements bestechen auch durch ein wenig Humor. Gläser und Keramiken mit Gesichtern, mechanisches Spielzeug im Herrenzimmer oder auch kuriose Zeitschriftenwerbung in Bilderrahmen sorgt für einen heiteren Unterton.

Ebenso eindrucksvoll wie unaufdringlich sind Arrangements aus natürlichen Fundstücken wie Muscheln, bunte Blätter, filigrane Zweige, Zapfen und Früchte.

Bilder brauchen schöne Rahmen. Kleine Formate passen gut auf Beistelltische oder Fensterbänke, größere verdienen mehr Platz, meist an der Wand. Besonders raumgreifende Werke kann man auch schräg an eine freie Wand lehnen.

Ungewöhnliches zieht ganz von selbst die Blicke auf sich. Küchenutensilien aus Omas Backstube, Glasobjekte aus den 1960er-Jahren, kunstvoll-künstliche Blumen, bunte Textilien oder originelle Kissenbezüge tragen zu einer interessanten und lebendigen Raumwirkung bei.

Zimmerpflanzen bringen etwas Grün in Ihr Arrangement. Zwei große Gewächse mit auffälligen Blättern wie Birkenfeige, Gummibaum oder Zimmerlinde wirken gut als Hintergrund für Straußenfarn oder anspruchslose Grünlilien – Retro und Öko in einem.

GLASKÖPFE Jonathan Adlers kauzige Muranoglas-Objekte aus den 1960er-Jahren haben vor der weißen Wand über dem klassischen Kamin ihre Heimat gefunden. Die originelle Sammlung besticht durch Farbenpracht und Humor.

HERBSTFARBEN *Rechte Seite* Die modernen Flakons sind alten Arzneigläsern nachempfunden. Mit ihren leuchtenden Farben und schönen Details sind sie eine sehenswerte Fensterdekoration.

„Eine Seele entwickeln Interieurs erst mit der Zeit, wenn Sie Dinge hinzufügen, die Ihren Geschmack, Ihren Stil und Ihre Erfahrungen spiegeln."

Michelle Adams, Designerin

> „Manchmal ist mehr eben mehr. Zwei kleine Dinge auf einem Wandbord sehen nach nichts aus, aber 20 zueinander passende kleine Dinge sind eine Kollektion! Eine gute Sammlung hat immer ein übergeordnetes Thema."
>
> *Christina Batch-Lee, Etsy*

FOLKLORISTISCHE VIELFALT Die Früchte eines langen Reiselebens bevölkern das weiße Regal. Geschmackvoll arrangiert, stehen Astier-de-Villatte-Porzellan aus Südfrankreich, ein Buddha aus Fernost, Keramik aus Dänemark, Batik-Druckstöcke aus Indonesien und zinnerne Erbstücke einträchtig beisammen. Verbindend wirkt die Farbe Weiß.

SICHTBETON *Oben* Schwere Betonplatten auf Metallkonsolen bieten Platz für ein kleines Set aus Steinzeug. Den in diesem Fall grünen Faden steuern die Topfpflanzen bei.

RETRO-FEELING *Unten* Karaffe, Eiskübel und Vasen aus den 1950er- und 1960er-Jahren ziehen in diesem weißen Regal die Blicke ganz von selbst auf sich.

NOSTALGIE IM QUADRAT *Oben* Liebevoll hat Sania Pell das erste Jäckchen und die Babyschühchen ihrer Tochter zwischen anderen persönlichen Erinnerungsstücken im Schlafzimmer dekoriert.

SCHREIB MAL WIEDER *Unten* Gruß- und Ansichtskarten an der Küchenwand lassen Freunde und Verwandte ganz nah erscheinen, auch wenn sie am anderen Ende der Welt sind.

#

HÜBSCH ABGEWETZT *Oben* Ein Konsoltisch mit eleganten konischen Beinen in reizvoll gealtertem Grau setzt in einer modernen Einrichtung einen traditionellen Akzent.

KLEINKRAM *Unten* Figürchen und Devotionalien in trauter Eintracht mit Mini-Designervasen auf dem Kaminsims in Rita Konigs New Yorker Apartment wirken charmant und witzig.

BEWUSSTSEINSERWEITERND *Oben* Markante Glasvasen in Violett, Orange, Grün und Weiß auf einem Kaminsims. Farben, Form und Proportion stiften Zusammenhalt.

WEIDMANNSHEIL *Rechte Seite* Thom Filicia richtete dieses Haus am See klassisch und behaglich ein. Die an der Vertäfelung prangenden Jagdtrophäen erinnern an rustikale Jagdhütten.

„Meine Ästhetik drückt sich in der Kombination klassischer Strenge mit modernem Flair aus."

Thom Filicia, Designer

SPIEGEL

Geschliffene Eleganz

Spiegel sind das Mittel der Wahl, um mehr Licht in einen Raum zu holen. Sie haben aber auch ihren ganz eigenen Reiz. Halten Sie Ausschau nach älteren Stücken ebenso wie nach Spiegeln in aktuellem Design. Es gibt sie in unzähligen Formen, Größen und Rahmen, mit und ohne Verzierung. Wenn Sie schon wissen, was Sie wollen, versuchen Sie Ihr Glück in Secondhandläden oder beim Trödler. Sollten Sie gar nichts Passendes finden, können Sie sich immer noch einen Spiegel nach Maß anfertigen lassen.

„Selbst wenn Ihre Verwandtschaft einen öden oder gar keinen Geschmack hat: Garantiert findet sich irgendwo auf dem Speicher ein Schatz – und wenn es ein alter Koffer ist, der zum Schmuckstück wird. Jedes Haus birgt ein solches Juwel." *Tori Mellott, Stilexpertin und Autorin*

„Spiegel und Lampen verleihen jedem Raum mehr Tiefe." *Lulu deKwiatkowski, Designerin*

SONNENSCHEIBE *Oben* Die nach außen gewölbte Oberfläche von Jonathan Adlers Vintage-Sonnenspiegel reflektiert den Tischtennisraum seiner Wohnung wie durch ein Goldfischglas gesehen.

CHROMKRANZ *Unten* Dieses eindrucksvolle Stück wurde aus alten Chromteilen und Spiegelglas angefertigt, datiert und signiert vom Kunstschmied C. Jeré, der sich auf Wandskulpturen und Küchenaccessoires spezialisiert hat.

SPIEGLEIN, SPIEGLEIN *Rechte Seite, oben* Schöne alte Spiegel wurden hier an einer Schlafzimmerwand zu einer glitzernden Collage zusammengestellt. Je vielfältiger die Formen, desto besser.

FRANZÖSISCHER CHARME *Rechte Seite, unten links* Spiegel und passender Konsoltisch neben dem geradlinigen Kamin sind ein klares Bekenntnis zum Rokoko. Verschnörkeltes Mobiliar wirkt am besten in ansonsten eher nüchtern gehaltenen Räumen.

GOTISCHES MASSWERK *Rechte Seite, unten rechts* Der Standspiegel hätte einem Burgfräulein alle Ehre gemacht. Hier ist er das einzige dekorative Element in einem relativ schlichten Raum – abgesehen vom Porzellanpudel, der sein Spiegelbild anhimmelt.

LEUCHTEN

Eine Beleuchtung mit dekorativem Effekt ist keine Nebensache. Ein prunkvoller Kronleuchter kann nämlich selbst zum zentralen Blickfänger in einem Raum werden. Suchen Sie Anregungen unter den vielen modernen Anbietern und in Vintage-Läden.

FÜNFZIGER-SCHICK *Rechts* Aufgearbeitet und mit neuen Leuchtmitteln versehen, sorgen Vintage-Funde für einen Hauch von Glamour. Die Kabel verschwinden unter Zierleisten und Rosetten.

NACKTE PRACHT *Unten links* Neu und Alt vereinen sich hier zu einer witzigen „nackten Glühbirne", die tatsächlich eine vollwertige Lampe ist. Ihre Vorzüge sind zeitgemäßes Aussehen und totale Flexibilität. Sie eignet sich deshalb auch als Übergangslösung, bis der richtige Kronleuchter gefunden ist.

GRANDIOSES FINALE *Unten rechts* Ein französischer Lüster beschwört Bilder von Patisserien und eleganten Salons herauf. Besonders wirkungsvoll in einem Stuckaltbau mit Deckenrosette.

"Die Leuchte prägt einen Raum, darum sollte sie von Anfang an in die Gestaltung einbezogen werden."

Marcia Zia-Priven, Lichtdesignerin

DÄNISCHE MODERNE Ein Klassiker ist Poul Henningsens Leuchte *Artischocke*, ursprünglich konzipiert für ein Kopenhagener Restaurant. Dort hängen die Originale noch heute. Im Flur, über dem Esstisch oder im Wohnzimmer sieht auch das neu aufgelegte Modell fabelhaft aus.

TANZENDE TROPFEN Der Lüster *Light Drizzle* von Ochre ist ein wunderschönes aktuelles Design aus poliertem Nickel und transparenten Glastropfen. Einen geradlinigen Wohnraum schmückt er ebenso wie ein stilvolles Esszimmer.

VERSPIELTE TRADITION Tischlampen mit reich verziertem Fuß erleben gerade ein Comeback als kuriose Extravaganz in Wohn- und Esszimmern. Die Buschwindröschen aus bemaltem Metall bilden einen hübschen Farbtupfer.

„Die Beleuchtung sollte als Schmuck gesehen werden. Sie weckt Emotionen."
Marcia Zia-Priven, Lichtdesignerin

„Man findet heute ganz viele fabelhafte Lampen im Internet. Sie werden staunen, was alles angeboten wird!" *Vanessa De Vargas, Designerin*

Bringen Sie Licht in Ihr Leben

Ein dekorativer Kronleuchter ist ein prunkvolles Stück in Küche, Wohn- oder Esszimmer. Zusätzlich aber sind Arbeits- und Akzentleuchten notwendig, seien es versenkte Deckenspots, Lichtleisten über der Arbeitsplatte oder Bodenleuchten.

Ein Zimmer mit Deckenlampe oder Kronleuchter plus einigen Tischlampen und vielleicht einer Stehlampe wirkt immer einladender als ein Raum nur mit einer hellen zentralen Lichtquelle.

Spannende Lichteffekte liefern Deckenfluter in Kombination mit Strahlern und Spots, die auf Architekturelemente wie einen Kamin, einen Fensterbogen, einzelne Möbel oder Objekte gerichtet sind.

Auch mit einem monumentalen Kerzenleuchter lassen sich bühnenreife Beleuchtungseffekte gestalten.

An exponierter Stelle auf einem Konsol-, Beistell- oder Schreibtisch sind Tischlampen zugleich Dekoration und Lichtquelle.

Arbeits- und Tischleuchten im Retro-Look passen ins Loft wie ins Landhaus. Ihre klaren, zeitlosen Linien sehen in beiden Wohnstilen gut aus.

Gegenstände auf Galerieleisten oder in Vitrinen kann man interessant inszenieren, indem man vor oder hinter dem Objekt einen Minispot anbringt oder es mit einem Strahler von oben oder von der Seite beleuchtet.

„Die Beleuchtung kann die Stimmung in einem Raum grundlegend verwandeln. Sie lässt sich mit Dimmern, Paneelen oder Lampenschirmen ziemlich einfach steuern."

Rachel Ashwell, Designerin

RAUCHGLAS UND BLUMEN
Gläserne Lampenfüße sehen grundsätzlich edel aus, vor allem zu Lampenschirmen mit Blumenmustern oder in Komplementärfarben. Im Schlaf- und Wohnzimmer sind solche Lampen Lichtquelle und Kunstobjekt in einer Form.

KISSEN

Kissen stehen nicht nur für Bequemlichkeit, sie bringen auch Farbe ins Spiel und setzen individuelle Akzente. Verändern Sie die Farbwirkung eines Raums durch neue Kissenbezüge oder wechseln Sie sie mit der Jahreszeit, kaschieren Sie damit unschöne Polsterbezüge oder erneuern Sie den Look Ihres Schlafzimmers.

MIDCENTURY-GRAFIK *Rechts* Deko-Stoffe von Roddy & Ginger leuchten zwischen anderen Mustern auf der klassischen Ercol-Couch in Virginia Armstrongs Londoner Haus. Wählt man die Kissen in den zwei Grundfarben des Raums, wirken sie harmonisch, dabei aber nicht pedantisch aufeinander abgestimmt.

STRUKTURVIELFALT *Unten links* Mischen Sie Farben und Muster und runden Sie das Ganze dann mit anderen Stoffen oder einem Fellpolster ab. Geradlinige Möbel in einem neutralen Umfeld wirken dann anschmiegsamer.

WEISS ZU WEISS *Unten rechts* Variieren Sie bei gleicher Farbe das Material. Hier lockert die Rippenstruktur in der Mitte das Ensemble auf, das geraffte runde Kissen aus grauer Seide veredelt es.

„ **Ein neutrales Schema wird spannender und individueller durch ein paar Cocktailkissen. Handbestickte und schöne alte Bezüge sind begehrte Erbstücke. Sie können sogar zum Aufhänger für sämtliche Farben und Formen im Raum werden und Ihrem Zuhause dadurch Charakter verleihen."**
Niki Jones, Designerin

„ **Achten Sie immer auf die Details. Für den letzten Schliff sorgen Dinge wie Tagesdecken und Kissen. Vor allem im Schlafzimmer sind sie ausschlaggebend für die Gesamtwirkung."**
Nate Berkus, Designer

GANZ AM RANDE Paspeln an Kopfkissen sorgen für klare Konturen. Hier verbinden die runden Ränder eine ganze Kissenparade, vom poppigen Stickmotiv bis zu verschiedenen Ferm-Living-Modellen in unifarbenem Samt mit grafischen und mit floralen Motiven.

BLUMEN

Blumen sind ein bisschen wie Modeschmuck: Sie mögen nur ein Detail unter vielen sein, können aber einen Raum blitzartig verändern – wie eine funkelnde Kette ein schwarzes Kleid. Gut gewählte Blumen sind ein effektives Gestaltungselement. Mit selbst gefertigtem Blumenschmuck lassen sich die eigenen vier Wände schön inszenieren.

KLATSCHMOHN *Rechts* Schlichtweiße Vasen bringen farbige Blüten zum Strahlen. Auf dem Esstisch oder im Flur hebt ein gemischter Klatschmohnstrauß sofort die Stimmung.

ROSEN UND DAHLIEN *Unten links* Wenn Sie gerne Silbervasen gebrauchen, stellen Sie eine kleinere Vase hinein, da die Blumen sonst vorzeitig welken. Dieses kompakte Bukett besteht aus lila Rosen, senfgelben Pompondahlien und hellrosa Pfingstrosen.

KNOPFAUGEN *Unten rechts* Ungefüllte Gerbera sehen hübsch und verspielt aus in diesem Gefäß von Jonathan Adler neben der golden schimmernden Rippenvase. Im richtigen Behältnis wirkt auch ein bescheidenes Sträußchen toll.

„ *Frische Blumen dürfen nicht fehlen. Ich nehme ständig irgendwo Zweige mit und stelle sie zu Hause in winzige Vasen. Am Blumenstand im Supermarkt kann ich nur schwer vorbeigehen. Mit Blumen fühle ich mich zu Hause heimisch, sie bringen jede Ecke zum Leuchten.* "

Leslie Shewring, Fotografin und Stylistin

SCHÖN BUNT Unprätentiöse Strahlkraft haben Bauernblumen, wie hier locker in einer alten Emailvase arrangiert, auf einer sommerlichen Mittagstafel oder einfach auf dem Küchentisch.

Blumenschmuck

Experimentieren Sie mit Blumen. Stellen Sie schöne Vasen bereit, notieren Sie Ihre Lieblingsblumen und die zu jedem Raum passenden Farben, und dann legen Sie los: Kombinieren und arrangieren Sie Blüten und Grün entsprechend der Jahreszeit.

„ *Eine einzige Blumensorte – ob solo oder als üppiges Bukett – ist attraktiver als ein bunter Strauß mit vielen Farben und Formen. Die Gleichartigkeit der Komponenten ist ein einfaches, aber ungemein wirkungsvolles Motiv in der Floristik.*" *Paula Pryke, Floristin*

HIMMLISCHE ROSEN Einzelne zartrosa Rosen in hohen Glaszylindern, die mit Tortenspitze, Kordeln und handgeschöpftem himmelblauem Papier verziert sind, ergeben hier ein geradezu malerisches Stillleben.

SCHILLERNDE DREISSIGER *Rechts* Geschlossene Röschen in zartem Lachsrosa kontrastieren mit der im Stil des Art déco mattierten und schillernd glasierten Vase. Achten Sie auf ein schönes Zusammenspiel von Blüten- und Vasenfarbe.

BAUERNGARTEN *Unten links* Grün, Weiß und Gelb sind die gängigsten Gartenfarben. Kombinieren Sie Blumen in diesen Schattierungen in hellgrünen Krügen und Vasen zu frühlingsfrischen Arrangements.

ROSENSCHALE *Unten rechts* Schneiden Sie die Stängel von Rosen, Hortensien oder Pfingstrosen sehr kurz und legen Sie die dicken Blüten in flache Schalen. So drapiert, wirken die üppigen Blüten sehr sinnlich und lässig.

„Blumen können herrlich viel Wärme und Charme ins Haus bringen. Ich gehe gern mit der Jahreszeit in ihrem jeweiligen Farbspektrum. Meine Blumenarrangements sind fest in der Natur verwurzelt, dort hole ich mir Anregungen für Farbzusammenstellungen. Ich mag lebendige, natürliche Arrangements." *Pam Zsori, Floristin*

Vasen, Krüge, Schalen

KUNTERBUNT Die Glasväschen in den Farben des Regenbogens wirken wie ein kleiner Bonbonladen. Nur wenige Stängel pro Vase reichen für ein fröhliches, buntes Ensemble.

Ansprechende Gefäße sind ebenso wichtig wie die Wahl der Blumen selbst. Halten Sie Ausschau nach farbenfrohen, ausgefallenen, klassischen, altmodischen oder ganz schlichten Vasen, Krügen und Schalen, in denen Blumen unterschiedlich zur Geltung kommen.

„Seien Sie bei Vasen und Gefäßen kreativ: Alte Flaschen, Krüge, Dosen, eine silberne Teekanne oder ein origineller Tonkrug vom Trödelmarkt können besonders charmant aussehen."

Caroline Taylor, Bloggerin

CHINESISCH INSPIRIERT *Rechts* Eine asiatische Teekanne mit Kirschblütendessin und zwitschernden Vögelchen steht mit dem Strauß Lupinen und Wiesenkerbel aus dem Garten und etwas Grün in perfekter Harmonie.

RASENKANTE *Unten rechts* Die preisgekrönte Vase *Grass* von den Claydies für Normann in Kopenhagen wurde speziell für eher unspektakuläre Einzelblüten und Wildblumen entwickelt, die üblicherweise wenig Beachtung finden.

„ Als Blumenschmuck für formell gestaltete Räume mag ich Arrangements in Hellgrün, Rot und Aubergine. "

Amy Atlas, Eventmanagerin

Aufnahmefähig

Krüge, Flaschen und Kannen aller Art eignen sich gut als Vasen.

Alte Vasen haben gelegentlich Risse, die mit dem bloßen Auge nicht erkennbar sind. Testen Sie daher zunächst, ob Ihr jüngster Flohmarkt-Fund auch dicht ist, bevor Sie Blumen hineinstellen.

Wenn ein wunderschönes Behältnis tatsächlich nicht frischwassertauglich ist, stellen Sie einfach Kunstblumen hinein.

Machen Sie einen Bogen um Metallvasen. Blumen welken darin erheblich schneller als in Glas- oder Porzellanvasen.

Verwenden Sie möglichst kein Steckmoos, denn es ist nicht biologisch abbaubar, lässt frische Blumen austrocknen und enthält außerdem Formaldehyd. Befestigen Sie Gestecke lieber mit Floristendraht.

Blumen sind unterschiedlich lange haltbar. Entfernen Sie verblühte Stängel aus Sträußen, damit der Rest länger hält und frischer wirkt.

Die richtige Vase für einen Strauß zu finden, macht Spaß. Stellen Sie einmal üppige Pfingstrosen in einen rustikalen Krug oder ein Bukett aus Schoten, Beeren und Zweigen in eine schlichte bauchige Vase aus Großmutters Zeiten.

Wenn Ihre Sammlung kostbarer oder farbschöner Vasen besonders zur Geltung kommen soll, stellen Sie in jede nur wenige Blumen, so rückt das Design in den Mittelpunkt der Aufmerksamkeit.

GLITZERNDE ROSE *Linke Seite* Sania Pell füllte reflektierende Silberpailletten in ein Kugelväschen, die der einzelnen Rosenblüte zum großen Auftritt verhelfen.

„Toll sieht es aus, wenn Sie einen dicken Strauß in einer großen Vase einer Einzelblüte in einem viel kleineren Gefäß gegenüberstellen. Testen Sie die Anordnung, bis Sie zufrieden sind. Wenn Sie einen Schritt zurücktreten, haben Sie das Gesamtbild im Blick. Das Wichtigste dabei ist, dass es Ihnen Freude macht." *Selina Lake, Stylistin*

BLAUTÖNE Ausrangierte Gläschen und Arzneiflaschen unterstreichen die luftig-leichte Wirkung der fedrigen, blauen Skabiosen und verwandeln diese Fensterbank in ein Apothekergärtchen.

DER GEDECKTE TISCH

Tischdekorationen können Ihren persönlichen Stil spiegeln und Ihre Gäste festlich stimmen

„Ich nähe Servietten und Tischtücher aus Stoffresten – eine geschickte und praktische Methode, den Tisch einzigartig zu gestalten." *Tori Mellott, Stilexpertin und Autorin*

Legen Sie eine kleine Geschirrsammlung an, aus der Sie wie aus einem Kleiderschrank das jeweilige Outfit für den Tisch zusammenstellen. Neutrale Alltagsgläser gewinnen in Kombination mit exquisiten Tischtüchern und Blumenschmuck ein ganz anderes Gesicht. Akzente setzen bunte Vasen, farbige Sektflöten oder Weingläser und Servietten in brillanten Tönen. Auf diese Weise können Sie nach Belieben kombinieren und mit denselben Zutaten immer wieder einen neu dekorierten Tisch zu zaubern.

SCHLICHT UND EINFACH *Oben links* Neutrales Geschirr können Sie nach Lust und Laune mit Sets und Servietten aus griffigem Leinen und bunten Blumen in Ihr Farbkonzept aufnehmen. Auch die Gläser dürfen eine feine Struktur aufweisen.

AUS OMAS WÄSCHESCHRANK *Oben rechts* Leinenservietten und Steinguttteller auf Seegrasmatten sind hier mit hübschen Schmetterlingen garniert und exquisit abgerundet durch einen Krug mit dunkelviolettem Flieder.

FEMININER TOUCH Rosa Teller auf einem gediegenen Holztisch wirken zusammen mit den Hortensienblüten in niedrigen Väschen sehr romantisch. Einfarbiges Geschirr lässt die Wahl der kombinierten Elemente offen.

„Besteck und Gläser dürfen auch als bunte Mischung von Stilen und Farben daherkommen – das macht sie umso interessanter. Blumenschmuck im Miniaturformat für jedes Gedeck sorgt für eine besonders persönliche Note." *Matthew Mead, Designer*

268 Liebe zum Detail

SOMMERLICHES FÜR GÄSTE Mehrere Blumenarrangements in einer Reihe auf der langen Tafel wirken festlich. Gerade zu besonderen Anlässen gehören frische Blumen und ein liebevoll gedeckter Tisch.

„Ich besitze jede Menge robustes, schönes Essgeschirr in Weiß. Wenn Gäste kommen, besorge ich dazu frische Blumen in traumhaften Farben und überlasse Speisen und Blüten die Hauptrolle. Das wirkt wie ein Zauberspruch."

Tori Mellott, Stilexpertin und Autorin

BUNTES GESCHIRR Besonders für eine Abendeinladung sind Kerzen unverzichtbar. Zu hohen Kerzenständern passen schlichte Miniaturvasen mit kleinen Blütenköpfen, um den Platz darunter zu füllen. Einfarbiges Porzellan kann man mit üppigen Blumen optisch aufwerten.

„Heben Sie Ihr Sonntagsgeschirr nicht für besondere Gelegenheiten auf. Benutzen Sie es, wenn Ihnen danach ist! Solche Kostbarkeiten sind dazu gemacht, uns in eine großartige Stimmung zu versetzen."

Susan Serra, Küchendesignerin

„ **Machen Sie Tabula rasa. Sortieren Sie alles aus, was Sie nicht wirklich anspricht. Bereinigen Sie Ihre Bestände und verabschieden Sie sich von allem, was nicht zu Ihrem Stil passt.**"

Carrie McCarthy, Autorin

„ **Am besten schafft man Vasen, Gemälde oder Büsten gleich im Set an. Dann ist es leicht, ein Thema zu gestalten, und Gruppenarrangements haben eine harmonisierende Wirkung im Raum.**"

Leslie Oschmann, Designerin

„ **Ich empfehle meinen Kunden, nicht alles auf einmal in Angriff zu nehmen. Tolles Design kann mit der Zeit wachsen, indem man immer wieder etwas Neues ausprobiert. Vorlieben verändern sich. Für die Gestaltung Ihres persönlichen Lebensraums gibt es kein Patentrezept.**"

Amy Butler, Designerin

„Beim Kombinieren von Farben und Mustern richte ich mich meist nach der Farbe, die im Muster am stärksten vertreten ist. Dann suche ich nach anderen Mustern und Farben, die dazu passen."

Vivian Mansour, Bloggerin

„Zum Thema Ordnung und Unordnung: Nach meiner Erfahrung gibt es zwei Arten von Menschen, die Verstreuer und die Stapler. Mein Mann fällt in die erste Kategorie, ich in die zweite. Wenn ich Ordnung schaffen will, staple ich erst einmal alles aufeinander, was meine Familie auf jeder verfügbaren Fläche verstreut hat. Dann fühle ich mich sofort besser, und das Haus sieht einfach schöner aus. Ich kann das nicht erklären, aber es funktioniert."

Kristin van Ogtrop, Chefredakteurin

WEISSES GOLD Dänisches Porzellan von gestern und heute ist bei Mads Hagedorn-Olsen und seiner Frau Karen Kjældgård-Larsen in Kopenhagen auf einem weiß gestrichenen, reizvoll verwitterten Schränkchen zu einem bildschönen Ensemble versammelt.

MITWIRKENDE

Shootings vor Ort

Bedanken möchten wir uns bei den kreativen und gastfreundlichen Menschen, die uns ihre Türen geöffnet haben, damit wir einen Blick in ihre außergewöhnlichen und persönlich gestalteten Wohnräume werfen konnten. Ihre Ideen und ihr Stil haben uns beeindruckt und viele Anregungen für dieses Buch gegeben. Die Fotos von diesen Wohnungen sind es, die unser Buch so wunderschön machen, und wir sind jedem Einzelnen von ihnen zu tiefstem Dank verpflichtet.

„Ich empfehle immer, als Inspirationsquelle eine Box mit Lieblingssachen zu füllen. Denn wir kommen alle immer wieder auf dieselben Farben und Muster zurück, oft in unterschiedlichen Kombinationen und ohne es überhaupt zu merken. In den Kisten kann einfach alles gesammelt werden, von Modeschmuck über Bücher und Muscheln vom Strand bis zu Kleidern, Einladungskarten und so weiter."

Sibella Court, Stylistin

Jonathan Adler
Keramikkünstler und Interior Designer
47 Greene Street
New York, NY 10013, USA
+1 212 9418950
www.jonathanadler.com
customerservice@jonathanadler.com

Simon Doonan
Kreativchef von Barneys New York, Autor und Verfasser der Memoiren Beautiful People
www.barneys.com
www.simondoonan.net

Virginia Armstrong
Grafikerin und Stoffdesignerin
Roddy & Ginger
London
www.roddyandginger.co.uk

Liz Bauer
Interior Designer, Ladenbesitzerin
Elizabeth Bauer Design
43 Greenwich Avenue
New York, NY 10014, USA
+1 212 2558625
Liz@Elizabethbauerdesign.com
www.elizabethbauerdesign.com

Florienne Bosch
Hoteldesignerin
Bed of Flowers
Dijk 45
BE-6651 LA Beuningen
+31 24 6750849
www.bedofflowers.nl

Kristin Brandt
Kreativchefin
Bessermachen Design Studio
Kopenhagen
+45 26450029
kb@bessermachen.com
www.bessermachen.com

Claus Spanner Elmholt
Künstler
www.artsucker.com
Kreativchef
www.spinachagency.com

Sabine Brandt
Grafikdesignerin
Sisterbrant Design Studio
Østergade 24 a
DK-Kopenhagen
sabine@sisterbrandt.dk
www.sisterbrandt.dk

Amy Butler
Designerin
Amy Butler Design
122 S. Prospect St.
Granville OH 43023, USA
+1 740 5872841
orders@amybutlerdesign.com
www.amybutlerdesign.com

David Butler
Fotograf
Art of the Midwest
www.artofthemidwest.com

Lyndsay Caleo
Kunstschmiedin und Designerin
Fitzhugh Karol
Bildhauer und Designer
www.fitzhughkarol.com
www.caleojewelry.com
www.thebrooklynhomecompany.com

Emily Chalmers
Stylistin und Ladenbesitzerin
Caravan
3 Redchurch Street, Shoreditch
UK-London E2 7DJ
www.caravanstyle.com

Yvonne Eijkenduijn
Grafikdesignerin und Stylistin
Lommel, Belgien
yvonne@yvestown.com
www.yvestown.com

Mairead Fanning
www.englishlocations.com
www.tefllab.co.uk

MITWIRKENDE

„Eine Ecke, in der wir uns kreativ betätigen können, ist ein kleiner Luxus, auf den niemand verzichten sollte. Reservieren Sie einen Bereich in Ihrem Zuhause dafür, ganz egal wie groß. Hauptsache Sie haben einen Platz, wo Sie Ideen entwickeln können." *Jonathan Lo, Herausgeber und Artdirektor*

Charlotte Hedeman Gueniau
Eigentümerin
Philippe Gueniau
Kreativchef
Rice
Havnegade 100 E
DK-5000 Odense C.
+45 63 113535
rice@rice.dk
www.rice.dk

Thom Filicia
Interior Designer
info@thomfilicia.com
www.thomfilicia.com

Karen Kjældgård-Larsen
Designerin für Keramik und Keramikfarben
www.claydies.dk

Mads Hagedorn-Olsen
Fotograf
www.hagedornhagen.com
www.morganmorell.com

Anita Kaushal
Stylistin und Autorin
anita@anitakaushal.com
http://www.anitakaushal.com

Tine Kjeldsen
Eigentümerin und Kreativchefin
Tine K Home
Agerhatten 16
DK-5220 Odense
+45 45 660102
www.tinekhome.dk

Rita Konig
Interior-Autorin und Interior Designer
www.ritakonig.com

Geraldine Larkin
Textildesignerin
www.geraldinelarkin.com

Nathalie Lété
Künstlerin und Autorin
+33 01 49608476
nathalie@nathalie-lete.com
www.nathalie-lete.com

Anna-Malin Lindgren
Bloggerin, Fotografin, Illustratorin
Helt Enkelt
Helsingborg, Schweden
www.heltenkelthosmig.blogspot.com

Frédéric Méchiche
Interior Designer
4 Rue Thorigny
F-75003 Paris
+33 1 42787828

Amy Neunsinger
Fotografin und Partnerin Cocodot
Shawn Gold
Geschäftsführerin Cocodot
www.amyneunsinger.com
www.cocodot.com

Christine d'Ornano
Vizepräsidentin International von Sisley Kosmetik
www.sisley-cosmetics.co.uk
www.sisley-cosmetics.com

Marzouk Al-Bader
Financier

Marc Palazzo
Direktor
Melissa Palazzo
Kreativchefin
Pal + Smith
20321 Irvine Avenue, Building F
Newport Beach, CA 92707, USA
+1 888 7257684
www.palandsmith.com

Alayne Patrick
Eigentümerin eines Großhandels und Großhändlerin für Damenbekleidung
Layla
86 Hoyt Street, Brooklyn
NY 11201-5819, USA
+1 718 2221933
info@layla-bklyn.com
www.layla-bklyn.com

Sania Pell
Stylistin und Autorin
+44 07977 125588
sania@misspell.co.uk
www.saniapell.com

Stephanie Rammeloo
Konzeptentwicklerin, Autorin, Stylistin
Dreamboat
stephaniesdreamboat.blogspot.com

Claus Robenhagen
Galerist Galleri Nicolai Wallner
www.nicolaiwallner.com

Heidi Hofmann Møller
Senior Fashion Designer
Day Birger et Mikkelsen
www.day.dk

Leslie Shewring
Fotografin und Stylistin
A Creative Mint
www.acreativemint.typepad.com

Christina Strutt
Gründerin und Designerin
Cabbages and Roses
3 Langton Street
UK-London SW10 0JL
+44 20 73527333
www.cabbagesandroses.com

Vicente Wolf
Interior Designer und Autor
Vicente Wolf Associates
333 West 39th Street,
New York, NY 10018, USA
+1 212 4650590
www.vicentewolf.com
www.vicentewolfblog.com

„Am besten sind immer weiß gestrichene Räume. Wenn dann die Sonne rauskommt, sind die eigenen vier Wände einfach der schönste Ort auf Erden."

Yvonne Eijkenduijn, Bloggerin

Bildnachweis

Der Verlag hat sich bemüht, alle Inhaber von Urheberrechten sowie Architekten und Designer aufzuführen. Sollten dennoch einzelne Quellen nicht genannt sein, so sind dem Verlag berechtigte Ansprüche mitzuteilen. Alle Fotografien von Debi Treloar, sofern nicht anders vermerkt.

„ Manche Kunden scheuen Konzepte mit kräftigen Farben. Ich schlage dann meistens vor, die Polstermöbel in weiß oder naturfarben zu halten und dafür über Details etwas Farbe hereinzuholen. Auf diese Weise haben sie immer die Möglichkeit, ohne großen Aufwand die Kissenbezüge oder Accessoires auszutauschen, wenn sie die Farben und Muster, die wir für sie ausgesucht haben, aktualisieren möchten."

Anna Spiro, Designerin

Fotograf/Designer und Ort

Cover Claus und Heidi Robenhagen, Kopenhagen; 1 Virginia Armstrong, London; 2–3 Sabine Brandt, Kopenhagen; 4 Yvonne Eijkenduijn, Lommel, Belgien; 7 Amy Neunsinger, Los Angeles; 8–9 Virginia Armstrong, London; 10–11 Amy Neunsinger, Los Angeles; 13 Simon Upton/Frédéric Méchiche, Paris; 14–15 Lyndsay Caleo und Fitzhugh Karol, Brooklyn, NY; 17 Tine Kjeldsen, Rynkeby, Dänemark; 18 oben Sunil Vijayakar und Geraldine Larkin, London; 18 unten Christine d'Ornano und Marzouk Al-Bader, London; 19 oben Jonathan Adler und Simon Doonan, New York City; 19 unten Vincent Knapp/Kelly Hoppen, London; 20 links Simon Upton/Frédéric Méchiche, Paris; 20 rechts Simon Upton/Frédéric Méchiche, Paris; 22–23 Marc und Melissa Palazzo, Orange County, CA; 24 David Butler/Amy und David Butler, Granville, Ohio; 25 Stephanie Rammeloo, Amsterdam; 26–29 Amy Neunsinger, Los Angeles; 30 oben Anita Kaushal, London; 30 unten Vicente Wolf, New York City; 31 Anita Kaushal, London; 32–35 Claus und Heidi Robenhagen, Kopenhagen; 36 Frédéric Vasseur/Nathalie Lété, Paris; 37 Kristin Brandt und Claus Elmholt, Gentofte, Dänemark; 38–41 Anna-Malin Lindgren, Helsingborg, Schweden; 42 links Mairead Fanning, London; 42 rechts Virginia Armstrong, London; 43 Mads Hagedorn-Olsen und Karen Kjældgård-Larsen, Kopenhagen; 44 Marc und Melissa Palazzo, Orange County, CA; 45 Amy Neunsinger, Los Angeles; 46 Alayne Patrick, Brooklyn, NY; 47 Jonathan Adler und Simon Doonan, New York City; 48–51 Rita Konig, New York City; 52 Lyndsay Caleo und Fitzhugh Karol, Brooklyn, NY; 53 Marc und Melissa Palazzo, Orange County, CA; 54–57 Elizabeth Bauer, New York City; 58 Virginia Armstrong, London; 59 Tine Kjeldsen, Rynkeby, Dänemark; 60 oben links Amy Neunsinger, Los Angeles; 60 oben rechts Charlotte Hedeman Gueniau, Kerteminde, Dänemark; 60 unten links Yvonne Eijkenduijn, Lommel, Belgien; 60 unten rechts Christine d'Ornano und Marzouk Al-Bader, London; 61 Marc und Melissa Palazzo, Orange County, CA; 63 Virginia Armstrong, London; 64–65 Rita Konig, New York City; 66 Mood Board Holly Becker; 67 Leslie Shewring, Rancho Palos Verdes, CA; 68–69, 71–73 Mood Boards Holly Becker; 71–73 Leslie Shewring, Rancho Palos Verdes, CA; 74–81 Tine Kjeldsen, Rynkeby, Dänemark; 82 Vicente Wolf, New York City; 83 oben links Stephanie Rammeloo, Amsterdam; 83 oben rechts Tine Kjeldsen, Rynkeby, Dänemark; 83 unten links Amy Neunsinger, Los Angeles; 83 unten rechts Anna-Malin Lindgren, Helsingborg, Schweden; 84–90 Lyndsay Caleo und Fitzhugh Karol, Brooklyn, NY; 91 oben links Simon Upton/Alastair Gordon und Barbara de Vries, New Jersey; 91 oben rechts Yvonne Eijkenduijn, Lommel, Belgien; 91 unten links Anna-Malin Lindgren, Helsingborg, Schweden; 91 unten rechts Simon Upton/Yvonne Sporre, London, Design J. F. Delsalle; 92–97 Virginia Armstrong, London; 98 David Butler/Amy und David Butler, Granville, Ohio; 99 oben links Yvonne Eijkenduijn, Lommel, Belgien; 99 oben rechts Virginia Armstrong, London; 99 unten links Mairead Fanning, London; 99 unten rechts Simon Upton/Hanne Kjaerholm, Kopenhagen; 100–104 Sania Pell, London; 106 Emily Chalmers, London; 107 oben links Andrew Wood/Dominique Kieffer, Paris; 107 oben rechts Kristin Brandt und Claus Elmholt, Gentofte, Dänemark; 107 unten links und rechts Kristin Brandt und Claus Elmholt, Gentofte, Dänemark; 108–115 Alayne Patrick, Brooklyn, NY; 116 Yvonne Eijkenduijn, Lommel, Belgien; 117 Charlotte Hedeman Gueniau, Kerteminde, Dänemark; 118 Alayne Patrick, Brooklyn, NY; 119 oben links Yvonne Eijkenduijn, Lommel, Belgien; 119 oben rechts Charlotte Hedeman Gueniau, Kerteminde, Dänemark; 119 unten rechts Anna-Malin Lindgren, Helsingborg, Schweden; 119 unten rechts Mads Hagedorn-Olsen und Karen Kjældgård-Larsen, Kopenhagen; 120 oben Jonathan Adler und Simon Doonan, New York City; 120 unten Virginia Armstrong, London; 121 oben links Charlotte Hedeman Gueniau, Kerteminde, Dänemark; 121 oben rechts Virginia Armstrong, London; 121 unten links Elizabeth Bauer, New York City; 122 oben Rita Konig, New York City; 122 unten Tine Kjeldsen, Rynkeby, Dänemark; 123 oben links Mads Hagedorn-Olsen und Karen Kjældgård-Larsen, Kopenhagen; 123 unten links Elizabeth Bauer, New York City; 123 unten rechts bis 129 Charlotte Hedeman Gueniau, Kerteminde, Dänemark; 130 Yvonne Eijkenduijn, Lommel, Belgien; 131 oben links Simon Upton/ Christina Strutt, Gloucestershire; 131 oben rechts Yvonne Eijkenduijn, Lommel, Belgien; 131 unten links und rechts Simon Upton/Bed of Flowers, Niederlande, Design Floriene Bosch; 132–137 Jonathan Adler und Simon Doonan, New York City; 138–143 Marc und Melissa Palazzo, Orange County, CA; 145 Christine d'Ornano und Marzouk Al-Bader, London; 146–147 Mairead Fanning, London; 149 Sania Pell, London; 150

BILDNACHWEIS

„Mir gefallen ausgewogene Arrangements in Regalfächern oder auf Kommoden, aber sie sind nicht leicht hinzubekommen. Der Trick ist Gruppenbildung statt Vereinzelung von Objekten."

Lisa Congdon, Künstlerin

Yvonne Eijkenduijn, Lommel, Belgien; 151 links Mairead Fanning, London; 151 rechts Stephanie Rammeloo, Amsterdam; 152–153 Lyndsay Caleo und Fitzhugh Karol, Brooklyn, NY; 154 links Stephanie Rammeloo, Amsterdam; 154 rechts Tine Kjeldsen, Rynkeby, Dänemark; 155 links Anna-Malin Lindgren, Helsingborg, Schweden; 156–157 Jonathan Adler und Simon Doonan, New York City; 158 Alayne Patrick, Brooklyn, NY; 159 links Amy Neunsinger, Los Angeles; 159 rechts Jonathan Adler und Simon Doonan, New York City; 160–163 Amy Neunsinger, Los Angeles; 164 Alayne Patrick, Brooklyn, NY; 165 Anna-Malin Lindgren, Helsingborg, Schweden; 166 Mads Hagedorn-Olsen und Karen Kjældgård-Larsen, Kopenhagen; 167 Kristin Brandt und Claus Elmholt, Gentofte, Dänemark; 168–169 Marc und Melissa Palazzo, Orange County, CA; Marc und Melissa Palazzo, Orange County, CA; 171 Marc und Melissa Palazzo, Orange County, CA; 173 Amy Neunsinger, Los Angeles; 174 links Sania Pell, London; 174 rechts Jonathan Adler und Simon Doonan, New York City; 175 Stephanie Rammeloo, Amsterdam; 176–179 Virginia Armstrong, London; 180 oben links Rita Konig, New York City; 180 oben rechts Mairead Fanning, London; 180 unten Stephanie Rammeloo, Amsterdam; 181 Jonathan Adler und Simon Doonan, New York City; 182 oben Vicente Wolf, New York City; 182 unten Jonathan Adler und Simon Doonan, New York City; 183 oben links Tine Kjeldsen, Rynkeby, Dänemark; 183 oben rechts Yvonne Eijkenduijn, Lommel, Belgien; 183 Jonathan Adler und Simon Doonan, New York City; 184–187 Christine d'Ornano und Marzouk Al-Bader, London; 188 links Marc und Melissa Palazzo, Orange County, CA; 188 rechts Amy Neunsinger, Los Angeles; 189 Marc und Melissa Palazzo, Orange County, CA; 191 Jonathan Adler und Simon Doonan, New York City; 192 Marc und Melissa Palazzo, Orange County, CA; 193 oben Virginia Armstrong, London; 193 unten Vicente Wolf, New York City; 194 Lyndsay Caleo und Fitzhugh Karol, Brooklyn, NY; 195 Elizabeth Bauer, New York City; 196–199 Stephanie Rammeloo, Amsterdam; 200 oben Leslie Shewring, Rancho Palos Verdes, CA; 200 unten Amy Neunsinger, Los Angeles; 201 oben links Marc und Melissa Palazzo, Orange County, CA; 201 oben rechts Elizabeth Bauer, New York City; 201 unten links Anna-Malin Lindgren, Helsingborg, Schweden; 201 unten rechts Lyndsay Caleo und Fitzhugh Karol, Brooklyn, NY; 202–205 Christine d'Ornano und Marzouk Al-Bader, London; 107 Mairead Fanning, London; 208 links Anna-Malin Lindgren, Helsingborg, Schweden; 208 rechts Charlotte Hedeman Gueniau, Kerteminde, Dänemark; 209 Anita Kaushal, London; 210 links Marc und Melissa Palazzo, Orange County, CA; 210 rechts Jonathan Adler und Simon Doonan, New York City; 211 Mairead Fanning, London; 212 Vicente Wolf, New York City; 213 rechts Amy Neunsinger, Los Angeles; 213–214 rechts Anita Kaushal, London; 215 Stephanie Rammeloo, Amsterdam; 216–217 Amy Neunsinger, Los Angeles; 219 Kristin Brandt und Claus Elmholt, Gentofte, Dänemark; 220–223 Leslie Shewring, Rancho Palos Verdes, CA; 224 oben Mads Hagedorn-Olsen und Karen Kjældgård-Larsen, Kopenhagen; 224 unten Kristin Brandt und Claus Elmholt, Gentofte, Dänemark; 225 oben links Anita Kaushal, London; 225 oben rechts Anna-Malin Lindgren, Helsingborg, Schweden; 225 unten links Marc und Melissa Palazzo, Orange County, CA; 225 unten rechts Tine Kjeldsen, Rynkeby, Dänemark; 226–227 Anna-Malin Lindgren, Helsingborg, Schweden; 229 Virginia Armstrong, London; 230 Lyndsay Caleo und Fitzhugh Karol, Brooklyn, NY; 231 links Stephanie Ramelloo, Amsterdam; 232 oben links Leslie Shewring, Rancho Palos Verdes, CA; 232 oben rechts Christine d'Ornano und Marzouk Al-Bader, London; 232 unten links Sabine Brandt, Kopenhagen; 232 unten rechts Amy Neunsinger, Los Angeles; 233 Anna-Malin Lindgren, Helsingborg, Schweden; 234–235 Lyndsay Caleo und Fitzhugh Karol, Brooklyn, NY; 237 Sania Pell, London; 238–239 Jonathan Adler und Simon Doonan, New York City; Rita Konig, New York City; 241 Eric Piasecki/Thom Filicia, New York City; 242 Vicente Wolf, New York City; 243 Rita Konig, New York City; 244–245 Jonathan Adler und Simon Doonan, New York City; 246 Leslie Shewring, Rancho Palos Verdes, CA; 247 oben links Anna-Malin Lindgren, Helsingborg, Schweden; 247 oben rechts Sania Pell, London; 247 unten links Claus und Heidi Robenhagen, Kopenhagen; 247 unten rechts Sania Pell, London; 248 oben links Tine Kjeldsen, Rynkeby, Dänemark; 248 oben rechts Mairead Fanning, London; 248 unten Rita Konig, New York City; 249 Jonny Valiant/Thom Filicia, New York City; 250 Jonathan Adler und Simon Doonan, New York City; 251 oben Virginia Armstrong, London; 251 unten links Elizabeth Bauer, New York City; 251 unten rechts Jonathan Adler und Simon Doonan, New York City; 252 Claus und Heidi Robenhagen, Kopenhagen; 253 Yvonne Eijkenduijn, Lommel, Belgien; 254 oben Amy Neunsinger, Los Angeles; 254 unten Rita Konig, New York City; 255 Amy Neunsinger, Los Angeles; 256 oben und unten links Virginia Armstrong, London; 256 unten rechts Tine Kjeldsen, Rynkeby, Dänemark; 257 Claus und Heidi Robenhagen, Kopenhagen; 258 oben und unten links Leslie Shewring, Rancho Palos Verdes, CA; 258 unten rechts Jonathan Adler und Simon Doonan, New York City; 259 Yvonne Eijkenduijn, Lommel, Belgien; 260 Leslie Shewring, Rancho Palos Verdes, CA; 261 oben Amy Neunsinger, Los Angeles; 261 unten links Leslie Shewring, Rancho Palos Verdes, CA; 261 unten rechts Marc und Melissa Palazzo, Orange County, CA; 262–263 oben Charlotte Hedeman Gueniau, Kerteminde, Dänemark; 263 unten Mads Hagedorn-Olsen und Karen Kjældgård-Larsen, Kopenhagen; 264 Sania Pell, London; 265–266 links Leslie Shewring, Rancho Palos Verdes, CA; 266 rechts Anna-Malin Lindgren, Helsingborg, Schweden; 267 Amy Neunsinger, Los Angeles; 268 Leslie Shewring, Rancho Palos Verdes, CA; 269 Amy Neunsinger, Los Angeles; 268 Leslie Shewring, Rancho Palos Verdes, CA; 269 Amy Neunsinger, Los Angeles; 270–271 Mads Hagedorn-Olsen und Karen Kjældgård-Larsen, Kopenhagen; 288 Mads Hagedorn-Olsen und Karen Kjældgård-Larsen, Kopenhagen.

„Ich stelle meine Objektsammlungen nach Ähnlichkeit zusammen. So bietet es sich zum Beispiel an, alle weißen Keramiken auf einem Bord zu versammeln, um einen zusammenhängenden, stilsicheren Look zu schaffen. Das ist besser, als die Sammlungsschätze hier und da zu verteilen."

Victoria Smith, Bloggerin

Zitatquellen

Es sind so viele Menschen, denen wir für ihre Unterstützung bei der Entstehung von *Lust auf Wohnen* danken möchten, von den Eigentümern der gezeigten Wohnungen bis hin zu Fachleuten, die uns gestattet haben, sie mit ihren Ideen und Tipps zu zitieren. Diese internationale Auswahl basiert auf der großen Erfahrung und den Erfolgen, durch die diese Persönlichkeiten bekannt geworden sind. Was uns schmerzt, ist die Tatsache, dass aus Platzgründen nicht alle von uns verehrten Designgrößen zu Wort kommen. Bei allen, die wir zitieren – von den gigantischen Designikonen bis hin zu den kreativen und umtriebigen Bloggern –, möchten wir uns sehr, sehr herzlich bedanken!

„Etwas Besonderes, das sonst niemand hat, eignet sich gut als Fokus eines Raums. Das kann ein Erbstück sein, ein witziges Objekt oder auch ein Erinnerungsstück von einer wunderbaren Reise."

Michele Varian, Designer

Michelle Adams
Chefredakteurin und Mitbegründerin Lonny Magazine, Gründerin Rubie Green
michelle.adams@rubiegreen.com
www.lonnymag.com
www.rubiegreen.com

Abigail Ahern
Designerin, Ladenbesitzerin, Autorin
Atelier Abigail Ahern
137 Upper Street
UK-London N1 1QP
+44 20 73548181
contact@atelierbypost.com
www.atelierabigailahern.com

Rachel Ashwell
Interior Designer und Gründerin von
Rachel Ashwell Shabby Chic Couture
202 Kensington Park Road
UK-London W11 1NR
info@chelashwellshabbychiccouture.com
rachelashwellshabbychiccouture.com

Amy Atlas
Stylistin für Veranstaltungen und Confiserie
Amy Atlas Events
www.amyatlas.com
blog.amyatlas.com

Nicole Balch
Grafikdesignerin und Bloggerin
www.pinklovesbrown.com
www.makingitlovely.com

Atlanta Bartlett
Interior Designer und Stylistin
Pale and Interesting
+44 1797 344077
www.paleandinteresting.com

Christina Batch-Lee
Manager Partnerschaften, Etsy
www.etsy.com

Nate Berkus
Interior Designer
The Nate Berkus Show
Nate Berkus Associates
www.nateberkus.com
www.thenateshow.com/

Jane Brocket
Autorin
www.yarnstorm.blogs.com

Deborah Bibby
Chefredakteurin Real Living, Australian Consolidated Press (ACP)
www.reallivingmag.com.au

Pia Jane Bijkerk
Autorin, Fotografin, Stylistin
blog.piajanebijkerk.com

Fernanda Bourlot
Interior Designer und Ladenbesitzerin
Simplemente Blanco
460 Harrison ave. Building B, Gallery 15
Boston, MA 02118, USA
+1 617 7343669
contactus@simplementeblanco.com
www.simplementeblanco.com

Betsy Burnham
Chefdesignerin Burnham Design
www.burnhamdesign.com
www.instantspacedesign.com

Emily Chalmers
Interior Stylistin, Autorin und Ladenbesitzerin
Caravan
3 Redchurch Street, Shoreditch
UK-London E2 7DJ
www.caravanstyle.com

Lisa Congdon
Künstlerin, Designerin und Illustratorin
www.lisacongdon.com

Sibella Court
Stylistin, Ladenbesitzerin und Autorin
The Society Inc.
www.thesocietyinc.com.au

Lulu deKwiatkowski
Gründerin und Chefdesignerin von
Lulu DK
www.luludk.com

Tom Delavan
Interior Designer und Eigentümer von
Tom Delavan
www.tomdelavan.com

Anna Dorfman
Grafikdesignerin und Bloggerin
www.doorsixteen.com

Emily Dyson
Eigentümerin von
Couverture
188 Kensington Park Road, Notting Hill
UK-London W11 2ES
+44 20 72292178
www.couverture.co.uk

Fired Earth
Twyford Mill, Oxford Road
UK-Adderbury, Oxfordshire OX17 3SX
Zentrale +44 1295 814399
Filialen +44 845 3660400
www.firedearth.com

Shannon Fricke
Ausstatterin, Stylistin, Autorin
www.shannonfricke.com

Maxwell Gillingham-Ryan
Blogger, Interior Designer und Gründer von
Apartment Therapy
www.apartmenttherapy.com

Belinda Graham
Freie Stilautorin, Bloggerin
www.thehappyhomeblog.com

Gregory Han
Redakteur
Apartment Therapy
www.apartmenttherapy.com

Irene Hoofs
Lifestyle-Blogger
bloesem.blogs.com
bkids.typepad.com

„*Nutzen Sie harmonierende Farben, um uneinheitliche Räume homogen wirken zu lassen. Muster in unterschiedlichen Größen schaffen zusätzliche Ebenen: Setzen Sie große und kleine, schlichte und ornamentale, bunte und einfarbige Dessins ein.*" *Gregory Han, Redakteur*

Lotta Jansdotter
Designerin, Autorin und Gründerin von
Lotta Jansdotter
119 8th Street #215
Brooklyn, NY 11215, USA
+1 718 5962055
order@jansdotter.com
www.jansdotter.com

Niki Jones
Kreativdirektor für Deko-Accessoires und den Möbel-Onlineshop
Unit 13 D8
Anniesland Business Park
Netherton Road
UK-Glasgow G13 1EU
+44 141 9594090
www.niki-jones.co.uk

Celerie Kemble
Raumgestalter
Kemble Interiors, Inc.
www.kembleinteriors.com

Selina Lake
Stylistin und Autorin
www.selinalake.co.uk
www.selinalake.blogspot.com

Kahi Lee
Interior Designer und TV-Prominente
Kahi Lee Lifestyle
www.kahilee.com

Jonathan Lo
Herausgeber und Artdirektor
www.j3productions.com
www.happymundane.com

Berit Lüdecke
Architektin und Produktdesignerin
Designer Snug
www.snug-online.com

Carrie McCarthy
Gründerin und Autorin von
Live by Your Own Design
www.stylestatement.com

Vivian Mansour
Bloggerin
www.ishandchi.com

Matthew Mead
Kreativchef und Autor
Matthew Mead Style
www.matthewmeadstyle.com

Tori Mellott
Freie Redakteurin und Stylistin

Marie Nichols
Stylistin
www.marienichols.co.uk

Claudia Nowotny
Ladenbesitzerin und Designerin von Wohnszenarien
Cominghome Interior
Lindener Marktplatz 5
30449 Hannover
0511 2158196
www.cominghome-interior.de
info@cominghome-interior.de

Roger Oates
Textildesigner
1 Munro Terrace
Riley Street
UK-London SW10 0DL
+44 20 73512288
www.rogeroates.com

Kristin van Ogtrop
Redaktionsleiterin
Real Simple Magazine
www.realsimple.com

Leslie Oschmann
Künstlerin und Designerin
Swarm
www.swarmhome.com

Russell Pinch
Möbeldesigner
Unit 1W
Clapham North Art Centre
26–32 Voltaire Road
UK-London SW4 6DH
+44 20 76225075
www.pinchdesign.com

Paula Pryke
Floristin
Paula Pryke Flowers
The Flower House
Cynthia Street
UK-London N1 9JF
+44 20 78377336
www.paula-pryke-flowers.com

Jessie Randall
Kreativchefin
Loeffler Randall
www.loefflerrandall.com

Eddie Ross
Lifestyle-Experte und Blogger
Eddie Ross, Inc.
www.eddieross.com

Danny Seo
Green-Living-Experte
www.dannyseo.com/

Susan Serra
Küchendesignerin und Direktorin von
Susan Serra Associates, Inc.
www.kitcheninteriors.com
www.thekitchendesigner.org

Suzanne Sharp
Mitbegründerin und Kreativchefin
The Rug Company
124 Holland Park Avenue
UK-London W11 4UE
+44 20 72295148
www.therugcompany.info

Victoria Smith
Blogger
www.sfgirlbybay.com

Ruthie Sommers
Interior Designer und Besitzerin von
Chapman Radcliffe
www.ruthiesommers.com

Annette Tatum
Textildesignerin und Autorin
www.annettetatum.com

Anna Spiro
Interior Designer und Ladenbesitzerin
Black & Spiro
www.blackandspiro.com.au

Caroline Taylor
Bloggerin und Betreiberin Onlineshop
Patchwork Harmony
+44 7985 174007
www.patchworkharmony.co.uk
patchworkharmony.blogspot.com

Michele Varian
Designer und Besitzer von
Michele Varian
www.michelevarian.com
michelevarianblog.com

Vanessa de Vargas
Interior Designer
www.turquoise-la.com

Kelly Wearstler
Interior Designer und Besitzerin von
Kelly Wearstler Interior Design
760 North La Cienega Blvd.
Los Angeles, CA 90069, USA
+1 323 9517454
interior@kellywearstler.com
www.kellywearstler.com

Madeline Weinrib
Designerin und Eigentümerin von
Madeline Weinrib Atelier
contact@madelineweinrib.com
www.madelineweinrib.com

Marcia Zia-Priven
Designchefin und Geschäftsführerin
Zia Priven, Inc.
7623, Fulton Avenue
N. Hollywood, CA 91605, USA
+1 818 7652777
info@ziapriven.com
www.ziapriven.com

Pam Zsori
Besitzerin von
Ink & peat
Portland, Oregon
www.inkandpeat.com

ADRESSEN

ACCESSOIRES

Abitare
Auf dem Berlich 3–5
50667 Köln
0221 2806788
www.abitare-online.de
Witzige Accessoires und Nützliches für jeden Tag.

AmbienteDirect
Zielstattstraße 32
81379 München
089 710465910
www.ambientedirect.com
Accessoires, Möbel und Leuchten, auch im Onlineshop.

American Heritage
Nymphenburger Straße 182
80634 München
089 12596585

Mittlerer Lech 50
86150 Augsburg
0821 8109683
www.american-heritage.de
Einzigartige Möbel, Accessoires und Lebensmittel, die den American Way of Life vermitteln.

American Homestyles
Reinerzaustraße 20
77773 Schenkenzell
07836 336
info@americanhome.de
www.americanhomestyles.de
Patchworkdecken, Deko im Retro-Stil und Shakermöbel.

Bertine
www.bertine.de
Onlineshop für Accessoires von Eierbecher bis Einkaufstasche und von Zettelkasten bis Schirmständer.

Bizzi
Stargarder Straße 17
10437 Berlin
030 69819551
www.bizzi-geschenke.de

The British Shop
Auf dem Steinbüchel 6
53340 Meckenheim
02225 8808100
service@the-british-shop.de
www.the-british-shop.de

Connox
Wohlenbergstraße 6
30179 Hannover
0511 2206240
info@connox.de
www.connox.de

Crooma
Thierschstraße 23
80538 München
089 23000858
info@crooma.com
www.crooma.com
Galerie und Einrichtung.

Das rote Paket
Windmühlenstraße 29
04107 Leipzig
0341 60011054
info@das-rote-paket.de
www.das-rote-paket.de
Accessoires und Möbel in kleinen Auflagen, auch als Onlineshop.

Depot
www.depot-online.de

Designerie
www.designerie-frankfurt.de
Accessoires im Stil der 70er.

Die Wohngeschwister
Schanzenstraße 34–36
20357 Hamburg
040 63657590
info@die-wohngeschwister.de
www.die-wohngeschwister.de

Domicil
Uferweg 11
88131 Lindau
083 82962020
domicil@domicil.de
www.domicil.de

Droog
Staalstraat 7A
NL-1011 JJ Amsterdam
+31 20 5235050
info@droog.com
www.droog.com

e15
Hospitalstraße 4
61440 Oberursel
06171 97950
e15@e15.com
www.e15.com

Ethnicraft
Scheldeweg 5
B-2850 Boom
+32 3 4430100
info@ethnicraft.com
www.ethnicraft.com
Zeigemäße Möbel in Walnuss, Eiche oder Teak.

Hofsaison
Heidelberger Landstraße 188
64297 Darmstadt
06151 9513334
dresenkamp@hofsaison.com
www.hofsaison.com
Produkte, Wohnberatung und Deko-Service

Homely Home
04402 9649955
www.homelyhome.de

Ikarus Design Kaufhaus
Hanauer Landstraße 136
60314 Frankfurt a. M.
069 9431820
www.ikarus.de

Impressionen Versand
22877 Wedel
0180 5232445
www.impressionen.de

Inside
Klarastraße 10
55116 Mainz
06131 279392
www.inside4ever.de

Japanalia
Herzogstraße 7
80803 München
089 349454
info@japanalia.de
www.japanalia.de
Accessoires und Wohnideen im japanischen Stil.

Klein & More
Webshop 040 65684120
info@kleinundmore.de
www.kleinundmore.de

Linas Landleben
Zum Heidegarten 4B
16727 Oberkrämer
03304 207738
info@linas-landleben.de
www.linas-landleben.de

Magazin
Berliner Freiheit 30–34
53111 Bonn
0228 390830
bonn@magazin.com

Kardinal-Faulhaber-Straße 11
80333 München
089 23888031
muenchen@magazin.com

Lautenschlagerstraße 16
70173 Stuttgart
0711 228700
stuttgart@magazin.com
www.magazin.com

Manufactum
Hardenbergstraße 4–5
10623 Berlin
030 24033844
berlin@manufactum.de

Fischertwiete 2
20095 Hamburg
040 30087743
hamburg@manufactum.de

Dienerstraße 12
80331 München
089 23545900
muenchen@manufactum.de
www.manufactum.de

Milchmädchen
www.milchmaedchen-design.de
Einzigartige Produkte von jungen Designern.

Mirabeau Versand
Muggenhofer Straße 135
90429 Nürnberg
01805 228410
service@mirabeau-versand.de
www.mirabeau-versand.de

Muji
Fünf Höfe
Kardinal-Faulhaber-Straße 11
80333 München
089 208039710

Königsallee 60–62
40212 Düsseldorf
0211 8606661
www.muji.de

Münder-Email
In der Masch 13
31867 Pohle
05043 973660
www.muender-email.com
Nostalgisches Zubehör für Haus und Garten in Email.

My Perfect Sunday
Isestraße 86
20149 Hamburg
040 55618827
www.myperfectsunday.de

Perle Shop
Weidenallee 23
20357 Hamburg
040 28781227
info@perle-shop.de
www.perle-shop.de

Stilfactorei
Am Anger 11
14621 Schönwalde-Glien
033231 639988
info@stilfactorei.de
www.stilfactorei.de

When objects work
Korte Gotevlietstraat
B-8000 Brügge
+32 50 613354
www.whenobjectswork.com
Designobjekte von minimalistischen Stararchitekten.

Wohnmacher
Brühl 64–66
04109 Leipzig
0341 23083990
service@wohnmacher.de
www.wohnmacher.de

BLUMEN

Baldur-Garten
Albert-Einstein-Allee 4–6
64625 Bensheim
01805 103555
www.baldur-garten.de

Blume 2000
Gutenbergring 53
22848 Norderstedt
0180 5909030
www.blume2000.de

Der BlumenButler
www.blumenbutler.de

Fleurop Worldwide Florist
www.fleurop.com

Flora Prima
Didderser Straße 32
38176 Wendeburg
01805 455615
info@floraprima.de
www.floraprima.de

Flowerdreams
Hauptstraße 46
82223 Eichenau
08141 525358
www.flowerdreams.de

Kokon
Lenbachplatz 3
80333 München
089 5525140
info@kokon.com
www.kokon.com

Marks & Spencer
www.marksandspencer.com

Valentins Blumen
0180 5004000
www.valentins.de/blumen

Herr Wismayer
Pilgersheimer Straße 51
81543 München
089 62421785
Blumen@HerrWismayer.de
www.herrwismayer.de

FARBE

Alpina
01805 123888
info@alpina-farben.de
www.alpina-farben.de

Auro Naturfarben
Alte Frankfurter Straße 211
38122 Braunschweig
0531 281410
www.auro.de

Brillux
Weseler Straße 401
48163 Münster
info@brillux.de
www.brillux.de

Designers Guild
Ottostraße 3–5
80333 München
01805 244344
munich@designersguild.com

Dulux Farben
Postfach 940
40709 Hilden
01805 240043
www.dulux.de

Farbenbote.de
Süntelstraße 70
31848 Bad Münder
0800 625378326
info@farbenbote.de
www.farbenbote.de

Farrow & Ball
Bluegray-Design
Altensteinstraße 15a
Königliche Gartenakademie
14195 Berlin
030 83228825
www.bluegray-design.de

Kelly Hoppen Interiors
102a Chepstow Road
St Stephen's Yard
UK-London W2 5QW
+44 20 74713350
www.kellyhoppen.com

MagPaint Europe BV
www.magnetfarbe.de
Magnetfarbe ist hier in vielen verschiedenen Farben erhältlich.

Martha Stewart Living Paint
Nur über Home Depot
+ 1 800 466 3337
www.homedepot.com

Marabu
www.marabu-kreativ.de
Tafel- und Magnetfarbe, toll für viele kreative Ideen für ein schöneres Zuhause.

The Paint & Paper Library
5 Elystan Street
UK-London SW3 3NT
+44 20 7590 9860
www.paintlibrary.co.uk

Sanderson
über Dörflinger & Nickow
Schiesstraße 64
40549 Düsseldorf
0211 5375270
www.sanderson-uk.com

Schöner-Wohnen-Farbe
über J. D. Flügger
Postfach 740208
22092 Hamburg
0180 535834437
www.schoener-wohnen-farbe.de

GESCHIRR UND GLAS

Jonathan Adler
47 Greene Street
New York, NY 10013, USA
+1 212 941 8950
www.jonathanadler.com
Der angesagte Töpfermeister Jonathan Adler verbindet modernistisches Design mit witziger Grafik und markanten Farben zu Avantgarde-Keramik, die weltweit für Aufsehen sorgt.

Alessi
Neuer Wall 55
20354 Hamburg
040 468993570
shop.hamburg@alessi.com

Mittelstraße 12
50672 Köln
0221 29210840
shop.koeln@alessi.com

Arzberg Porzellan
Fabrikweg 41
95706 Schirnding
09233 4030
www.arzberg-porzellan.de

Anne Black
+45 35 107327
shoponline@anneblack.dk
www.shopanneblack.com
Dänisches Porzellan mit einem modernen Touch.

Anthropologie.com
158 Regent Street
UK-London W1B 5SW
+44 20 75299800
www.anthropologie.com

Authentics
Am Ölbach 28
33334 Gütersloh
05241 94050
www.authentics.de

Barovier
Palazzo Contarini
Fondamenta Vetrai 28
I-30141 Murano Venezia
+39 041 739049
showroom.murano@barovier.com
www.barovier.com

Töpferei Bauer
Marktplatz 20
71665 Vaihingen/Enz
07042 9111
toepferei.bauer@web.de
www.toepferei-shop.com

Simone Becker Pollacco
Danzinger Straße 22
79539 Lörrach
0176 61762872
info@maltese-elements.com
www.maltese-elements.com

Butler's
Friedrichstraße 148
10117 Berlin
030 209126-30

Roßmarkt 10
60313 Frankfurt
069 21990910

Theatinerstraße 14/Fünf Höfe
80333 München
089 24231293
www.butlers-international.de

Chinacraft Ltd
+44 20 75655876
www.chinacraft.co.uk
Große Auswahl an britischen und internationalen Geschirrkollektionen.

Clare Gage
The Studio
479 Chatsworth Road
UK-Chesterfield, Derbyshire S40 3AD
www.claregage.com
Preisgekrönte Designer-Keramik im handgemachten Textil-Look.

Coledampf's CulturCentrum
Uhlandstraße 54–55
10719 Berlin
030 8839191

Wörther Straße 39/Kollwitzplatz
10435 Berlin
030 43735225
www.coledampfs.de
Professionelles Küchenzubehör mit Liebe zum Detail – auch für Nicht-Profis.

The Conran Shop
Michelin House
81 Fulham Road
UK London SW3 6RD
+44 844 8484000
www.conranshop.co.uk
Zeitgenössisches Porzellan, Glas und Tischdekoration.

Danish Ceramics
+45 2680 3016
info@danishceramics.dk
www.danishceramics.com
Klassische und experimentelle handgefertigte Keramik.

Depot
www.depot-online.de

Designers Guild
Ottostraße 3–5
80333 München
01805 244344
munich@designersguild.com

Design House Stockholm
Scandinavia Today
Schillerstraße 27–29
60313 Frankfurt
069 13383781
Modernes Geschirr und Möbel mit einem modernen Dreh.

Feinedinge
Krongasse 20
A-1050 Wien
+43 699 10100177
sandra@feinedinge.at
www.feinedinge.at
Porzellanvasen, Tassen und andere Artikel in hochwertiger Handarbeit.

Franzen
Königsallee 42
40212 Düsseldorf
0211 130780
www.franzen.de

Glasklar Gläser
Knesebeckstraße 13
10623 Berlin
030 3131037
Einfaches klares Glas in allen denkbaren Formen und Funktionen.

Töpferhof Gramann
Milzerstraße 30
98631 Römhild
036948 21141
www.toepferhof-gramann.de

Hagen Grote
Gahlingspfad 53
47803 Krefeld
02151 607090
www.besserkochen.de

HomeStyles
www.home-styles.de

House of Fraser
+44 844 8003752
www.houseoffraser.co.uk
Geschirr, Glas und feines Porzellan in breiter Auswahl.

Iittala
Münzstraße 7
10178 Berlin
030 24085594
shop.muenzstrasse@iittala.com

Mönckebergstraße 8
20095 Hamburg
040 30376897
shop.hamburg@iittala.com

Ernst-August-Platz 2
30159 Hannover
0511 1696321
shop.hanover@iittala.com
www.iittala.com

KaDeWe
Tauentzienstraße 21–24
10789 Berlin
030 21016560
www.kadewe.de

Kosta Boda
Birger Jarlsgatan 15
SE-111 45 Stockholm
+46 8 6119115
www.kostaboda.com
Die Klassiker schwedischen Glasdesigns.

KPM
Königliche Porzellanmanufaktur Berlin
Wegelystraße 1
10623 Berlin
030 39009215

Neuer Wall 13/Mellin-Passage
20354 Hamburg
040 367732

Brückenstraße 19/Disch-Haus
50667 Köln
0221 2576788
www.kpm-berlin.de

Kuehn Keramik
Fasanenstraße 58
10719 Berlin
030 28384695
info@kuehn-keramik.com
www.kuehn-keramik.com
Einzelstücke in traditionellen Formen mit punkigen Dessins.

Kustermann
Viktualienmarkt 8
80331 München
089 237250
www.kustermann.de
Alles für Küche und Haushalt, reiches Geschirrsortiment.

Lambert
Konstantinstraße 303
41238 Mönchengladbach
02166 86830
www.lambert-home.de

Lenffer
Großer Burstah 31
20457 Hamburg
040 3698220
info@lenffer.de
www.lenffer.de

Liberty
Regent Street
UK-London W1B 5AH
+44 20 77341234
www.liberty.co.uk
Traditionelles und modernes Geschirr von Designern wie Pip Studio, Thomas Hopkins Gibson, Nina Campbell und Rice.

Lorey
Schillerstraße 16
60313 Frankfurt a. M.
069 299950
www.lorey.de

Lotterladen
Lotterstraße 1
04109 Leipzig
0341 1234567
lotterladen@ratskeller-leipzig.de
www.lotterladen.de

Meissen
Villa Bozi
Albrecht-Delius-Weg 2
33615 Bielefeld
0521 5217005
service@villa-bozi.de
www.villa-bozi.de

John Montag
Ballindamm 25
20095 Hamburg
040 338560

Altes Rathaus
Markt 1
04109 Leipzig
0341 9601714
www.meissen.com

Royal Copenhagen
sales@royalcopenhagen.com
www.royalcopenhagen.com
Die zu Recht wohl berühmteste Porzellanmanufaktur Dänemarks mit dem unverkennbaren Markenzeichen: blaues Floraldessin auf weißem, gerieffeltem Porzellan.

Swarovski Boutique
Alte Potsdamer Straße 7
10785 Berlin
030 25296994
www.svarowski.com

Timorous Beasties
384 Great Western Road
UK-Glasgow, G4 9HT
+44 141 3372622
www.timorousbeasties.com

Vergissmeinnicht
Ottenser Hauptstraße 44
22765 Hamburg
040 29812593
www.vergissmeinnicht-hamburg.de
Versand und Laden für Kindersachen mit einer breiten Auswahl an klassischen Stoffmustern von Vichy-Karo bis Sandmännchen und bunte Borten.

Villeroy & Boch
The House of Villeroy & Boch
Kurfürstendamm 33
10719 Berlin
030 88682970

Villeroy & Boch Creatable AG
Bahnhofstrasse 6
CH-5600 Lenzburg 1
+41 62 8863838

Villeroy & Boch Austria
Mayrwiestraße 19
A-5300 Hallwang
+43 662 660212
Feinstes Geschirr für den Alltag und für die festlich gedeckte Tafel.

Vinos Barrón
Gewerbering 1
86922 Eresing
08193 999713
info@vinos-barron.de
www.vinos-barron.de

Wohnzimmer
Paul-Lincke-Ufer 44
10999 Berlin
030 61623872
www.wohnzimmer36.de
Stimmungsvolles, Exotisches und Witziges für die Wohnküche.

Zwiesel Kristallglas AG
Dr.-Schott-Straße 35
94227 Zwiesel
09922 980
info@zwiesel-kristallglas.com
www.zwiesel-kristallglas.com

KACHELN UND FLIESEN

Alcalatén Cerámicas
www.alcalaten.com

Avanta
Äußere Parkstraße 13
84032 Altdorf/Landshut
0871 931930
www.avanta.de

Bisazza Deutschland
Kantstraße 150
10623 Berlin
030 3101950
www.bisazza.com
Glasmosaik für Wand und Boden.

Ceramika
Eugen-Friedl-Straße 5
82340 Feldafing
08157 925920
www.ceramika-fliesen.de
Fliesen, Feinsteinzeug, Mosaik, Naturstein.

Cotto Hof
Alois Geugis
Marienstraße 58
41836 Hückelhoven-Hilfarth
02433 41300
www.cottohof.de

Fliesen Welscheit
Strontianitstraße 5
48317 Drensteinfurt
02508 999526
www.fliesen-welscheit.de
www.huh.mosaik.de

Jasba Mosaik
Im Petersborn 2
56244 Ötzingen
02602 6820
www.jasba.de

Keramostone
Lechwiesenstraße 9
86899 Landsberg am Lech
08191 9734210
www.keramostone.com

Manufaktur 78
Prinzregentenstraße 78
81675 München
089 41073461
www.manufaktur78.com

Mosaic del Sur
Kolonnenstraße 26
10829 Berlin
0180 1007010
www.mosaicdelsur.com

Porcelanosa
+34 964 507140
grupo@porcelanosa.com
www.porcelanosa.com

Richner
Würzgrabenstrasse 6
CH-8048 Zürich
+41 44 4382525
www.richner.ch

Steuler-Fliesen
Industriestraße 78
75417 Mühlacker
07041 801110
www.steuler-fliesen.de

Urban Archaeology
sales@urbanarchaeology.com
www.urbanarchaeology.com

Villeroy & Boch Fliesen
Saaruferstraße, Alte Abtei
66693 Mettlach
06864 811020
www.villeroy-boch.com

VitrA Karo
Brucknerstraße 43
56566 Neuwied
02622 8895126
www.vitrakaro.com
www.vitra-bad.de

KÜCHE

Arcana
Siedlung Humanopolis
OT Groß Malchau Nr. 50
29597 Stoetze
05872 8145
www.arcana-moebel.de
Massivholzküchen

Arclinea
u. a. über Künzel Küchenkonzepte
Hohenstaufenring 62
50674 Köln
0221 8017911
www.arclinea.it

Bulthaup
Aich/Werkstraße 6
84155 Bodenkirchen
01802 212534
www.bulthaup.de

Falcon
Dohlenweg 14
40668 Meerbusch
Service: 0541 2051843
www.falcondeutschland.com
Professionelle Herde im klassischen Gehäuse.

Kornmüller
Holzschachen 22
A-3351 Weistrach
+43 7477 423470
www.kornmueller.at
Küchen im Landhaus-, Öko- oder Designerstil

Küchen Partner
Edmund-Heusinger-Straße 13
65307 Bad Schwalbach
06124 50830
www.kuechenpartner.ag
Stilberatung und Planung von Einbauküchen und Kücheneinrichtung

Lacanche
F-21230 Arnay-le-Duc
+33 380 903500
www.lacanche.com
Gusseiserne Herde mit zahlreichen Kochfeldvarianten

libertà
Frankenstraße 147
45134 Essen
0201 4308181
www.liberta.de

Poggenpohl
Poggenpohlstraße 1
32051 Herford
05221 3810
www.poggenpohl.de

SieMatic Möbelwerke
32582 Löhne
05732 670
www.siematic.de

Smeg
Carl-Zeiss-Ring 8–12
85737 Ismaning
089 9233480
www.smeg.de

LICHT

Jonathan Adler
+ 1 800 963 0891
customerservice@jonathanadler.com
www.jonathanadler.com

Artemide
Itterpark 5
40725 Hilden
02103 20000
www.artemide.de

Baccarat
über Erika Helmuth PR
Marienterrasse 4
22085 Hamburg
040 2206665
www.baccarat.fr
Kronleuchter und ähnlich luxuriöse Leuchten.

Baulmann Leuchten
Selscheder Weg 24
59846 Sundern
02933 8470
www.baulmann.com

Belux
Klünenfeldstrasse 20
CH-4127 Birsfelden
+41 61 3167401
www.belux.com

Bombillas
Münchener Straße 68
83022 Rosenheim
08031 33202
www.bombillas.de

Cube, Architektur + Design
Lasdehner Straße 30
10243 Berlin
030 29771919
cube.arch@t-online.de
www.cube-berlinshop.de

Flos
Elisabeth-Selbert-Straße 4a
40764 Langenfeld
0217 3109370
www.flos.com

IKEA
0180 535343
www.ikea.de

K-Meral
Caldenhofer Weg 79–81
59063 Hamm
02381 905930
0800 5511011
info@wunschlicht.de
www.wunschlicht.de

Lampenwelt
06642 406990
www.lampenwelt.de

Lamp und Licht
01803 002609
www.lampundlicht.de

Leuchtenkaiser
Badstraße 5
86153 Augsburg
0821 35380
www.leuchtenkaiser.de

Leuchtenzentrale
0521 1639180
www.leuchtenzentrale.de

Lichtgalerie
Steinstraße 24
81667 München
089 44778610
info@lichtgalerie.de
www.lichtgalerie.de

Rietveld Licht & Wohnen
www.lampen1fachschoen.de

SantaCole
Schäfergasse 46a
60313 Frankfurt a. M.
069 21932745
www.santacole.com

Tobias Grau
Große Elbstraße 66–68/Stilwerk
22767 Hamburg
040 30035831
shop.hamburg@tobias-grau.com

Ludwigstraße 10
80539 München
089 28675491
shop.muenchen@tobias-grau.com
www.tobias-grau.com

Kontrast
Hanauer Landstraße 297
60314 Frankfurt a. M.
069 9043930
info@kontrastmoebel.de
www.kontrastmoebel.de
Möbel, Leuchten, Accessoires.

Kundalini
Via F. de Sanctis 34
I-20141 Mailand
+39 02 3653 8950
www.kundalini.it

www.mathmos.de
0800 1007246 (D)
0044 1202644634 (A + CH)
Lavalampen, Projektoren, LED-Leuchten

Ingo Maurer
Kaiserstraße 47
80801 München
089 3816060
www.ingo-maurer.com

Milano Möbel + Leuchten
Schmale Straße 12
70173 Stuttgart
0711 292929
www.milano.de

Modular Lighting Instruments
Armoedestraat 71
B-8800 Roeselare
+32 5126 5656
welcome@supermodular.com
www.supermodular.com

Moooi
Westerstraat 187
1015 MA Amsterdam
Niederlande
+31 20 5287760
info@moooi-gallery.com
www.moooi.com

La Murrina Deutschland
Maximiliansplatz 18
80333 München
089 22800556
www.lamurrina.com
Leuchten aus Murano-Glas in klassischem
und modernem Design.

Next Home Collection
Amsterdamer Straße 145–147
50735 Köln
0221 715050
info@next.de
www.next.de

Oligo Lichttechnik
Meysstraße 22–24
53773 Hennef
02242 87020
info@oligo.de
www.oligo.de

Orike Muth
Weberstraße 26
30449 Hannover
0511 452560
team@orikemuth.de
www.orikemuth.de

Paschen & Companie
Stromberger Straße 27
59329 Wadersloh
02523 280
www.paschen.de
Bücherwände nach Maß.

Targetti Poulsen Germany
Kaistraße 20
40221 Düsseldorf
0211 732790
Leuchten von Poul Henningsen, Arne
Jacobsen, Verner Panton etc.

Tecnolumen
Lötzener Straße 2–4
28207 Bremen
0421 4304170
info@tecnolumen.de
www.tecnolumen.com

MÖBEL

Abovo
Rumfordstraße 8
80469 München
089 26018000
abovo@abovohome.com
www.abovohome.com

Jonathan Adler
customerservice@jonathanadler.com
www.jonathanadler.com

Anthropologie.com
158 Regent Street
UK-London W1B 5SW, UK
+44 20 75299800
www.anthropologie.com

Arredare
Huyssenallee 89–93
45128 Essen
0201 1778810
www.arredare.de

Artvoll
030 86200277
www.artvoll.de

Auping
Hohenstaufenring 48–54
50674 Köln
0221 99889940
info@auping-shop.de
www.auping-shop.de
Betten im High-End-Bereich.

B&B Italia
Hohenzollernring 74
D 50672 Köln
0221 1207290
www.bebitalia.it

Blonde Design Agency
10a Avenue de la Grenade
CH-1207 Genf
+41 22 3014993
anders@blonde-design.com
www.blonde-design.com

BoConcept
Große Elbstraße 39
22767 Hamburg
040 3808760
hamburg@boconcept.de

Friedrichstraße 14
Sonnenstraße 19
80331 München
089 54884990
muenchen@boconcept.de

65185 Wiesbaden
0611 5808869
wiesbaden@boconcept.de
www.boconcept.de

BW Bielefelder Werkstätten
Heinz Anstoetz
Potsdamer Straße 180
33719 Bielefeld
0521 924270
www.bielefelder-werkstätten.de

Cabinet Schranksysteme
Postfach 7125
50150 Kerpen
0800 9200300
www.cabinet.de
Schrankwände nach Maß.

Cairo Designstore
Große Eschenheimer Straße 9
60313 Frankfurt
069 29992646
www.cairo.de

Car Moebel
T. Küstermann e. K.
Gutenbergstraße 9 a
24558 Henstedt-Ulzburg
04193 75550
office@car-moebel.de
www.car-moebel.de

Casa Möbel
Leopoldstraße 121
80804 München
089 3604830
www.casamoebel.de
Designermöbel und -leuchten.

ClassiCon
Sigmund-Riefler-Bogen 3
81829 München
089 7481330

Deutz-Mülheimer-Straße 22a
50679 Köln
0221 690650
www.classicon.com
Kassiker und Designermöbel von heute.

CLIC Inneneinrichtung
Große Elbstraße 68
22767 Hamburg
040 30621120
clic@clic.de
www.clic.de

CB2
+1 800 6066252
www.cb2.com

The Conran Shop
81 Fulham Road
UK-London SW3 6RD
+44 20 75897401
orders@conran.com
www.conran.com

Danish Furniture Design
+ 45 22 446666
info@danishfurnituredesign.com
www.danishfurnituredesign.com

Das Möbel
Gumpendorferstraße 11
A-1060 Wien
+43 1 9243834
an@dasmoebel.at
www.dasmoebel.at

design3000
Robert-Bosch-Straße 14
64711 Erbach
06062 9187220
info@design3000.de
www.design-3000.de

Designetagen
Posthofstraße 5
14467 Potsdam
0331 62646103
www.designetagen.de

Designfunktion
Schleißheimer Straße 141
80797 München
089 3063070
info@designfunktion.de
www.designfunktion.de

Design Store
Helmholtzstraße 2–9/Osramhöfe
10587 Berlin
030 3152484
mail@design-store.de
www.design-store.de

Dopo domani International
Kantstraße 148
10623 Berlin
030 8822242
www.dopo-domani.com
Einrichtung und Beleuchtung; mit Onlineshop.

Erik Jørgensen
Glockengießerwall 17
20095 Hamburg
040 33313211
hamburg@erik-joergensen.de
www.erik-joergensen.com
Möbel u.a. von Poul Volther und Hans Wegner.

Fleiner Internationale Einrichtungen
Rosenbergstraße 106
70193 Stuttgart
0711 63500
www.Fleiner-Moebel.de

Flexform spa
Via Einaudi 23/25
I-20036 Meda
+39 0362 3991
www.flexform.it

Galerie Dansk Møbelkunst
Talacker 30
CH-8001 Zürich
www.dmk.dk

Green Living
Schönhauser Allee 36/Kulturbrauerei
10435 Berlin
030 80614800
www.green-living-berlin.de

Habitat
Schadow Arkaden
Berliner Allee 15
40212 Düsseldorf
0211 865090

Neuer Wall 54
20354 Hamburg
040 3576580

Große Elbstraße 254
22767 Hamburg
040 35765860

Neumarkt 12
50667 Köln
0221 9201500

Kronprinzstraße 30
70173 Stuttgart
0711 222790
www.habitat.de

Heal's
The Heal's Building
196 Tottenham Court Road
UK-London W1T 7LQ
+44 8700 240780
www.heals.co.uk

Heine
www.heine.de

Holm AG
Brandschenkestrasse 130
CH-8002 Zürich
+41 44 2014405
info@holmsweetholm.com
www.holmsweetholm.com

House Doctor
Industrivej 29
DK-7430 Ikast
+45 97 252714
www.housedoctor.dk

Holzconnection
Belziger Straße 38
10823 Berlin
030 7814320

Gertigstraße 27
22303 Hamburg
040 382299

Häberlstraße 14
80337 München
089 537708
www.holzconnection.de

Holzwerkstatt astrein
Am Bergwerkswald 20
35392 Gießen
0641 24961
www.astrein.com
Möbelbau und Innenausbau nach Maß.

Hülsta
Karl-Hüls-Straße 1
48703 Stadtlohn
02563 86
www.huelsta.de

IKEA
0180 535343
www.ikea.de

Impressionen
22877 Wedel
0180 5232341
www.impressionen.de

Interlübke
Ringstraße 145
33378 Rheda-Wiedenbrück
05242 121
www.interluebke.de
Raumteiler, Schränke und Regalsysteme.

Kartell
Große Elbstraße 68
22767 Hamburg
040 41307205
info@kartellflaghamburg.de
www.kartellflaghamburg.de

Knall Grau
Königsteiner Straße 57
65812 Bad Soden
06196 883505
info@knallgraugmbh.de
www.knallgraugmbh.de

Knoll International
Konrad-Adenauer Ufer 83
50668 Köln
0221 13056450
www.knoll.com

Lagom White
Salvatorplatz 3
80333 München
089 97898690
showroom@lagomwhite.de
www.lagomwhite.de
Skandinavische Designermöbel und -leuchten.

Lambert
Konstantinstraße 303
41238 Mönchengladbach
02166 86830
www.lambert-home.de

Richard Lampert
Gaisburgstraße 12 b
70182 Stuttgart
0711 8602070
mail@richard-lampert.de
www.richard-lampert.de

Laura Ashley
+44 871 9835999
www.lauraashley.com

Leolux-Design-Center
Elbestraße 39
47800 Krefeld
02151 943660
www.leolux.com

Liberty
Regent Street
UK-London W1B 5AH
+44 20 77341234
www.liberty.co.uk

Ligne Roset
Grünstraße 15/Stilwerk
40212 Düsseldorf
0211 86228150
stilwerk@ligne-roset-duesseldorf.de
www.ligne-roset-duesseldorf.de

Salvatorstraße 3/Fünf Höfe
80333 München
089 295922
info@ligne-roset-fuenfhoefe.de
www.ligne-roset-fuenfhoefe.de

Luv Interior
Ludwigstraße 11
20357 Hamburg
040 38674800
ahoi@luv-hamburg.com
www.luv-hamburg.com

Matteria
www.matteriashop.com
Originelle Möbel und Wohnaccessoires aus umweltfreundlicher Produktion.

Moooi
Westerstraat 187
NL-1015 MA Amsterdam
+ 31 20 5287760
info@mooi-gallery.com
www.moooi.com

Morgen
Mayfarthstraße 25–27
60314 Frankfurt a. M.
069 43058740
www.morgen.org

Nostalgie im Kinderzimmer
Herrenchiemseestraße 4
81669 München
089 44109015
www.nostalgieimkinderzimmer.de

Octopus
Lehmweg 10b
20251 Hamburg
040 4201100
www.octopus-versand.de

Pesch Wohnen
Kaiser-Wilhelm-Ring 22
50672 Köln
0221 16130
info@pesch-wohnen.de
www.pesch-wohnen.de

Pfannes & Virnich
Hohenstaufenring 39
50674 Köln
0221 9923340
service@pfannes-virnich.de
www.pfannes-virnich.de
Individuelle Wohnberatung.

Pinch Design
Unit 1W, Clapham North Art Centre
26–32 Voltaire Road
UK-London SW4 6DH
+44 20 76225075
www.pinchdesign.com

Pottery Barn
+1 888 7795176
www.potterybarn.com

Roche Bobois
Grünstraße 15
40212 Düsseldorf
0211 8632640
www.roche-bobois.com

Room Rules Cologne
Hohenstaufenring 57a
50674 Köln
0221 3975591
www.roomrules.de
Glamouröse Einrichtungen.

Ruby Designliving
Oranienburger Straße 66
10117 Berlin
030 28386030
letter@ruby-designliving.de
www.ruby-designliving.de

Scandinavian Lifestyle
Kamp 13
33098 Paderborn
05251 25301
info@scandinavian-lifestyle.de
www.scandinavian-lifestyle.de
Designikonen für alle Wohnbereiche im Onlineshop.

Scandinavian Objects
Rykestraße 31
10405 Berlin
030 48495626
info@scandinavianobjects.com
www.scandinavianobjects.com

Sleeping Dogs
Große Elbstraße 68/Stilwerk
22767 Hamburg
040 38614044
kontakt@sleepingdogs.de
www.sleepingdogs.de

Studio Tord Boontje
Unit 308, 30 Great Guildford Street
UK-London SE1 0HS
+44 20 31426220
info@tordboontje.com
www.tordboontje.com

Thonet
Ernst-Gnoß-Straße 5
40219 Düsseldorf
0211 15760720
info@thonetshop.com

Solmsstraße 2–22/Geb. 6a
60486 Frankfurt a. M.
069 79402770
forum@thonet-forum.de
www.thonet.de

TK 33 Einrichtung
Landsberger Straße 380a
80687 München
089 54074331
www.tk33.de

UnternehmenForm
Nesenbachstraße 48
70178 Stuttgart
0711 2361940
kontakt@unternehmenform.de
www.unternehmenform.de

Verpan
Egeskovvej 29
DK-8700 Horsens
+45 76581882
www.verpan.de
Wiederaufgelegte und weiterentwickelte Entwürfe von Verner Panton.

Vitra
Charles-Eames-Straße 2
79576 Weil am Rhein
07621 7020

Gutleutstraße 89
60329 Frankfurt a. M.
069 5860460

Pfeilgasse 35
A-1080 Wien
+43 1 4057514
www.vitra.com

Westsektor
Brückenstraße 54
60594 Frankfurt a. M.
069 95928022
www.westsektor.de
Möbel und Objekte des 20. Jahrhunderts.

Die Wäscherei
Jarrestraße 52–58
22303 Hamburg
040 2715070
www.die-waescherei.de

Robert Widmann
Briennerstraße 48
80333 München
089 54243624
einrichtungen@robertwidmann.de
www.robertwidmann.de

Wohnmacher
Brühl 64–66
04109 Leipzig
0341 23083990
service@wohnmacher.de
www.wohnmacher.de

Zeitraum
Äußere Münchner Straße 2
82515 Wolfratshausen
08171 418130
info@zeitraum-moebel.de
www.zeitraum-moebel.de

ONLINE MÄRKTE FÜR HANDGEMACHTES

www.dawanda.com
Der Marktplatz für Einzigartiges. Tolle Designerstücke, außergewöhnliche Geschenke, mit Liebe handgefertigte Produkte von Designern und anderen Kreativen.

Folksy
be@folksy.com
www.folksy.com

Fräulein Pfefferstielzchen
www.frl-pfefferstielzchen.de
Accessoires für Groß und Klein, in liebevoller Handarbeit gefertigt.

Vergissmeinnicht
Magdalena Petri
Ottenser Hauptstraße 44
22765 Hamburg
040 29812593
info@vergissmeinnicht-hamburg.de
www.vergissmeinnicht-hamburg.de

www.vondir.de
Zum Kaufen, Verkaufen oder Zeigen: selbst- und handgemachte Artikel aller Art.

TAPETEN

A. S. Création Tapeten
02261 542410
www.as-creation.de
www.tapetenshop.de

Berlintapete
030 44042053
support@berlintapete.de
www.berlintapete.de

Böhmler Einrichtungshaus
Tal 11
80331 München
089 21360
www.boehmler.de

Abigail Borg
07793 033922
contact@abigailborg.co.uk
www.abigailborg.co.uk

Anna French
+44 20 77376555
enquiries@annafrench.co.uk
www.annafrench.co.uk

Anthropologie.com
158 Regent Street
UK-London W1B 5SW, UK
+44 20 75299800
www.anthropologie.com

Cole & Son
+44 20 73764628
www.cole-and-son.com

Colefax & Fowler
Georgenstraße 34
80799 München
089 3399720
www.colefax.com

Designers Guild
Ottostraße 3–5
80333 München
01805 244344
munich@designersguild.com

Elli Popp
info@ellipopp.com
+44 795 7135041
www.ellipopp.com

Farrow & Ball
Bluegray-Design
Altensteinstraße 15a
Königliche Gartenakademie
14195 Berlin
030 83228825
www.bluegray-design.de

Florence Broadhurst
www.signatureprints.com.au

Graham & Brown
Glockengießerwall 26
20095 Hamburg
040 32593903
www.grahambrown.de

Hausen
Gladbacher Straße 35
50672 Köln
0221 2948455
mail@5qm.de
www.5qm.de

Hembus Tapeten Manufaktur
Palleskestraße 3
65929 Frankfurt a. M.
069 232060
www.historische-tapeten.de

Isak
info@isak.co.uk
www.isak.co.uk

Johnny-Tapete
Dinnendahlstraße 8
45136 Essen
0201 6124647
www.johnny-tapete.de

KA International
Königstraße 4
30175 Hannover
0511 3885007
www.ka-international.de

Laura Ashley
+44 871 9835999
www.lauraashley.com

Liberty
Regent Street
UK-London W1B 5AH
+44 20 77341234
www.liberty.co.uk

Louise Body
+44 7734 907357
louise@louisebodywallprint.com
www.louisebody.com

Mimou
+46 457 19070
info@mimou.se
www.mimou.se

Mulberry Home
+44 20 73523173
www.mulberryhome.com

Nina Campbell
+44 20 72251011
www.ninacampbell.com

Osborne & Little
+44 20 88123000
oandl@osborneandlittle.com
www.osborneandlittle.com

Onszelf
info@onszelf.com
www.onszelf.com

PiP Studio
+31 343 475598
www.pipstudio.com

Rasch
Raschplatz 1
49565 Bramsche
05461 8110
www.rasch.de

Romo
Ottostraße 5
80333 München
089 89666160
info@romo.de
www.romo.de

www.roomzone.de
Retro- und Fototapeten.

Sanderson
über Dörflinger & Nickow
Schiessstraße 64
40549 Düsseldorf
0211 5375270
www.sanderson-uk.com

Schulze's Farben- und Tapetenhaus
Provinzstraße 57
13409 Berlin
030 4911438
www.schulzestapeten24.de

Studio Ditte
+31 6 27020104
mail@studioditte.nl
www.studioditte.nl

TapetenAgentur
0221 9328182
www.tapetenagentur.de

Tapeten der 70er
07957 Langenwetzendorf
036625 50556
www.tapetender70er.de

tapetenkuenstler.de
02243 916167
www.tapetenkuenstler.de

Timorous Beasties
384 Great Western Road
GB-Glasgow, G4 9HT
+44 0141 3372622
info@timorousbeasties.com
www.timorousbeasties.com

TEPPICHE

Jonathan Adler
+ 1 800 963 0891
customerservice@jonathanadler.com
www.jonathanadler.com/rugs

Anker Teppichboden
Zollhausstraße 112
52353 Düren
02421 8040
www.anker.eu

Arndt European Rug Art
Deermannstraße 20
48163 Münster
02501 985000
www.european-rug.com

JAB Anstoetz Teppiche
Potsdamer Straße 160
33719 Bielefeld
0521 20930
www.jab.de

IKEA
0180 535343
www.ikea.de

Joka
www.joka.de

Kibek
www.kibek.de

Limited Edition
Showroom Hamburg
Kaiser-Wilhelm-Straße 9
20355 Hamburg
040 35715801
www.le.be

Nordland
Gewerbestraße 9
25358 Horst/Holstein
04126 391130
www.nordland-naturteppich.de
Teppichboden und Teppiche aus Naturwolle.

The Rug Company
124 Holland Park Avenue
UK-London W11 4UE
+44 20 72295148
therugcompany.info
www.therugcompany.com

Teppich Kelim Art Galerie Hejazian
Pariser Straße 44
10707 Berlin
030 88678909
www.hejazian.de

Teppichoase
www.teppichoase.de

traumteppich.com
0800 5347836
www.traumteppich.com
Viele verschiedene Hersteller und Marken.

Tretford – Weseler Teppich
Emmelsumer Straße 218
46485 Wesel
0281 81935
www.tretford.de
Wollteppichboden.

Vorwerk
Kuhlmannstraße 11
31785 Hameln
05151 1030
www.vorwerk-teppich.de

TEXTILIEN

Bandbreite
http://de.dawanda.com/shop/Bandbreite
Hier gibt es einfach alles: Knöpfe, Bänder, Borten und wunderschöne Stoffe.

Amy Butler
122 S. Prospect Street
Granville OH 43023, USA
+1 740 5872841
orders@amybutlerdesign.com
www.amybutlerdesign.com

Apelt
An der Rench 2
77704 Oberkirch
07802 8070
www.apeltstoffe.de

Buttinette
Industriestraße 22
86637 Wertingen
www.buttinette.com

Camira Fabrics
+44 1924 490591
www.camirafabrics.com

Caravan
3 Redchurch Street
UK-London E2 7DJ
+44 20 70333532
info@caravanstyle.com
www.caravanstyle.com

Charlotta's
Eppendorfer Weg 229
20251 Hamburg
040 46774752
info@charlottas.de
www.charlottas.de

Chivasso
Nollendorfplatz 3–4
10777 Berlin
030 2355750
www.chivasso.com

Colefax & Fowler
110 Fulham Road
UK-London SW3 6HU
+44 20 73186000
www.colefax.com

DaWanda
www.dawanda.com/stoffe

Designers Guild
Ottostraße 3–5
80333 München
01805 244344
munich@designersguild.com
www.designersguild.com

Designpost Köln
Deutz-Mühlheimer Straße 22a
50679 Köln
0221 690650
www.designpostkoeln.de
Textilien nach Designs von Jacobsen, Panton, Ditzel u.a.

Engel & Bengel
Innere Wiener Straße 61
81667 München
089 44218536
www.engelundbengel.com
Laden und Onlineshop bieten viele britische und amerikanische Marken an.

Florence Broadhurst
www.signatureprints.com.au

Frau Tulpe
Stoffe & Accessoires
Veteranenstraße 19
10119 Berlin
030 44327865

Große Bergstraße 213
22767 Hamburg
040 2260 4863
www.frautulpe.de

Frau Zimmer
Am Lindener Markt
Davenstedter Straße 3
30449 Hannover
0511 2617666
www.frauzimmer.de

Götz Arndt
Erftstraße 48
41460 Neuss
02131 27930
info@goetz-arndt.de
www.goetz-arndt.de

G P & J Baker
+44 20 73517760
www.gpjbaker.com

Grand Revival Design
+1 631 2233323
info@grandrevivaldesign.com
www.grandrevivaldesign.com
Romantische Blumenstoffe.

Heselschwerdt Wohnmanufaktur
Neuhauser Straße 57
70599 Stuttgart
0711 457687
www.heselschwerdt.de

Ian Mankin
271/273 Wandsworth Bridge Road
UK-London SW6 2TX
+44 20 7722 0997
www.ianmankin.co.uk

JAB Josef Anstoetz
Potsdamer Straße 160
33719 Bielefeld
0521 20930
JABverkauf@jab.de
www.jab.de

Katrin Leuze
Fabrikstraße 18
73277 Owen a. T.
07021 94130
info@katrinleuze-collection.com
www.katrinleuze.de

kawaii-planet
http://de.dawanda.com/shop/kawaii-planet
Tolle japanische und amerikanische Designerstoffe.

Lambert
Konstantinstraße 303
41238 Mönchengladbach
02166 86830
www.lambert-home.de

Laura Ashley
+44 871 9835999
www.lauraashley.com

Marimekko
Alte Schönhauser Straße 42
10119 Berlin
030 40054190

Oeder Weg 29
60318 Frankfurt a. M.
069 13023811

Mandellstraße 1
A-8010 Graz
+43 316 819262
www.marimekko.com
Originalentwürfe der Stoffdesignerinnen Kristina und Maija Isola u.a.

Osborne & Little
304 King's Road
UK-London SW3 5UH
+44 20 7352 1456
www.osborneandlittle.com

Panda Versand
Fürther Straße 205
90429 Nürnberg
0180 58890
www.panda.de
Naturmaterialien für alle Wohnbereiche.

Roddy & Ginger
www.roddyandginger.co.uk

Sazou Lebensart
Alexanderstraße 23
70184 Stuttgart
0711 51896077
lebensart@sazou.de
www.sazou.de

stoff4you
Schluchweg 2a
78166 Donaueschingen
0900 1556670
www.stoff4you.de

Stoffe Brünink & Hemmers
Ahauser Hof 1
48527 Nordhorn
05921 30838812
www.stoffe-hemmers.de

Stoffkontor
04171 605967
www.stoffkontor.eu

Stoffkontor
Große Bleichen 31/Kaufmannshaus
20354 Hamburg
040 3480606
www.stoffkontor-hamburg.de

Sunday in Bed
Adelgundenstraße 10
80538 München
089 93950101
www.sundayinbed.de

Twins' Garden
Auguststraße 67
26121 Oldenburg
0441 198330610
info@twinsgarden.de
www.twinsgarden.de

Volksfaden
Teutonenstraße 1
14129 Berlin
030 72297057
info@volksfaden.de
www.volksfaden.de

Vossberg
Isestraße 87
20149 Hamburg
040 481586
www.vossbergversand.de
Tagesdecken, Plaids, Kissen, Tischdecken, Teppiche und Vorhänge.

Wohndesign Hansch
Eppendorfer Landstraße 48
20249 Hamburg
040 470670
info@wohndesign-cosi.de
www.wohndesign-hansch.de

Zimmer + Rohde
Zimmersmühlenweg 14–18
61440 Oberursel
06171 63202
info@zimmer-rohde.com
www.zimmer-rohde.com

TRÖDELMÄRKTE

Dortmunder Trödel- und Sammelmarkt
www.westfalenhalle.de
Mehrmals im Jahr

Floh- und Trödelmarkt vor den Deichtorhallen
Hamburg
Samstags

Pfaffenhofener Nachtflohmarkt
www.flohmarkt-pfaffenhofen.de
Einmal jährlich im August

Portobello Road Market
Portobello Road
UK-London W11
Markt samstags, Läden Montag bis Samstag

Rheinauen-Flohmarkt Bonn
Freizeitpark Rheinaue
Ludwig-Erhard-Allee
53175 Bonn
www.bonn.de
April bis Oktober jeweils am 3. Samstag im Monat.

Theresienwiesen-Flohmarkt
München
Einmal jährlich zum Frühlingsfest (Ende April).

Trödelmarkt am 17. Juni
Berlin, Straße des 17. Juni
Samstags und sonntags.

VINTAGE

Caravan
3 Redchurch Street
UK-London E2 7DJ
+44 20 70333522
info@caravanstyle.com
www.caravanstyle.com

Cominghome Interior
Lindener Marktplatz 5
30449 Hannover
0511 2158196
info@cominghome-interior.de
www.cominghome-interior.de
Einer der größten Händler für Vintage-Design, von Möbeln über Leuchten bis zu Accessoires. Was dort nicht angeboten wird, können Sie recherchieren lassen.

Dee Puddy
+44 1794 323020
www.deepuddy.co.uk
Accessoires und Unikate im Vintage-Stil.

Delikatessen
Reichenbachstraße 24
80469 München
089 26024327
www.reichenbachdelikatessen.mux.de

Emma loves Retro
+44 7930 521856
www.emmalovesretro.co.uk
Limitierte Editionen handgefertigter Vintage-Stücke.

I Want Vintage
PO Box 8773
UK-Coalville LE67 0BN
+44 845 053 3474
www.iwantvintage.co.uk
Vintage auf höchstem Niveau mit Links zu weiteren Shops.

Kit
18 High Street
UK-Falmouth, Cornwall TR11 2AB
+44 1326 218778
www.kitsboutique.com

Kokon
Lenbachplatz 3
80333 München
089 5525140
info@kokon.com
www.kokon.com

Micasa
Birkenauer Talstraße 4
69469 Weinheim
06201 2909820
www.micasa.de
Möbel im Kolonialstil und originelle Schrankideen.

RE
Bishops Yard
Main Street, Corbridge
UK-Northumberland NE45 5LA
+44 1434 634567
www.re-foundobjects.com
Alte Stoffe neu aufgelegt oder neu im alten Stil gestaltet, Haushaltswaren und aufgearbeitete Antikstücke.

Three Potato Four
376 Shurs Lane, Bldg A
Philadelphia, PA 19128, USA
+1 267 335 3633
info@threepotatofourshop.com
www.threepotatofourshop.com

The Vintage Emporium
14 Bacon Street
Brick Lane
UK-London E1 6CF
www.vintageemporiumcafe.com
Vintage-Möbel und -Haushaltswaren.

Vinegar Hill
16 Milsom Street
UK-Bath, Somerset BA1 1DE
+44 1225 339498
www.vinegarhill.co.uk

BLOGS ZUM THEMA DEKO

1richtungsblog.com
23qmstil.blogspot.com
apartmenttherapy.com
blackeiffel.blogspot.com
caitlinwilsondesign.blogspot.com
cocokelley.blogspot.com
decor8blog.com
dekoherz.blogspot.com
domesticcandy.blogspot.com
emmas.blogg.se
frauliebe.typepad.com
freundevonfreunden.com
harmonie-design.de/blog
herz-allerliebst.de
housedoctordk.blogspot.com
hyggelig.typepad.com
ikeahackers.net
kathyliving.blogspot.com
madebygirl.blogspot.com
manoswelt.blogspot.com
milchmaedchen-design.de/blog
nicoletter-blog.blogspot.com
raumgestalterin.blogspot.com
sanvie.de
solebich.de
stilsucht.de
style-files.com
stylinrooms.de
wiewohnstdu.de
wohnen-und-dekoration.de/designblog

DANK & NACHWORT

Meinen fantastischen Lesern, die meinem Blog *decor8* folgen, bin ich unendlich dankbar. Sie haben es ermöglicht, dass ich meinen Traum verwirkliche, ein Buch zu schreiben.

Danken möchte ich auch Debi Treloar, die dieses Projekt mit ihrem untrüglichen Blick und mit ihrem ansteckenden Lachen zu einer Freude gemacht hat. Vielen Dank für all die wunderbaren Fotos. Auch Woody Holding danke ich für seine große Hilfe beim Thema Bilder. Der Verlegerin Jacqui Small gilt mein tiefer Dank für die großartige Zusammenarbeit. Sie ist immer fair, freundlich und geduldig, und ich bewundere ihre Hingabe und ihr Wissen. Vielen Dank an Joanna Copestick, die mich mit dem Projekt betraut hat, für ihre guten Worte und Liebenswürdigkeit. Sian Parkhouse danke ich für das sorgfältige Lektorat und ihre Geduld, ebenso dem Buchgestalter Robin Rout, der ein Buch geschaffen hat, mit dem alle glücklich sind. Kerenza Swift und Clare Limpus danke ich für ihre Ausdauer und Detailgenauigkeit. Es war wunderbar, mit einem solch professionellen, gut organisierten Team zusammenzuarbeiten! Danken möchte ich auch dem Verlag Chronicle Books: Welche Ehre, in eine solch ehrwürdige Autorenriege aufgenommen zu werden. Meine Agentin Rebecca Friedman ist einfach ein Star und die beste, die sich ein Autor je wünschen könnte.

Ich danke außerdem allen Menschen, die uns ihre Türen geöffnet haben, dass sie uns bei diesem Buch unterstützt haben. Insbesondere Leslie Shewring, über deren Freundschaft ich sehr glücklich bin.

Eine große Umarmung für meine liebe Mutter Christine, die schon in meiner Jugend an mein Schreiben und an meine Freude am Dekorieren geglaubt hat – zu Recht! Eine Mutter weiß es eben immer am besten.

Meinem Mann Thorsten Becker danke ich für seine Wärme, seinen Rat und seine Unterstützung nicht erst bei diesem Projekt. Er hat mich immer dazu ermutigt, meiner Leidenschaft nachzugehen, die zu meinem Blog führte und nun zu diesem Buch. Du schenkst mir die schönste Zeit meines Lebens, ich liebe Dich!

Holly Becker

Ein großes Dankeschön an Jacqui Small, die von Anfang an von dem Projekt überzeugt war, für ihre Unterstützung, Klugheit und eine ganze Reihe von Arbeitsessen; an Holly Becker für die vielen Kontakte und ihren unendlichen Enthusiasmus; an Debi Treloar für die traumhaften Fotos; an Sian Parkhouse für das so effiziente und wohlwollende Lektorat; an Kerenza Swift dafür, dass sie uns alle fit gehalten hat, und Robin Rout für die ausdauernde Beratung trotz nahender Deadlines. Hannah, Julia und dem wunderbaren Nige bin ich dankbar für ihre Bereitschaft, meine zeitraubende Beziehung zu meinem Computer zu tolerieren.

Joanna Copestick

> „Stichwort Zweitverwertung: Ein schöner alter Kessel kann zur Vase werden, ein altersschwacher Stuhl zum Pflanzenpodest, eine geklöppelte Tagesdecke zum Vorhang, und einen wunderschönen Stoffrest können Sie für einen Wandschirm verwenden."

Emily Chalmers, Stylistin

> „Legen Sie alle Ihre Lieblingsdinge ohne große Planung auf ein Regalbrett. Dann treten Sie einen Schritt zurück und nehmen weg, was nicht wirklich passt. Lassen Sie die Dinge in eine Art Fluss geraten, wie in einer Geschichte."

Pia Jane Bijkerk, Stylistin

> „Fangen Sie mit einem Detail irgendwo an, dann nehmen Sie sich ein Zimmer vor. Fehler kann man immer korrigieren."

Annette Tatum, Textildesignerin und Autorin

Bevor Sie dieses Buch schließen, müssen wir Ihnen einfach noch die wichtigsten Tipps mit auf den Weg geben, vor allem: Dekorieren macht Spaß!

Lassen Sie Ihrer Kreativität freien Lauf, informieren Sie sich gründlich und schauen Sie sich gut um. Denken Sie aber auch nicht zu viel über Details nach, sonst erleiden Sie eine Blockade und sitzen monatelang in einem leeren Zimmer auf dem Sofa! Außerdem: Gestalten Sie Ihre Wohnung nicht für andere, sondern für sich selbst. Es sind Ihre eigenen vier Wände, hier haben Ihr Instinkt und Ihr Geschmack das Sagen.

Nicht vergessen: Beim Dekorieren gibt es keinen Zeitpunkt, an dem es heißt: „Fertig!" Ihr Zuhause entwickelt sich mit Ihnen und Ihrer Familie. Lassen Sie sich also Zeit, es besteht keine Eile, und genießen Sie den Weg. Schließlich noch ein kleiner Rat: Erfüllen Sie Ihre Wohnung mit einer Atmosphäre, die alle Sinne berührt. Alles Mögliche trägt dazu bei – ein Blech frischgebackener Kekse, ein gehäkelter Bettüberwurf, ein Teestündchen mit der besten Freundin am Küchentisch ... Solche Sachen sind genauso wichtig wie ein toller Grundriss und ein gut gewähltes Sofa, geben Sie Ihnen also Zeit und Raum.

Wir hoffen, dass Ihnen *Lust auf Wohnen* viel Freude macht. Wir wünschen uns nichts mehr, als dass dieses Buch Sie begleitet, wenn Sie guten Rat und gute Ideen in Wort und Bild brauchen. Wir wünschen Ihnen, dass es Ihnen gelingt, ein Lebensumfeld zu schaffen, das Ihre Handschrift trägt und in dem Sie sich in Zukunft rundum wohlfühlen.

Mit herzlichen Grüßen,

Holly & Joanna

"Wir verraten **VIEL** über unsere Persönlichkeit durch die Gestaltung unserer Wohnung, durch Farben und Muster und durch die Dinge an der Wand."

Shannon Fricke